사고의 기술

사고의 기술

존 버터워스 · 제오프 트웨이츠 지음

김성한 옮김

철학과 현실사

Thinking Skills

John Butterworth and Geoff Thwaites

Thinking Skills

서문: 기술로서의 사고

이 책은 사고를 다루고 있는 책이다. 하지만 이 책이 모든 유형의 사고를 다루고 있는 것은 아니다. 이는 어느 정도의 기술이 요구되는 수준과 유형의 사고를 다루고 있는 책이다.

인간으로서 우리는 항상 생각한다. 우리의 사고는 대부분 의식적인 노력이 거의 혹은 전혀 필요하지 않다. 우리는 그저 생각한다. 우리가 생각 없이 생각한다고 말하는 것이 그리 잘못은 아닌 것이다! 예를 들어 커피를 마실지 아니면 차를 마실지를 물어볼 경우 나는 하나가 다른 것에 비해 좋다고 생각하는 이유를 신중하게 가늠해 볼 필요가 없다. 나는 그저 선택한다. 내가 이에 대해 가볍게 생각해 볼 수도 있지만, 이는 기술을 활용하는 것이 아니다.

이와 유사하게 만약 누군가가 지금이 몇 시인가를 물었고, 당신이 6시 반이라고 대답했다고 했을 때 당신이 제대로 답했다고 해서 박수갈채를 보내지는 않을 것이다(당신이 아주 어리고, 시간을 알려주는 방법을 막 익히지 않았다면 말이다). 수준을 약간 올려서 만약 베이징(혹은 도론도나 맨체스터)에 있는 누군가에게 6시 반이 전화하기 좋은 시간인지를 판단해야 할 경우 당신은 적어도 판단을 내리기 전에 시차를 더하거나 빼는 약간의 정신적인 노력을 들여야 할 것이다.

이들은 당신이 높은 수준의 사고라고 말할 수 없는 사고에 대한 요구다. 이와 같은 사고를 위해서는 아마도 초등학교에서 배운 약간의 지리학적 지식과 단순한 계산 기술 정도만이 필요할 것이다. 우리가 '사고 기술'을 적절히 사용하게 되는 경우는 어떤 문제 혹은 장애를 마주하게 되었을 경우다. 일단 배워놓으면 더하기와 빼기는 일상에서 그냥 활용하는 방법이 된다. 대체로 이러한 사고는 이미 만들어져 있으며, 당신은 그저 그 절차를 따를 따름이다. 이 책이 관심을 갖는 유형의 사고 — 비판적 사고 — 는 이처럼 일상에서 그저 따르는 것이 아니다. 비판적 사고는 당신이 독자적으로 생각해 보길 요구한다. 예컨대 이는 당신 스스로 그 절차를 생각해 보길 요구한다.

추리

일반적으로 인간과 다른 동물은 사유할 수 있는 능력이라는 점에서 차이가 있다고 일컬어진다. 심리학자 볼프강 쾰러(Wolfgang Köhler)가 연구한 잘 알려진 유인원들은 문제를 극복하는 방법들을 습득했다. 예컨대 이들은 도달할 수 있는 거리보다 멀리 있는 먹을거리를 끌어오기 위해 막대기를 사용했다. 하지만 그들은 시행착오를 겪으면서 해결 방법을 발견했으며, 이를 기억해 놓았다가 다음에 활용했다. 이는 동물에게 지능이 있음을 보여주는 증거다. 그럼에도 이것이 유인원이 '사고'할 수 있음을 보여주는 증거는 아니다. 우리가 알고 있는 한 동물들 중에서 관찰된 사실을 바탕으로 결론을 이끌어내는 동물은 존재하지 않는다. 쾰러가 관찰한 유인원 중에서 그 어떤 유인원도 "저 바나나는 내 팔의 길이보다 더 멀리 떨어져 있어. 그러니 막대기를 찾아봐야겠다"와 같은 생각을 했다고 말할 수 없다. 다시 말해 유인원이 영리하긴 하지만 반드시 사유 능력이 있는 존재라고 말할 수는 없는 것이다.

추리(reasoning)란 이유를 근거로 결론을 이끌어내거나 결정에 도달하는 과정을 말한다. 이유들은 사실이나 믿음 혹은 관찰일 수 있다. '합리적(rational)'이란 일부 사실 혹은 믿음으로부터 다른 사실이나 믿음들이 뒤따른다는 것을 이해하고, 그러한 이해를 결정이나 판단을 내리기 위해 활용하는 것을 말한다.

반성

인간 동물(human animals)만이 가지고 있는 또 다른 능력은 반성 능력이다. 반성(reflection)이란 어떤 것을 깊이 생각하거나 진지하게, 혹은 집중해서 생각하는 것을 말한다. 누군가가 반성적으로 사고할 경우 그 사람은 단순히 충동에 이끌려 결정을 내리는 것이 아니라 조심스레 대안들을 고려해 보고, 결과에 대해 생각해 보며, 가용한 증거를 평가해 본다. 비판적 사고는 반성적 사고의 한 형태다.

생각에 대한 생각

'생각에 대한 생각'은 매우 중요한 유형의 반성이다. 반성적으로 사유하는 사람은 단지 해결해야 할 문제, 내려야 할 결정, 이겨야 할 논증에 대해서만 생각하지 않고, 이러한 활동이 진행되는 추론 과정 자체에 대해서도 생각해 본다. 생각하는 방식을 반성할 경우 우리는 얼마나 우리의 사고가 효과적일 수 있는지를 평가할 수 있게 되며, 그 장점이 무엇인지, 우리의 사고가 어디로 잘못 가고 있는지, 그리고 우리의 사고가 어떻게 개선될 수 있는지(이는 모든 것 중에 가장 중요하다)를 파악할 수 있게 된다.

본서의 활용

이 책은 학생들을 도와 사고 기술을 연습하는 것뿐만 아니라 사유 과정에 대해서도 숙고할 수 있도록 고안되었다. 책의 일정 지점에 이르면 당신은 생각해 보고, 대화를 나누거나 본인이 직접 해보는 연습문제들을 발견하게 될 것이다. 이러한 연습문제의 밑에는 문제에 대한 해설, 그리고 해답 혹은 해결 방안이 나온다. 당신은 자신이 직접 고찰해 본 내용과 답변을 해설/답변/해결 방안과 비교해 봄으로써 해당 장(章)을 다시 살펴볼 것인지 아니면 다음 장으로 넘어갈 것인지를 판단할 수 있게 될 것이다.

카드 한 장을 책 사이에 끼워두어라. 그리고 ▬와 같은 표시를 보게 되면 이를 이용해 연습문제를 다 풀 때까지 이어지는 내용을 가려라.

이 책은 학교에서 사고 기술/비판적 사고 과목 교재로 활용할 수 있으며, 학생들이 개별적으로 공부할 수도 있다. 이 책은 총 28장으로 구성되어 있다. 책의 각 장을 읽고 논의하는 데에는 대략 한 시간 정도가 걸릴 것이며, 연습문제를 모두 풀기 위해서는 시간이 더 필요할 것이다.

소개 차원의 연습문제

다음은 추리의 활용을 예시해 주는 퍼즐이다. 이는 책의 내용을 소개하는 차원에서 제시되고 있다. 당신이 이를 이전에 봤을 수도 있다. 그런 경우 혼자만 답을 알고 있어라. 만약 답을 모른다면 다음으로 넘어가지 말고 퍼즐을 풀어보라. 이어지는 장들에서 우리는 이 퍼즐을 한 번 이상 재차 다루게 될 것이다. 그러니 잘 숙지해 놓도록 하라.

퍼즐

아래의 그림처럼 네 명의 죄수들이 사막의 모래 속에 목까지 묻혀 있다고 가정해 보자. 각각의 개인들은 자기 앞에 있는 것만 볼 수 있으며, 장벽이 가리고 있어 반대편에 무엇이 있는지 전혀 알 수가 없다. 죄수들을 사로잡은 사람들은 죄수들에게 모자를 씌웠다. 그들은 죄수들에게 두 개의 검은 띠 모자와 두 개의 흰 띠 모자가 있다고 알려주고 누구도 자신의 모자의 띠 색깔을 보지 못하게 했고, 이를 볼 수 없도록 모자창으로 시야를 가렸다. 묻힌 자들에게는 2분의 시간이 주어졌고, 그동안 누군가가 소리쳐서 자기 모자 띠의 색을 정확하게 맞혀야 했다. 처음 소리치는 사람이 제한시간 내에 정답을 맞힐 경우 그들은 모두 자유의 몸이 된다. 그렇지 못하면 그들은 모두 그곳에 버려져 죽게 될 것이다. 서로 간의 어떤 의사소통도 허용되지 않으며, 한 번의 잘못된 대답은 곧 그들 모두가 죽는다는 것을 의미한다. 간단히 말해 그중 한 명이 전체의 생사를 가늠하는 판단을 내리지 않으면 안 되는 것이다.

약 1분 후 죄수 중 한 명이 자신의 모자 띠 색을 정확하게 큰 소리로 맞혔다. 그는 추측하지 않았고, 질문에는 어떤 기만도 없었다. 그는 순전히 추리를 통해 문제를 풀었다.

연습문제

이제 당신이 답할 차례다.
죄수 중 누가 대답했으며, 그는 어떻게 정답을 알았을까?

정답을 외친 죄수는 산초다. 그는 다음과 같이 추리를 했다. "내 눈으로 확인할 수 있는 것은 페드로의 모자 띠가 검다는 사실이야. 이러한 사실로 미루어 보았을 때 다른 모자들 중에 하나, 그리고 오직 하나만이 검은색일 것이야. 하지만 누구의 모자 띠가 검은색일까?" 그는 비록 자신의 것을 볼 수 없었지만 "만약 내 것이 또 다른 검은 띠 모자였다면 카를로스가 두 개의 검은 띠를 보고 자신의 것이 흰색이라고 쉽사리 결론을 내렸을 것이고, 신속하게 정답을 큰 소리로 외쳤을 것"이라고 추론을 한다. 하지만 1분이 다 되도록 카를로스는 외치지 않았고, 이러한 사실을 바탕으로 산초는 카를로스가 하나의 검은 띠 모자와 하나의 흰 띠 모자를 보고 있음에 틀림없다고 결론을 내렸다. 그리고 이에 따라 그는 자신(산초)의 모자 띠가 희다고 결론을 내렸던 것이다.

여기서 중요한 점은 산초가 억측이 아니라 추리를 하고 있다는 사실이다. 하지만 그는 사고를 하면서 상상력 또한 동원해야 했다. 마치 당신이 퍼즐을 푼다면 퍼즐을 풀기 위해 상상력을 동원하듯이 말이다. 산초와 카를로스가 당면했던 문제는 그들 모두가 정답을 말할 수 있을 만큼 시각적 정보를 충분히 갖추지 못했다는 점이다. 또 다른 실마리가 있었는데, 산초는 이를 카를로스가 침묵을 지키고 있다는 사실에서 찾았다. 산초는 카를로스의 침묵, 그리고 두 사람이 함께 볼 수 있는 하나의 검은 띠 모자를 통해 자기 자신의 것이 흰색이라는 사실을 깨달을 정도로 머리 회전이 빨랐다.

이와 같은 유형의 사고의 추이를 흔히 '수평적 사고'라고 부른다. 그 이유는 이러한 사고에는 가장 명백한 추리로부터 벗어나서 생각해 보는 것이 포함되어 있기 때문이다. 만약 당신이 확실한 시각적 단서만을 가지고서 문제를 해결하고자 했다면, 당신은 문제를 풀지 못했을 것이다. 해결을 위한 대안이 될 수 있는 길을 발견하고자 할 경우 당신에게는 수평적(혹은 옆길) 추이가 요구되었던 것이다.

퍼즐을 풀고자 했을 때 당신은 산초와 마찬가지 방식으로 추리를 했는가? 아니면 어떤 다른 방식으로 퍼즐을 풀었는가? 이를 방법론적으로 접근을 했는가, 아니면 우연히 바른 길로 들어섰는가? (솔직하게 말하라.) 아니면 퍼즐을 풀지 못했는가?

당신이 어떻게 했건, 여기에서 중요한 것은 당신이 해결책에 도달한(혹은 도달하지 못한) 방법을 적절히 검토해 보아야 한다는 것이다. 바로 그것이 당신의 사고 기술을 증진시키는 방법이다. 더 많이 연습할수록, 더 많이 사고에 대해 이야기하고 생각할수록 당신은 더욱 나아지게 될 것이며, 성공할 기회가 더욱 커질 것이다.

논증

어떤 추리를 지칭할 때 흔히 사용하는 단어는 논증이다. 산초는 자신의 모자 띠가 희다고 결론을 내리기 위해 논증을 활용하고 있다. 이는 당신이 일반적으로 생각하는 'argument'라는 단어의 의미가 아닐 수도 있다. 'argument'라고 할 때 당신이 더욱 쉽게 떠올리는 것은 '논쟁' 또는 '말다툼'일 수 있다. 하지만 이는 다음과 같은 특별한 뜻을 가지고 있기도 하다.

논증이란 결론으로 이어지는 이유(혹은 이유들)다.

우리가 살펴본 바와 같이 산초가 이유로 삼은 것들은 페드로의 모자띠와 카를로스의 침묵이다. 그의 결론은 "자신의 모자가 흰 띠를 두른 것임에 틀림없다"였다. 마치 속담에서처럼 그는 "이것저것을 종합해서 생각(puts two and two together)"하다가 결국 답을 찾아낸 것이다. 그렇게 하면서 그는 논증을 구성하고 있다. 그리고 이것이 훌륭한 논증이었기에 산초(그리고 당신)는 문제를 해결할 수 있었던 것이다.

차례

1 논증이란 무엇인가?

수백 년 전까지만 하더라도 일반적으로 사람들은 지구가 평평하다고 믿었다. 사람들이 이러한 믿음을 갖는 것은 자연스러운 일이었다. 왜냐하면 지구의 표면이 평평해 보였기 때문이다. 하지만 사람들은 배가 육지로부터 멀어져 가면 마치 침몰하는 것처럼 점점 물속으로 가라앉다가 육지로 다가옴에 따라 다시 떠오르는 것처럼 보인다는 사실을 목격하기도 했다(그리고 그들은 이러한 사실에 당혹스러움을 감추지 못했다). 일부 사람들은 (이러한 사실, 그리고 목격한 다른 사실로부터) 지구의 표면이 평평할 수 없으며, 굽어 있다고 주장했다. 그들이 이와 같은 결론에 도달한 것은 만약 지구가 평평했다면 배가 너무 작아져서 보이지 않을 때까지 점점 작아지기만 할 것이기 때문이다. 정리해 보자면 논증은 다음과 같이 이루어졌다.

(1) 배가 육지로부터 멀어짐에 따라 시야에서 사라지는 것처럼 보인다. **따라서** 지구는 평평할 수가 없다.

이는 매우 간단한 논증이다. 이는 오직 하나의 이유와 결론, 그리고 '따라서'라는 연결어로 이루어져 있는 논증이다. 일반적으로 '따라서' 혹은 '그래서'라는 단어는 어떤 논증의 결론 앞에 사용되며, 그와 같은 이유로 논증 지시어(indicator)라고 부른다.

하지만 이것이 논증을 구성하는 유일한 방식은 아니다. 예를 들어 (1)을 다음과 같이 나타낼 수도 있다.

배가 시야에서 사라지는 것처럼 보이기 **때문에** 지구는 평평할 수 없다.

심지어 논증 지시어가 반드시 포함되어야 하는 것도 아니다. 추리는 논증 지시어 없이도 전혀 문제없이 이루어질 수가 있다. 예를 들어,

지구는 평평할 수가 없다. 배는 육지로부터 멀어짐에 따라 시야에서 사라지는 것처럼 보인다.

이들 각각의 경우에서 논증은 서로 다른 방식으로 표현되고 배열되었다. 그럼에도 이들은 동일한 이유와 결론으로 이루어진 동일한 논증이다. 위의 세 경우는 이유를 표시하는 R과 결론을 표시하는 C로 이루어진 논증인 다음과 같은 문장으로 나타낼 수 있다.

R 배가 시야에서 사라지는 것처럼 보인다.
따라서
C 지구는 평평할 수 없다.

"둥글 수 있다구!"

물론 모든 사람들이 논증을 받아들여야 하는 것은 아니다. 당신이 이유를 제시했음에도 사람들이 여전히 당신의 결론에 동의하지 않는 경우

가 있다. 이러한 경우는 '지구가 둥글다고 생각하는 사람들'이 처음으로 세상이 평평하지 않고 둥글다고 사람들을 설득하려 했을 때 실제로 있었다. 아마도 아래와 유사한 대화가 오갔을 것이다. 다음의 대화를 이왕이면 친구와 짝을 이뤄 크게 읽어보고 이어지는 질문에 답해 보라.

(2) "지구가 실제로 커다란 공이라는 사실을 알고 있었니?"
"웃기지 마. 지구는 평평한 접시야."
"그렇지 않아."
"그렇다니까? 눈이 있다면 더 이상 말할 필요도 없지."
"난 눈으로 보고 있고, 눈에 보이는 모습이 지구가 둥글다는 사실을 말해 주고 있어."
"자꾸만 그런 이야기하지 마. 계속 지금처럼 허튼소리 하면 누가 와서 너를 감금해 버리고 열쇠를 던져버릴 거다."
"아니, 그냥 들어보라니까?"
"싫어. 네가 들어. 지구는 평평해."
"둥글어."
"평평해. 평-평-해. 평평하다구!"
"둥글다니까?"

연습문제

(2)는 논증인가? 만약 그렇다면 (1)과 동일한 유형의 논증인가?

첫 번째 질문에 대한 답: 그렇다. 두 번째 질문에 대한 답: 아니다.

영어 단어 'argument'는 여러 의미를 가지고 있는 문제점이 있다. 그 중에서 argument의 두 가지 사전적 의미는 다음과 같다.

> argument 명사 1. 결론을 지지하는 이유나 이유들. 어떤 관점을 지지하거나 반대하기 위해 제시되는 주장. 2. 논쟁 혹은 논의. 특히 격론.

당신도 확인할 수 있는 바와 같이 (1)은 정의 1과 관련된 유형의 argument다. (2)는 정의 2와 관련된다. 양자 간의 주요한 차이를 들라면 두 번째 유형의 argument는 둘 혹은 그 이상의 사람들 간의 논쟁 혹은 말다툼이라는 것이다. 이러한 유형의 argument에 한쪽이나 반대쪽, 혹은 양쪽 모두의 추론이 포함될 수 있지만 반드시 그럴 필요는 없다. 예를 들어 (2)에서는 추리를 시도하고 있지 않다. 두 화자(話者)는 단순히 의견을 교환하고 있을 뿐, 자신의 입장을 뒷받침하는 이유를 제시하고 있지 않다.

비판적 사고는 일반적으로 유형 (2)보다는 유형 (1)의 argument와 관련된다. 하지만 우리에게 중요한 것은 argument라는 단어의 서로 다른 의미에 유의해야 한다는 것, 그리고 우리가 이를 사용할 때 어떤 의미로 사용하는지를 분명히 해야 한다는 것이다.

더 많은 이유

오늘날에는 논증 (1)이 강한 논증인 것처럼 보인다. 왜냐하면 우리가 이미 지구가 둥글다는 사실을 받아들이고 있기 때문이다. 하지만 역사를 통해 알고 있는 바와 같이, 과거에는 논증 (1)만으로 일반 대중을 설득하기엔 충분치 않았다. 수세기 동안 이어졌던 믿음을 포기하게 하려면 그들에게 더 많은 이유들을 제시해야 했다.

연습문제

당신이 수백 년 전으로 되돌아가서 지구가 평평하지 않다고 사람들을 설득해야 하는 상황을 상상해 보자. 무엇을 준비할 것인가? 우주에서 찍은 사진, 세계 일주 항해를 한 사람의 이야기를 준비할 것인가? 이를 준비해 가서 사람들을 설득하는 것은 좋은 방법일 것이다. 그런데 이러한 증거를 단순히 준비하는 데에만 그치지 말고, 이들을 이용하여 단지 하나의 이유가 아닌 서너 개의 이유를 갖는 논증을 만들어보라.
이를 R1, R2 등으로 번호를 붙인 이유들과 C로 표시한 결론으로 나타내 논증임을 보여라.

당신이 제안할 수 있는 논증들은 다수다. 다음은 그중 한 사례다.

(3) 육지로부터 멀어짐에 따라 배는 점점 수면 밑으로 가라앉는 것처럼 보인다. 하지만 배가 실제로 가라앉는 것은 아니다. 그러한 경우 되돌아오지 못할 것이기 때문이다. 선원들은 한쪽 방향, 예컨대 서쪽이나 동쪽으로 계속 항해를 해 나가면 처음 출발한 곳으로 되돌아오게 된다는 사실을 보여주기도 했다. 이러한 사실들은 지구가 평평할 수 없음을 보여준다. 그뿐만 아니라 우주 공간으로부터 찍은 사진은 지구가 굴곡을 이루고 있음을 보여준다.

여기에서는 결론을 뒷받침하는 세 가지 이유들이 제시되고 있다. 이들은 '그러므로'를 나타내는 또 다른 방식인 "이러한 사실들은 ~를 보여준다"라는 구절로 시작하고 있다. 먼저 두 가지 이유들이 제시되고, 이어서 결론이 제시된다. 그리고는 언뜻 보기에 논의의 여지가 없는 추가적인 이유가 제시되고 있다. 논증의 구조는 다음과 같다.

R1 배가 가라앉는 것처럼 보인다.

R2 배가 실제로 가라앉을 수는 없다. 실제로 가라앉았다면 되돌아올 수 없을 것이다.

R3 배가 한쪽 방향으로 항해를 해 나가지만 출발점으로 되돌아온다.

R4 우주에서 찍은 사진은 지구가 굽어 있음을 보여준다.

그러므로

C 지구는 평평할 수 없다.

분명 (3)은 (1)에 비해 훨씬 강한 논증이다. 이러한 논증이 설득력이 있는지의 여부는 청중들이 얼마만큼 증거를 받아들이려는 의지가 있는가에 달려있다. 하지만 만약 그들이 당신의 주장을 믿는다면 결론까지 받아들이지 않을 수 없을 것이다.

주장

하지만 위에서의 '만약'은 매우 중요한 변수가 된다. 그 당시의 청중들은 십중팔구 당신의 주장을 받아들이려 하지 않을 것이다. 그들은 당신을 감금 — 혹은 그 이상의 처우 — 함으로써 자신들이 항상 믿어왔고 눈으로 보아왔던 믿음을 계속 유지하려 할 것이다. 즉 평평한 바다로 둘러싸인 평평한 지구에 대한 믿음을 계속 견지하리라는 것이다.

바로 이것이 논증에서 살펴볼 수 있는 유형의 진술들을 '주장(claim)'이라고 부르는 것이 적절한 이유다. 한 논증에서 제기되는 일부 주장들은 알려진 사실일 수 있지만, 다른 주장들은 예측, 제안, 믿음 혹은 의견일 수 있다. 이들은 거짓일 수도 있다. 논증은 거짓 주장, 예컨대 잘못된 믿음 혹은 속이기 위한 의도적인 거짓 주장(아마도 수백 년 전 사람들은 당신을 지하 감옥에 가두고 문을 꽝 닫으면서 당신이 의도적으로 거짓 주장을 하고 있다고 생각했을 것이다)으로부터도 얼마든지 만들어낼 수 있다.

이 점은 논증이 무엇인가를 이해하는 데 중요하다. 논증은 이유들과 하나의 결론으로 이루어진다. 일련의 주장들이 논증이라고 해서 거기에 포함된 이유들 혹은 결론이 반드시 참인 것은 아니다. 논증은 설령 그 안의 일부 혹은 모든 주장들이 거짓임이 밝혀져도 여전히 논증이다.

전제

논증에서 사용될 때 이유는 '전제(premise)'로 불리기도 한다. 전제는 문자 그대로 '앞에 두다'를 뜻한다. 왜냐하면 결론을 지지하는 데에 사용되는 전제들로부터 결론이 논리적으로 이어지기 때문이다. '전제'는 더 전문적인 용어이며, 더욱 정확한 용어라고 말할 수도 있다. 왜냐하면 '이유'는 그 사용 범위가 매우 넓기 때문이다. 이 책에서는 두 단어가 모두 사용될 것이며, 당신은 둘 중의 하나 혹은 양자 모두를 사용할 수 있다.

요약

- 이 장의 핵심어는 논증, 이유, 결론, 주장 그리고 전제다.
- 논증은 결론을 지지하기 위해 제시된 이유들로 이루어진다.

최종과제

1. 다음을 논증으로 만들기 위해 추가할 수 있는 적절한 결론을 생각해 보라.

   빙하기는 약 10만 년 동안 지속되었다. 빙하기 사이의 기간인 간빙기는 대략 1만 년에서 1만 5천 년간 지속되었다. **따라서…**

2. 다음의 관점을 지지하는 데에 사용할 수 있는 하나 혹은 두 가지 이유들을 생각해 보고, 이를 논증을 구성하는 데 사용해 보라.

(a) 다른 학생들에 비해 외국인 학생들에게 등록금을 많이 받는 것은 잘못이다.

(b) 네 사람 미만이 탑승한 자가용의 도심 진입을 금지시켜야 한다.

(c) 미식축구, 야구, 기타 인기 스포츠 스타들이 엄청난 돈을 버는 것은 당연하다.

3. 신문이나 잡지 혹은 인터넷에서 짧은 논증을 찾아보라. 이를 그대로 적어보고 그 결론에 밑줄을 그어보아라.

4. 두세 가지 이유와 이들이 지지하는 결론으로 이루어진 짧은 논증을 직접 만들어보라.

해답과 해설은 337쪽을 볼 것.

2 논증인지의 여부 파악하기

우리가 살펴본 바와 같이 논증은 하나 혹은 그 이상의 이유들에 근거한 결론으로 이루어진다. 어떤 글이 논증인지의 여부를 시험해 보고자 할 경우 우리는 이유(들)와 결론이 있는지를 물을 필요가 있다. 언뜻 보기와는 달리 이러한 시험은 쉽지 않을 수 있다. 설령 주장들이 서로 질긴 끈으로 연결되어 있는 것처럼 보인다고 하더라도 일련의 이어지는 주장들이 자동적으로 논증인 것은 아니다. 예를 들어 다음과 같은 주장은 논증이 아니다.

(1) 우주에서 촬영한 사진은 지구 표면이 굽었음을 보여준다. 이러한 굴곡은 지표면에서 촬영할 경우에는 보이지 않는다.

(1)이 논증인지의 여부를 파악하는 방법은 두 주장 중의 하나가 다른 주장을 지지하는지, 혹은 다른 주장을 받아들이는 이유를 말하고 있는지를 묻는 것이다. 이에 대한 유용한 단서를 얻는 한 가지 방법은 문장 사이에 '그러므로' 혹은 '따라서'를 집어넣고 말이 되는지를 따져보는 것이다. 만약 말이 안 되면 이는 논증이 아니다. 다음은 (1)에 적용해 본 '그러므로' 시험이다.

우주에서 촬영한 사진은 지구의 표면이 굽었음을 보여준다. **그러므로** 굴곡은 지표면에서 촬영할 경우에는 보이지 않는다.

지표면에서 촬영하면 굴곡이 보이지 않는다. 따라서 우주에서 촬영한 사진은 지구의 표면이 굽었음을 보여준다.

두 경우 모두 말이 안 된다. 따라서 (1)은 논증이 아니다.

다음 사례는 주장들이 더 많고, 이에 따라 재배열해 보아야 할 주장들이 더 많다. 그럼에도 이에 대해서도 동일한 시험 방법을 적용해 볼 수 있을 것이다.

연습문제

다음은 논증인가?

(2) 7월 31일까지 세금 양식을 작성하여 세금을 납부해야 한다. 체납 시 100달러 이하의 벌금을 추징당한다. 당신은 8월 12일까지 세무서에 세금을 내지 않았다.

아니다. 이는 단순히 일련의 주장을 나열해 놓은 것이다. '그러므로' 혹은 '따라서'를 앞에 써서 의미가 통하는 주장은 없다. 예를 들어,

7월 31일까지 세금 양식을 작성하여 세금을 납부해야 한다. 체납 시 100달러 이하의 벌금을 추징당한다. **따라서** 당신은 8월 12일까지 세무서에 세금을 내지 않았다.

체납 시 100달러 이하의 벌금을 추징당한다. 당신은 8월 12일까지 세무서에 세금을 내지 않았다. **따라서** 7월 31일까지 세금 양식을 작성하여 세금을

납부해야 한다.

7월 31일까지 세금 양식을 작성하여 세금을 납부해야 한다. 당신은 8월 12일까지 세무서에 세금을 내지 않았다. **그러므로** 체납 시 100달러 이하의 벌금을 추징당한다.

재배열해 놓은 각각의 문장들은 논증 지시어를 사용했을 때 왠지 어색한 느낌이 든다. 이러한 사실은 세 문장들이 이유에서 결론이 이끌어져 나오는 방식의 주장이 아님을 보여주고 있다. 즉 어떤 것도 논증이 아닌 것이다.

연습문제

그러므로/따라서 시험을 사용하여 어떤 것이 '이유들이 결론을 지지한다'로 정의되는 논증인지를 가려내어라.

A. 도쿄행 열차는 16시 24분에 출발한다. 교통이 혼잡할 경우 역까지 40분 걸릴 수 있다. 우리는 15시 40분에 역으로 출발해야 한다.

B. 금고 열쇠를 가지고 있는 사람은 레이자뿐이다. 경찰이 그녀를 용의자로 지목할 수밖에 없다. 그녀 혼자 건물에 있을 때 돈이 사라졌다.

C. 당신은 벌금을 내게 될 것이라 생각해야 한다. 7월 31일까지 세금 양식을 작성하여 세금을 내야 했고, 마감 시한을 넘긴 사람들은 대개 100달러의 벌금을 냈다. 당신은 8월 12일까지 세무서에 세금을 미납했다.

D. 15세기부터 유럽의 선원들은 서쪽으로 항해하여 동방의 땅에 도달했다. 계속해서 항해를 한 선원들은 마침내 유럽으로 되돌아 왔다. 그들이 세계 일주를 했다고 주장했을 때 그들의 말을 믿은 사람들은 얼마 되지 않았다.

E. 세탁기 누수의 가능한 원인은 오직 세 가지뿐이다. 펌프가 낡았거나 호스가 찢어졌거나 연결된 곳 중의 어떤 한 군데가 느슨해졌을 것이다. 호스를 점검하고 연결된 곳을 모두 단단히 죄었다. 하지만 세탁기는 여전히 물이 샌다.

A는 논증이다. 첫 번째 두 문장은 우리가 15시 40분 전에 떠나야 한다고 믿는 이유들이다.

B 또한 논증이다. 결론은 경찰이 레이자를 의심할 수밖에 없다는 것인데, 그 이유는 첫째, 그녀만이 열쇠를 가지고 있고, 둘째, 그녀가 건물에 혼자 있었기 때문이다.

C 또한 논증이다. 결론은 "당신은 벌금을 내게 될 것이라고 생각해야 한다"이다. 이처럼 결론을 내리는 주요한 이유는 세금을 8월 12일까지 세무서에 내지 않았기 때문이다. 하지만 이는 그 자체로 이유가 되기에는 충분치 않다. 세금을 늦게 냈고, 세금을 늦게 낼 경우 벌금을 내야 한다는 주장이 설득력을 확보하기 위해서는 첫 번째와 두 번째 문장이 필요하다.

D는 논증이 아니다. 세 문장 중에서 '그러므로'를 앞에 썼을 때 의미가 통하는 것은 없다. 예를 들어 "15세기부터 유럽의 선원들은 서쪽으로 항해하여 동방의 땅에 도달했다. 계속해서 항해를 한 선원들은 마침내 유럽으로 되돌아 왔다. 그러므로 그들이 세계 일주를 했다고 주장했을 때 그들의 말을 믿은 사람들은 얼마 되지 않았다"는 말이 되지 않는다. 여기서 의미를 통하게 만드는 연결어는 '그러나'지 '그러므로'가 아니다. 어떤 주장도 두 문장 중 하나 혹은 다른 두 문장으로부터 이끌어낸 결론이 아니다. 주장들을 어떠한 순서로 배열해도 마찬가지다.

E 또한 논증이 아니다. 왜냐하면 D와 마찬가지로, E에서의 어떤 주장

들도 결론이 아니기 때문이다. 하지만 설령 언급되고 있지는 않아도 E는 결론이 무엇인지를 분명 시사하고는 있다. 사실상 E로부터 이끌어낼 수 있는 결론은 하나, 다시 말해 펌프가 분명 낡았을 것이라는 사실이다. 왜냐하면 다른 두 가능성은 배제되었기 때문이다. E에 대해 우리가 말할 수 있는 것은 이것이 완전한 논증이 아니라는 것이다. E에서 결론이 무엇이어야 하는지에 대해서는 의심의 여지가 거의 없지만 결론을 이끌어 내는 것은 당신(독자 혹은 청자)의 몫으로 남겨져 있다.

누가 논증을 원하는가?

앞 장에서 우리는 서로 다른 유형의 논증에 대해 논의한 바 있다. 다음 구절을 읽고(가급적 파트너와 역할을 나누어 크게 소리 내서 읽어보아라), 이어지는 질문에 답하라.

장면: 식당의 2인용 탁상

A 뭐 먹을래? (이때 휴대폰이 울린다.)
B 잠깐. 메시지가 왔어.
A 또야?
B 조용! 답해 줘야 해.
A 그냥 꺼놓으면 안 돼? 정말 골칫덩어리라니까?
B (문자를 보내면서) 네가 가지고 있으면 그런 소리 안 할걸?
A 선물을 해도 갖지 않을 거야.
B 가질걸?
A 안 가져. 내 생각에 휴대폰이 발명되지 않았으면 세상이 더 살 만했을 거야.
B 왜 그렇게 말하지?

A 간단해. 방금 말했잖아?

B 유치하게 놀지 마. 무슨 뜻인지 알지? 그렇게 말하는 근거가 뭐니? 아무 근거도 없지? 그렇지?

A 아니. 근거가 있어. 첫째, 어떤 곳에서도 통화하는 사람이 소리치며 대화하는 것을 듣지 않고 조용히 앉아 있을 수 있는 경우가 없어. 둘째, 휴대폰은 건강에도 좋지 않아. 휴대폰은 전자파를 뿜어내서 뇌를 익혀버리거든. 셋째, 휴대폰은 운전자에게 혼란을 야기하여 교통사고를 일으킬 수 있어. 때문에 내가 말했듯이 휴대폰이 없었다면 세상은 더 살 만했을 거야.

B 글쎄, 난 동의할 수 없어. 먼저 건강을 해친다는 증거는 없어. 또한 운전자가 차 안에서 전원을 켜놓고 있는 멍청한 사람이 아니라면 혼란이 일어나지 않지. 그리고 모든 사람들이 전화에 대고 소리치는 것은 아니고, 모든 사람들이 이를 짜증스럽다고 생각하지도 않아. 휴대폰은 사람들이 만나는 데에 도움을 주고, 긴급 상황에서 생명을 구하기도 하지. 때문에 우리가 휴대폰 없이 사는 것이 더 좋았으리라는 말은 잘못된 것이야.

A (큰 소리로) 글쎄, 미안하지만 사람들은 분명 휴대폰에 대고 소리치거든. 다만 자신들이 그렇게 하는 것을 모를 뿐이지. 그리고 길에서 차량의 속도가 늦어지는 경우를 보면 운전자들이 분명 휴대폰을 사용하고 있거든. 만약 누군가가 문자 메시지를 읽다가 시속 100킬로미터로 네 차를 들이박는다면 너는 곧 생각을 바꿀걸?

B 잠깐. 넌 소유자를 비난하는 대신 휴대폰을 비난하고 있어. 물론 멍청한 사람들은 늘 있기 마련이라 물건을 잘못 활용하는 경우가 있지. 총을 예로 들 수 있는데, 사람을 죽이는 것은 총이 아니라 총을 쏘는 사람이야. 너는 지금 똑같은 실수를 저지르고 있어.

A 아니, 실수하지 않았어. 누군가가 방아쇠를 당기지 않을 경우 총이 사람을 쏘지 않는다는 말은 맞아. 하지만 만약 그렇게 할 총이 없다면 사람들은 누군가를 쏘지 못할 거야. 그리고 당초 휴대폰이 없었다면 차 안에서 휴대폰에 답하지 못했을 거야. 따라서 총과 휴대폰

이 없었다면 세상은 더 살 만한 곳이 되었을 거야.
B 말도 안 돼!
A 말 되거든. 넌 그러한 사실을 간과했어.
B 그렇지 않아. 너 정말 구닥다리야.
A 아니거든.
B 맞아. 넌 21세기 사람이 될 필요가 있어.

연습문제

이것이 단순한 말다툼인가? 아니면 여기에서도 합리적인 논증이 이루어지고 있는가? 만약 합리적인 논증이 이루어지고 있다면 그 사례들을 찾아보아라.

전체적으로 보았을 때, 이 대화는 말다툼이나 논쟁의 형식으로 이루어지고 있는 논증이다. 이 중 상당 부분은 단순한 말다툼이다. 다시 말해 견해를 말하고, 반대하고, 사견을 제시하는 등의 말다툼에 지나지 않는 것이다. 하지만 논쟁 과정을 살펴보면 양측에서 제시하고 있는 합당한 논증의 사례 또한 존재한다.

가장 확실한 논증 사례는 "아니, 근거가 있어"로 시작되는 A의 주장이다. 이는 세 개의 근거들과 '따라서'를 통해 알 수 있는 결론으로 이루어진, 매우 분명하고 깔끔한 논증이다. 이에 대한 B의 대응은 두 번째 논증이다. 이 논증은 A가 제시하는 이유들에 이의를 제기하거나 반박하는 세 가지 근거들, 그리고 두 가지 추가적인 근거들, 즉 사람들을 만나게 해주는 가치, 그리고 긴급 상황에서 생명을 구해 주는 가치를 제시하여 A의 입장에 정면으로 배치되는 결론을 지지하고 있다.

이어지는 세 개의 단락에서 우리는 A와 B가 각각 추가적인 근거와 반론을 통해 자신들의 논증을 강화하려는 모습을 살펴볼 수 있다. 심기가 불편해지기 시작하자 그들은 말다툼으로 되돌아가 인신공격을 하기에 이른다. 이때부터 합리적인 논쟁은 더 이상 이루어지지 않게 된다.

논증과 반대 논증

다른 논증에 반대하는 논증을 반대 논증(counter-argument)이라고 부른다. A의 첫 번째 두 개의 긴 단락과 그에 이은 B의 단락은 논증과 반대 논증의 사례다. 당신이 살펴본 바와 같이 반대 논증은 원래의 논증에서 제시되고 있는 이유들에 반대하는 형식을 취할 수도, 그러한 논증과 다른 추리 방식을 채택할 수도 있으며, B의 반대 논증과 같이 두 가지 방식 모두를 채택할 수도 있다.

요약

- 이 장에서 우리는 합리적인 논증인지의 여부를 파악하는 연습, 그리고 논증과 다른 형태의 표현을 구분하는 연습을 해보았다.
- 우리는 논쟁에서 어떤 관점을 옹호하거나 반대하기 위해 추리가 활용되며, 이때 논증과 반대 논증이 사용되고 있음을 살펴보았다.

최종과제

1. 다음의 구절 중에서 오직 하나만이 논증이다. 어떤 것이 논증이며, 결론은 무엇인가?

A 지난번 캘리포니아 지진 이후 공학자들은 대규모 지진이 발생했을 때 인간이 만든 건축물에 어떤 일이 일어나는지를 탐구했다. 그들은 오클랜드와 샌프란시스코를 연결하는 베이 대교(Bay Bridge)의 한 구역이 뚜껑문처럼 붕괴된 모습을 보고 놀랐다. 또한 그들은 오래된

이중 갑판선 고속도로의 일부에서 하단 구조와 상단 구조를 연결하는 접합 부분에 문제가 나타났음을 발견했다.

B 대중들은 동물실험을 통해 입증된 약품의 안전성을 신뢰해서는 안 된다. 대부분의 사람들에게 안전하고 효과적인 진통제인 아스피린은 애완용 고양이에게는 치명적이다. 페니실린은 모르모트에게는 독이다. 이러한 사례만으로도 우리는 종들 간에 약품에 대한 반응의 차이가 있음을 알 수 있다.

C 만약 신용카드로 대금을 지불하는 구매가 현금으로 지불하는 구매에 비해 비싸지게 될 경우 사람들은 신용카드를 이용하려는 의욕을 잃게 될 것이며, 이에 따라 신용카드 회사는 수익이 줄어들게 될 것이다. 한편 구매자들은 많은 현금을 가지고 다니면서 경계를 늦추지 못하게 될 것이다.

2. 다음은 완전한 논증인가? 만약 그렇다면 이러한 논증의 결론은 무엇인가? 만약 아니라면, 당신은 이로부터 어떤 결론을 이끌어낼 수 있는가?

사람들이 잘 알고 있는 홍콩 MTR 시스템은 두 가지 언어, 즉 광둥어와 영어로 승객을 대상으로 방송을 하고 있다. 베이징어 사용자들 중에서 MTR을 정기적으로 이용하는 사람들은 적지 않다. KCR사(社)는 한동안 세 개 언어로 방송을 했는데, 이는 MTR이 앞으로 나아가야 할 길을 보여주고 있다.

해답과 해설은 338쪽을 볼 것.

3 논증에 대응하기

지금까지 우리는 주로 추리 사례들이 논증인지의 여부를 확인하는 데 초점을 맞추었다. 그런데 비판적 사고는 여기서 멈추지 않는다. 일단 당신이 자신 있게 논증임을 파악할 수 있게 되었다면, 다음 단계의 기술은 이에 비판적 방식으로 대응하는 것이다.

그런데 비판적으로 대응한다는 것이 정확하게 의미하는 바는 무엇인가? 이를 확인하는 최선의 방법은 실제로 어느 정도 비판적 사고를 해보는 것이다.

연습문제

앞 장(27-29쪽)에서 당신이 읽어보았던 논쟁을 다시 한 번 살펴보도록 하자. 누가 논증에서 이겼다고 생각하는가? 그리고 어떤 논증이 '승리를 거두었다'는 것은 무엇을 뜻하는가?
당신이 스스로 판단하기 전에 이들 질문들을 신중하게 생각해 보라. 더 좋은 것은 다른 학생들과 이를 논의해 보는 것이다.

이긴다는 것이 무엇을 의미하는가를 먼저 정하지 않고서는 사실상 "누가 이겼어?"라는 질문에 확실하게 답변할 수가 없다. 따라서 먼저 두 번째 질문부터 살펴보도록 하자.

논쟁에서 승리를 거둔다는 것은 승자를 결정하는 뚜렷한 규칙이 있는 경주나 장기에서 상대를 이기는 경우와는 다르다. 일부 사람들은 논쟁에서 이기는 것을 상대를 꼼짝 못하게 하는 것, 혹은 상대방을 웃음거리로 만드는 것을 의미한다고 생각하는 듯이 보인다. 실제로 어떤 경우에는 분명 이를 의미하는 것처럼 보이기도 한다. 예를 들어 정치인들 그리고/혹은 언론인들 간의 여러 논쟁은 그러하다. 어떤 경우에는 논쟁이 마치 권투 시합처럼 흥미를 끄는 이벤트처럼 이루어지기도 한다. 하지만 비판적 사고를 하는 사람은 논쟁을 그렇게 가볍게 보아서는 안 된다. 비판적 사고는 추리를 살펴보고 다음과 같이 묻는 것을 의미한다. "누가 더 나은 논증을 제시하고 있는가?"

이러한 질문은 원래의 질문보다 답하기 쉽지 않다는 어려움이 있다. 이렇게 말하는 이유는 하나의 논증이 훌륭하다고 말하는 것, 혹은 하나의 논증이 다른 것에 비해 낫다고 말하는 것이 무엇을 의미하는지가 결정되지 않았기 때문이다. '훌륭한' 논증이란 빈틈없고, 논리적이며, 설득력 있고, 신뢰할 수 있어야 하는 등의 특징을 갖추어야 하는가? 상대방이 여전히 당신과 의견을 달리하고 있어도(마치 B와 같이) 논증에서 이겼다(마치 A가 자신이 이겼다고 생각하듯이)고 말할 수 있는가? 상대방이 패배를 시인하게 하는 것이 논증에 이기기 위해 필요한 요소인가?

질문을 바꾸어 이를 다른 각도에서 다루어보도록 하자.

연습문제

'훌륭한' 논증이란 무엇인가? 하나의 논증이 다른 것에 비해 낫다거나 나쁘다는 것을 어떻게 결정하는가?

재차 말하지만 하나의 확실한 답은 없다. 당신이 훌륭한 논증이란 '강한' 논증이라고 말했을지도 모르겠다. 다시 말해 반박하기 어려운 논증을 훌륭한 논증이라고 생각할 수 있는 것이다. 또한 당신이 훌륭한 논증이란 이를 지지하는 다수의 강한 이유들을 갖춘 것을 말한다고 이야기했을 수도 있다. 이 외에도 당신이 '훌륭하나'를 '분별 있는' 혹은 '신뢰할 만한' 혹은 '설득력 있는'을 의미한다고 판단했을 수 있다.

이 모든 답변은 훌륭하고, 우리가 좋은 논증이 의미하는 바가 무엇인가를 정리하는 데에 도움을 준다. 또한 이러한 답변들이 제시됨으로써 우리는 "누가 휴대폰 논증에서 이겼는가?"라는 구체적인 질문에 답하기가 훨씬 수월해지게 된다. 이제 누가 이겼는가의 질문으로 돌아가서 당신이 원래 했던 질문이 여전히 유효한지를 판단해 보라. 혹은 무엇이 훌륭한 논증인지에 대한 당신의 논의에 비추어서 이를 변경할 필요가 있는지를 판단해 보라.

우리가 유의해야 할 점은 좋은 논증이라고 해서 반드시 참이거나 옳은 것은 아니라는 것이다. 사람들은 간혹 어떤 논증에 대해 '참'이라는 단어를 사용하는데, 이는 잘못이다. 논증은 참이거나 거짓인 무엇이 아니다. 한 논증에서 쓰이는 진술 혹은 주장이 참(혹은 거짓)일 수는 있지만, 논증 자체는 그렇지 않다. 예를 들어 휴대폰이 간혹 건강 문제를 일으킨다는 것은 참 — 다시 말해 사실 — 일 수 있다. 휴대폰을 사용하는 사람들로 인해 일부 교통사고가 일어났을 수 있다는 것 또한 사실일 수 있다. 만약 이러한 주장들이 참임이 밝혀진다면 이는 휴대폰에 반대하는 논증을 강화하며, 이를 더 나은 논증이 되도록 하는 데에 도움을 줄 것이다. 하지만 이로 인해 논증이 '참'이 되는 것은 아니다.

찬성과 반대

많은 경우 두 논증 중에서 어떤 것이 더 나은지는 분명하지 않다. 그 이유는 양쪽 모두 장점이 있기 때문이다. A와 B의 논증은 대략 이러한 경우에 해당한다. 이들은 대체로 우위를 가늠하기 힘든 장점을 각기 가지고 있다.

실제로 휴대폰에 관한 전체 논의에서 분명 두 사람은 모두 훌륭한 논증을 제시하고 있다. 우리는 휴대폰 사용에 찬성하는 입장(pros)과 반대하는 입장(cons)이 있다고 말할 수 있다. (이러한 용어들은 라틴어에서 유래한다. 'pro'는 '~을 옹호한다'는 뜻임에 반해 'contra'란 '~을 반대한다'는 뜻이다.) A의 논증은 휴대폰 사용에 반대하는 목록들로 이루어졌다. 다시 말해 휴대폰 사용에 반대하는 논점들을 제시하고 있다는 것이다. B는 찬성하는 목록들, 즉 휴대폰 사용에 찬성하는 논점들로 대응을 하고 있다. 누구의 논증이 더 나은가를 결정하는 문제는 사실상 찬성 논변이 반대 논변을 능가하는지 혹은 그 반대인지의 문제다.

휴대폰이 건강에 해로우며, 운전자를 혼란시켜 사고의 원인이 된다고 한 A의 주장을 예로 들어보자. 만약 사실이라면 이러한 내용은 휴대폰 사용을 옹호하는 B의 논증에 상당히 심각한 타격을 가하게 된다. 하지만 B는 반대 주장, 예를 들어 휴대폰을 이용해 응급 서비스를 요청함으로써 생명을 구할 수 있다는 반론을 갖추고 있다. 이와 유사하게 휴대폰이 반사회적이라는 A의 주장은 사람들끼리 서로 연락할 수 있도록 도와준다는 주장을 통해 반론이 제기된다. 여기에서는 휴대폰이 편리함을 주는지 아니면 불편함을 주는지가 쟁점이 되고 있다.

이처럼 이런저런 방식으로 두 논증은 서로 균형을 맞추고 있다. 만약 당신이 어떤 논증이 더 강한지 결정하고자 한다면 어떤 종류의 증거가 필요할 것이다. 예컨대 얼마나 많은 목숨을 구할 수 있었고, 얼마나 많은 사고가 일어났는지에 대한 통계 자료는 이에 해당한다. 실제로 B가 제시하고 있는 반대 논증 중 하나는 A가 증거를 제시하고 있지 않다는 것이다. 하지만 그러한 종류의 정보를 갖추지 못한 것은 B 또한 마찬가지다. 즉 B가 인명을 구했다는 주장을 입증할 수 있는 통계 자료를 가지고 있지 못한 것과 마찬가지로, A 또한 휴대폰이 교통사고를 야기했다는 자료를 가지고 있지 못한 것이다.

반박

어떤 논증을 반박한다는 것은 그러한 논증이 잘못임을 보여주는 것이다. '반박'이라는 단어는 잘못 사용되는 경우가 많다. 사람들은 "나는 동의하지 않는다"를 의미하고자 할 때 "이를 반박한다"라고 말한다. 어떤 논증을 반박하고자 할 경우 당신은 단지 동의하지 않는 것 이상을 해야 한다. 반대 주장을 제시하는 것은 반박을 하는 한 가지 방법이다. 방금 우리는 그러한 방식으로 A의 주장을 반박하려는 B의 시도를 살펴본 바 있다. 어떤 논증을 반박하는 또 다른 방법은 추론 자체의 문제점을 찾아내는 것, 다시 말해 추론의 결함이나 잘못을 밝혀내는 것이다. 이는 B가 다음 단계로 시도하려던 것이다.

연습문제

"잠깐"으로 시작되는 구절에서 B는 어떠한 방식으로 A의 논증을 반박하려 하고 있는가? A는 이에 어떻게 대응하고 있는가? 당신은 주고받는 대화에서 누가 이겼다고 생각하는가?

B가 발견했다고 생각하는 A의 잘못은 A가 도구를 사용 — 이 경우에는 오용 — 하는 사람을 비난해야 할 때에 도구 자체를 비난하고 있다는 것이다. B는 총과 다른 사람을 해치기 위해 이를 사용하는 사람의 유비(비교)를 사용하여 자신의 입장을 뒷받침하려 한다. 실제로 B는 사람들

이 총을 적절히 사용할 경우 문제가 발생하지 않을 것이며, 이러한 측면에서 보았을 때 A의 논증이 실패로 귀결될 수밖에 없다는 의견을 제시하고 있다.

나쁘지 않은 방법이다! 만약 당신이 비교가 공정하게 이루어졌고, 휴대폰의 부정적인 측면에 대해 책임이 있는 것은 휴대폰이 아니라 사용자라는 입장을 받아들인다면, "휴대폰이 없었다면 세상이 더 좋았을 것"이라는 결론은 상당한 타격을 받을 것처럼 보인다. 하지만 A는 이러한 공격이 치명적이라고 생각하지 않는다. A는 추가적인 반대 논증을 가지고 반격을 하는데, 이에 대해서는 당신 스스로 판단해 보라.

평가

비판적 사고는 어떤 논증이 얼마만큼 훌륭하고, 강하거나 효과적인가를 고찰해 보는 것을 목표로 한다. 이를 평가라고 부른다. 우리가 읽고 듣는 논증에 대한 평가가 이루어지지 않은 상태에서는 숙고에 바탕을 둔 방식으로 판단을 내리기란 불가능하다. 우리가 논증들을 면밀히 검토해 볼 경우 그것들이 전혀 견고하지 못하다는 사실을 알게 되는 경우가 적지 않다. 만약 당신이 논증의 약점을 파악하고 그러한 논증이 어디에 적절히 쓰이는지를 파악할 수만 있다면 별다른 문제가 되지 않는다. 하지만 이런 능력을 갖추기 위해서는 기술과 이해, 그리고 연습이 필요하다. 나쁜 논증들이라고 해서 모두 탐지해 내기 쉬운 것은 아니다.

심지어 어떤 논증이 견고하다고 해도 이를 반드시 결정적이라 할 수는 없다. 우리가 고찰해 보고 있는 두 논증은 모두 견고하며, 이러한 사실은 우리가 평가를 통해 밝혀낸 바다. 평가가 밝혀내지 못한 것은 누가 옳으냐다. 이를 밝혀내지 못한 이유는 주제가 한정되지 않고 양측 모두 나름의 장점을 가지고 있기 때문이다. 하지만 적어도 이제 우리는 결론으로 도약을 하는 대신, 더 나은 위치에서 적절한 판단을 내릴 수 있게 되었다.

추가 논증

현재 당신은 당신 자신의 논증을 추가적으로 제시해 볼 위치에 있기도 하다. 최종과제는 몇 가지 추가 논증을 생각해 보고 A와 B의 논쟁을 계속 이어가 보라는 것이다.

요약

- 이 장에서 우리는 어떤 논증에 대해 제시될 수 있는 일부 대응 방식을 살펴보았다. 반대 주장, 반박 시도가 그것이다.
- 우리는 옹호하는 입장과 반대하는 입장을 고찰한다는 것이 무엇을 말하는지 살펴보았다.
- 우리는 논증에 대한 평가, 즉 어떤 추론이 견고한지 혹은 허술한지를 결정하는 것이 무엇을 말하는지 살펴보았다.

최종과제

토론 장소에서 "휴대폰이 없다면 이 세상은 더욱 살기 좋은 곳이 될 것이다"라는 진술을 지지하거나 반대해 달라는 요구를 받았다.
어느 쪽 입장을 옹호할 것인지를 결정하라. A와 B 논쟁에서 읽은 내용을 활용하고 확장해도 무방하다. 그리고/혹은 당신 자신의 논증을 추가해도 된다.

4 논증 분석하기

어떤 논증을 평가하고, 당신 자신의 논증을 제시하는 방법을 통해 비판적으로 대응할 수 있으려면 그러한 논증을 철저하게 이해할 필요가 있다. 이는 논증의 구조를 파악할 수 있어야 함을 의미한다. 다시 말해 이유들이 결론을 지지하는 방식을 파악할 수 있어야 한다는 것이다.

논증을 '해체해서 정리하기'

오늘날 당신이 구입하는 많은 가구들과 물건들은 당신이 스스로 조립하여 사용할 수 있도록 꾸러미로 배송된다. 꾸러미를 받으면 당신은 이를 풀어서 부품이 모두 있는지 점검하고, 그리고는 부품들을 조립한다.

흔히 비판적 사고에서 당신이 논증의 부분들과 그 구조를 밝혀내면서 행하는 바에 대해서도 마찬가지의 표현이 사용된다. 동일한 것을 의미하는 또 다른, 다소 화려하지 않은 단어는 '분석하다'이다. 이 장에서 당신은 어떤 논증을 해체해서 정리 혹은 분석하는 데에 사용할 수 있는 기술들을 일부 배우게 될 것이다.

가장 단순한 유형의 논증은 결론으로 이어지는 하나 혹은 두 개의 이유를 가지고 있다. 더 복잡하고 덜 확실한 사례들을 따져보기에 앞서 이러한 논증을 출발점으로 삼아보도록 하자.

연습문제

다음의 논증은 어떻게 분석될 수 있을까?

(1) 도쿄행 열차는 16시 24분에 출발한다. 교통이 혼잡하면 역까지 40분 걸릴 수 있다. 열차를 확실하게 타려면 15시 40분에 역으로 출발해야 한다.

분석에서 첫 번째 작업은 논증 내에서 제기되고 있는 각각의 주장들을 찾아내고, 이들을 이유와 결론으로 분류하는 것이다. 위의 예문에는 두 가지 이유들이 포함되어 있는데, 우리는 이들을 R1과 R2로 나타낼 수 있을 것이다. 결론은 C로 나타낼 수 있다. (1)처럼 단순한 사례는 해체해서 정리하기가 매우 쉬운데, 그럼에도 이는 해체 방법을 파악하는 데 도움을 줄 수 있다.

R1 도쿄행 열차는 16시 24분에 출발한다.

R2 역까지 40분 걸릴 수 있다.

따라서

C 열차를 확실하게 타려면 15시 40분에 역으로 출발해야 한다.

(1)에서 '따라서', '때문에' 혹은 '왜냐하면'과 같은 논증 지시어를 살펴볼 수 없다는 사실에 주목하라. 그 이유는 그 어떤 것도 필요치 않기 때문이다. 주장들 중에서 어떤 것이 결론인지는 분명하게 드러난다. 화자가 C를 주장하는 것은 R1과 R2 때문이지, 그 반대가 아니다.

(1)에서 문장들의 수 이상의 주장들이 있을 수 있음에도 주목하라. 두 가지 이유들이 '그리고'로 연결되어 하나의 문장을 이루고 있다. 각각의 개별 주장들을 찾아내고, 이들을 따로 분류하는 것은 해체 및 정리 작업의 일부에 해당한다.

이유들의 작동 방식

일단 논증의 모든 주요 부분들의 위치를 정하고 라벨을 붙였다면, 다음 작업은 이들이 어떻게 서로 이어져 있는지를 살펴보는 것이다. 우리는 이미 이유들이 결론을 뒷받침한다는 사실을 알고 있다. 하지만 이유들이 이러한 작업을 수행하는 데에는 다양한 방법들이 있을 수 있다. 예를 들어 어떤 논증에서는 이유들이 각기 나름의 방식으로 결론을 뒷받침하면서 독립적으로 역할을 한다. 각각의 독립적인 주장들이 논증을 강화할 수 있지만, 설령 그들 중에서 하나를 제거한다고 해도 결론은 여전히 다른 것(들)의 뒷받침을 받을 것이다. 다른 논증에서는 이유들이 공조를 하면서 서로 의존하는데, 이때 만약 이유들 중 하나가 참이 아님이 밝혀질 경우 전체 논증이 무너지게 된다.

(1)에서는 이유들이 서로 의존하고 있다. 결론을 이끌어내는 근거는 역까지 걸리는 시간, 그리고 열차 시간이다. 만약 둘 중의 어느 하나가 참

이 아닌 것으로 판명이 될 경우 논증은 실패하고 말 것이다. 예를 들어 만약 기차가 17시 24분까지 도착하지 않을 경우 R2 자체만으로는 15시 40분에 출발해야 할 충분한 이유가 될 수 없을 것이다. 또한 역까지 걸어서 5분 거리에 불과하다면 R1 자체만으로는 결론을 이끌어내는 데 충분치 못할 것이다.

이러한 논증의 구조는 아래와 같은 도식으로 나타낼 수 있다. 화살표는 R1과 R2의 조합이 결론을 이끌어내고 있음을 보여주고 있다.

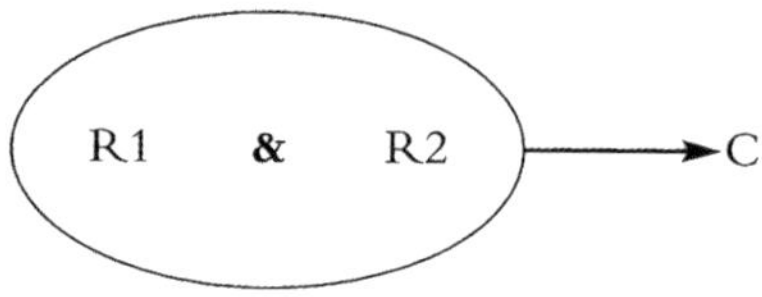

이와 대비되는 다음 논증을 살펴보자.

(2) 폭풍우가 불 것으로 예상된다. 위성사진은 인도양에서 매우 낮은 기압대가 밀려들어오고 있음을 보여주고 있으며, 기상청은 북서쪽에서 거대한 구름들이 모여들고 있다고 보고하고 있다.

연습문제

이유들과 결론을 찾아내는 방법으로 예시 (2)를 분석해 보라. 그 구조가 논증 (1)과 어떻게 다른지 설명해 보라.

일단 이유와 결론의 목록을 만들어볼 경우 우리는 (1)에서와 매우 유사한 결과를 얻게 된다.

R1 위성사진은 인도양에서 매우 낮은 기압대가 밀려들어오고 있음을 보여주고 있다.

R2 기상청은 북서쪽에서 거대한 구름들이 모여들고 있다고 보고한다.

따라서

C 폭풍우가 불 것으로 예상된다.

하지만 양자의 유사성은 여기까지다. 이렇게 말하는 이유는 R1 혹은 R2는 그 자체로 결론을 뒷받침하기 위해 사용될 수 있기 때문이다. R2를 덧붙일 경우 추가적인 증거가 제시됨으로써 논증이 강화된다. 하지만 설령 R2가 없다고 하더라도 논증이 잘못되는 것은 아니다. 이와 유사하게 R2 또한 그 자체로 결론을 뒷받침하고 있다. 그 이유는 저기압대와 마찬가지로 거대한 구름들 또한 악천후가 임박했음을 보여주는 지표이기 때문이다.

이상의 논증 구조를 보여주고자 할 경우 우리는 두 이유들이 각기 결론을 향하고 있는 도식을 그려야 한다.

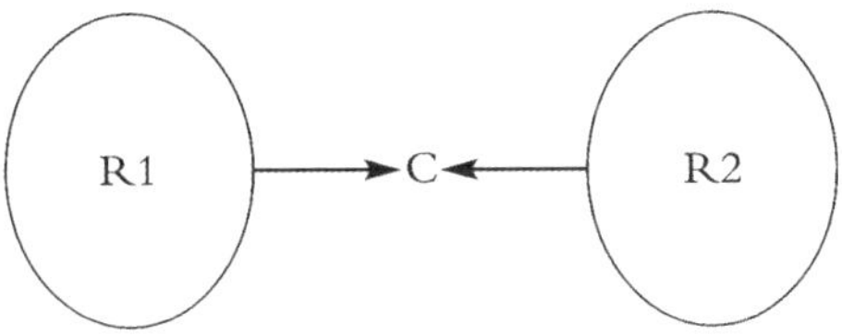

두 가지 이상의 이유를 갖는 논증

두 가지 이상의 이유(또는 전제)를 갖는 논증에서는 그림이 금방 더 복잡해질 수 있다. 이러한 경우에는 조합을 이루어 작동하는 혼합된 이유들과 독립적으로 작동하는 이유들이 있을 수 있다.

연습문제

다음 논증의 이유와 결론을 찾아내고, 구조를 보여주는 방식을 이용해 논증을 해체해서 정리해 보라.

(3) 라진더가 비밀을 지키리라고 믿을 수 없음은 확실하다. 제드와 질이 약혼했다는 사실을 알고 있는 사람은 나 외에는 라진더밖에 없다. 나는 이를 아무한테도 이야기하지 않았는데, 지금 그 소식은 학교에 널리 퍼져 있다. 그는 내가 비밀로 해달라고 말한 다니엘 리에 관한 소문을 퍼뜨리기도 했다.

여기에서도 첫 번째 문장이 결론이지만 이번에는 이러한 결론을 넷 혹은 다섯 개의 이유(당신이 어떻게 해체해서 정리할 것인가에 따라 달라질 수 있지만)가 뒷받침하고 있다.

R1 제드와 질이 약혼했다는 사실을 알고 있는 사람은 나 외에는 라진더밖에 없다.

R2 나는 누구에게도 이러한 사실을 알리지 않았다.

R3 현재 그 소식은 학교에 널리 퍼져 있다.

R4 라진더는 내가 비밀로 해달라고 말한 다니엘 리에 대한 소문을 퍼뜨렸다.

그러므로

C 라진더가 비밀을 지키리라고 믿을 수 없음은 확실하다.

처음 세 가지 이유들은 서로 공조를 하고 있다. 만약 내가 여러 사람에게 말했더라면, 혹은 만약 라진더 외의 다른 사람들이 알았다면 비난을 받을 사람은 라진더가 아닐 수 있었을 것이다. 그리고 만약 소식이 널리 퍼지지 않았다면 라진더가 누군가에게 비밀을 말했으리라고 주장할 이유가 없었을 것이다. 반면 다른 세 가지로부터 결론을 이끌어내기 위해 R4가 반드시 참일 필요는 없다. 이렇게 보자면 비록 R4가 논증을 강화하고는 있지만 이는 다른 이유들과 별개다. 즉 이는 라진더를 신뢰할 수 없다고 결론을 맺기 위해 추가적으로 제시한 이유인 것이다.

이는 다음과 같은 도식으로 나타낼 수 있다.

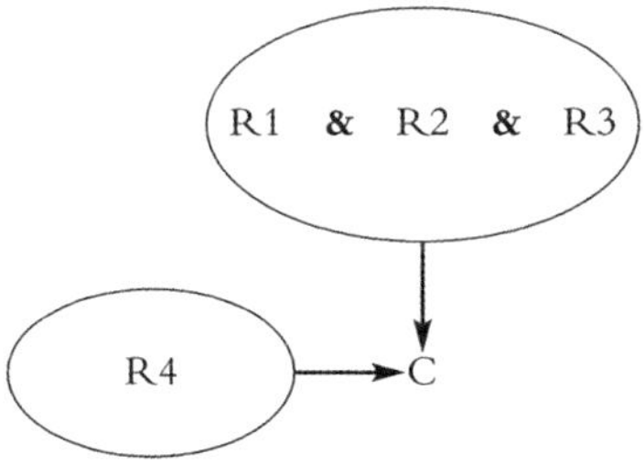

설령 이와 다른 방식으로 해체해서 정리했다고 하더라도 걱정할 필요는 없다. 예를 들어 어떤 사람들은 R4를 두 가지 이유로 다루고자 할 수 있다. 그는 라진더가 이야기를 퍼뜨렸음을 R4로, 절대 비밀로 하고 그에게 이야기한 것을 R5로 파악하려 할 것이다. 물론 이러한 두 가지 이유들은 서로 의존해 있을 것이며, 이에 따라 또 다른 분석은 다음과 같은 도식으로 나타낼 수 있을 것이다.

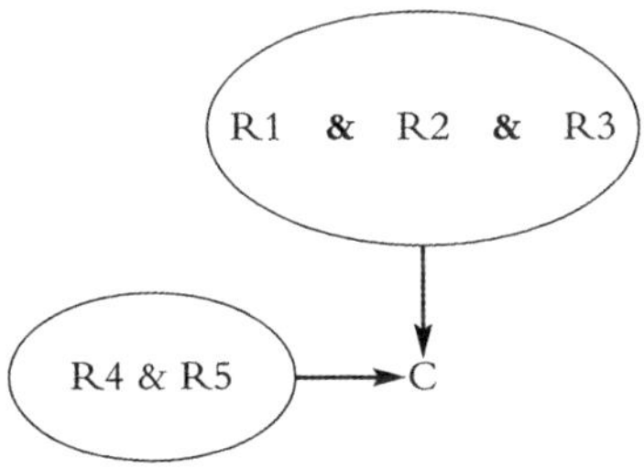

당신은 더욱 복잡한 논증을 다룰 경우 논증의 분석 방법이 다소 다를 수 있음을 발견하게 될 것이다. 설령 당신의 분석이 책에서의 것과 똑같지 않다고 해도, 그러한 사실이 반드시 당신의 분석이 잘못임을 의미하지는 않을 것이다. 중요한 것은 당신이 결론과 주요한 이유가 어떤 것인지를 찾아내는 것이며, 논증을 이해하고 이를 명쾌하게 설명할 수 있게 된 데에 만족하는 것이다.

요약

- 이 장에서 우리는 논증을 해체 혹은 분석하고, 이유(들)와 결론을 찾아내고, 논증의 구조를 드러내 밝혀 그것이 어떻게 작동하고 있는지를 살펴보았다.
- 이유들(전제들)은 결론을 지지할 때 함께 작동할 수도, 서로 독립적으로 작동할 수도 있다.

최종과제

다음의 논증을 이 장에서 검토한 방법을 이용해 분석해 보라.

1. 우리는 병에 든 생수를 마시기 위해 기꺼이 돈을 쓰려 해서는 안 된다. 병에 든 생수에서 발견된 화학물질이 건강에 해롭다는 경고가 수차례 있었다. 이는 터무니없이 비싸기도 하다. 그리고 수돗물의 질이 계속 개선되고 있다.

2. 경기력 향상 약물을 복용하려는 유혹에 빠지는 운동선수들은 늘 있기 마련이다. 최고 수준의 운동경기에서는 약물 복용이 금메달을 따느냐 아무것도 따지 못하느냐의 차이를 낳을 수 있다. 또한 최고에 오른 선수들에 대한 보상이 너무 크기 때문에 선수들이 위험 부담을 감수할 만하다고 생각할 수 있다.

3. 어떤 스포츠도 상대 선수에게 부상을 입히는 것이 주요 목적이 되어서는 안 된다. 또한 어떤 스포츠도 경쟁하는 선수들 간에 육체적 해악을 가하는 것을 관중이 즐기게 해서는 안 된다. 이렇게 보자면 권투는 제일 먼저 불법화해야 할 운동 중의 하나다. 권투 선수들은 수많은 열광하는 관중들 앞에서 승리를 거두기 위해 상대방을 인사불성이 될 정도로 두드려 패야 한다.

해답과 해설은 338-340쪽을 볼 것.

5 더 복잡한 논증

앞 장에서 우리는 어떻게 이유들이 — 독립적으로 혹은 조합을 이루어 — 결론을 뒷받침하는가를 살펴보았다. 각각의 경우에 결론은 하나밖에 없었다.

하지만 일부 논증에서는 하나 이상의 결론이 있을 수 있다. 하나 혹은 그 이상의 이유들이 중간 결론으로 이어질 수 있고, 이것이 주요 결론으로 이어질 수 있는 것이다.

다음은 그 사례다.

(1) 말레이시아, 남아프리카공화국, 그리고 영국 등을 포함한 일부 나라에서는 자동차가 좌측 운행을 한다. 이는 우측 운행에 익숙해져 있는 다른 나라에서 온 운전자와 보행자들의 사고를 유발할 수 있다. 이렇게 보자면 모든 나라의 규칙이 동일할 경우 도로가 더욱 안전해질 것이다. 차량이 좌측 운행을 하고 있는 나라는 매우 소수다. 따라서 이들 나라들이 우측 운행을 하도록 규칙을 변경해야 한다.

연습문제

이 논증을 분석하여 두 개의 결론을 드러내 밝히고, 어떤 것이 주요 결론인지를 보여라.

이 논증에서는 차량이 좌측 운행을 하는 나라들이 우측 운행으로 변경해야 한다는 결론을 뒷받침하는 네 가지 이유들이 발견된다.

R1 일부 나라에서는 차량들이 좌측 운행을 한다.

R2 이는 우측 운행에 익숙해져 있는 다른 나라에서 온 운전자와 보행자들의 사고를 유발할 수 있다.

R3 (이에 따라) 모든 나라의 규칙이 동일할 경우 도로는 더욱 안전해질 것이다.

R4 차량이 좌측 운행을 하는 나라는 매우 소수다.

따라서

C 이러한 나라들이 우측 운행으로 규칙을 변경해야 한다.

그런데 당신이 간파했을 수도 있지만 이러한 모든 이유들이 결론으로 직접적으로 연결되는 것은 아니다. R1을 유심히 살펴볼 경우 당신은 이것이 사실상 C라고 결론을 내리는, 적어도 직접적인 이유가 아님을 파악하게 될 것이다. 마찬가지로 R2 또한 좌측 운행 도로 규칙을 우측 운행으로 변경해야 한다는 결론을 내리기 위한 직접적인 이유가 아니다. 직접적인 이유는 R3과 R4다. R1과 R2는 R3을 뒷받침하기 위해 그곳에 있는 것이다. 따라서 이들은 단지 간접적으로 최종 결론을 뒷받침하고 있을 따름이다.

(R1 & R2) → R3 은 예비적 논증으로, 이는 두 번째 논증인 (R3 & R4) → C로 이어진다. 이러한 사실은 R3가 (한 논증의) 결론임과 동시에 (다른 논증의) 이유이기도 하다는 것을 의미한다. 따라서 우리는 이를 중간 결론, 간단하게 IC로 부를 수 있을 것이다.

이를 문장으로 나타내면 다음과 같다. "일부 국가들에서 차량이 좌측 운행을 한다"는 사실, 그리고 "이것이 사고를 유발할 수 있다"는 두 주장은 함께 "모든 나라의 규칙이 동일할 경우 도로는 더욱 안전해질 것"이라는 결론을 이끌어낸다. 이어서 이는 "좌측 운행을 하는 나라보다 우측 운행을 하는 나라가 많다"는 사실과 함께 "좌측 운행 국가들이 우측 운행으로 규칙을 변경해야 한다"는 최종 혹은 주요 결론을 이끌어낸다.

완전한 분석:

R1 일부 나라에서는 차량들이 좌측 운행을 한다.

R2 이는 우측 운행에 익숙해져 있는 다른 나라에서 온 운전자와 보행자들의 사고를 유발할 수 있다.

(따라서)

IC: R3 모든 나라의 규칙이 동일할 경우 도로는 더욱 안전해질 것이다.

R4 차량이 좌측 운행을 하는 나라는 매우 소수다.

따라서

C 이러한 나라들이 우측 운행으로 규칙을 변경해야 한다.

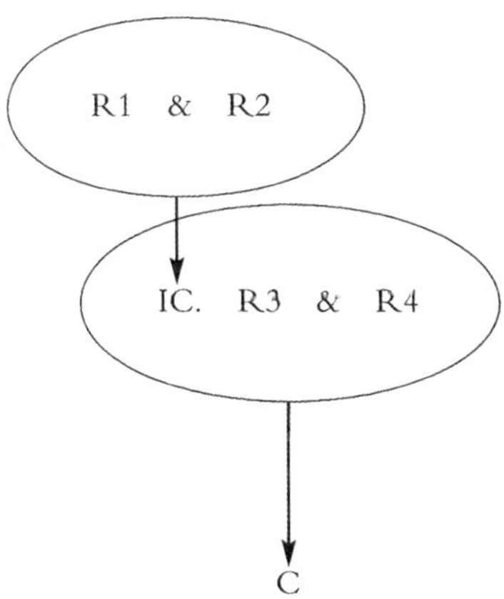

우리는 하나의 논증이 또 다른 논증과 연결되는 이와 같은 복잡한 논증을 추리의 연쇄(chain of reasoning)라고 부른다. 도식은 이것을 왜 '연쇄'라고 부르는지를 분명하게 보여주고 있다.

이 논증을 주의 깊게 공부해 보고, 유념해서 논증의 각 단계를 따라가 보라. 한 논증의 결론이 어떻게 추가 논증을 뒷받침하기 위해 주어지는 이유가 되기도 하는지를 확실하게 이해할 필요가 있다. 또한 논증의 주요 결론과 그 과정에서 도달한 중간 결론도 확실하게 구분할 수 있어야 한다. 다른 무엇보다도 이러한 추리 패턴이 매우 널리 사용되기 때문이다.

연습문제

(2)는 추리의 연쇄로 이루어진 또 다른 논증이다. 바로 앞의 사례에서 논의한 일부 기술을 이용해 이를 분석해 보라. 그러고 나서 (2)의 밑에 제시해 놓은 분석을 살펴보라.

(2) 손익을 신중하게 평가해 보지 않고서 막무가내로 대규모의 재활용 계획을 추진해서는 안 된다. 사용한 재료를 재활용하는 것이 장기적으로 보았을 때 비경제적일 수도 있다. 폐품을 수집하고 분류하는 데 드는 비용에 재활용 과정 자체에 드는 비용까지 합해질 경우, 원재료를 사용하여 동일한 제품을 제조하는 경우보다 최종 생산품의 가격이 더욱 비싸지는 경우가 흔히 있다. 이러한 추가 비용은 누군가가 부담해야 한다. 만약 소비자가 이를 부담하지 않는다면 특별세 형태로 납세자가 부담해야 한다. 재활용이 항상 환경 문제에 대한 최선의 해결책인 것도 아니다. 폐기물을 처리하기 위해서는 많은 에너지가 필요한데, 이는 공해를 유발할 수 있다. 이는 지구 온난화를 가중시킬 수도 있다.

이는 앞의 사례에 비해 해체하기에 복잡한 논증이다. 그 이유는 이유들과 결론들이 다른 순서로 배열되어 있으며, 결론을 표시하는 아무런 논증 지시어도 살펴볼 수 없기 때문이다.

주요 결론은 첫 번째 문장 "손익을 … 추진해서는 안 된다"이다. 이러한 결론에 이르는 데에는 두 가지 직접적인 이유들이 있다. 첫 번째는 재활용이 비경제적이라는 것이고, 두 번째는 이것이 환경을 훼손하리라는 것이다. 이들은 각각 주요 결론으로 이어지는 중간 결론이 되어 주면서, 동시에 각각 자신을 뒷받침하는 전제들을 가지고 있다.

만약 주요 결론을 올바르게 찾아냈고, 이로 이어지는 두 가지의 추론 연쇄가 있음을 발견했다면 당신이 정확히 어떻게 이유들의 목록을 만들었고 분류했는가는 그리 중요하지 않다. 예를 들어 (2)에 대한 분석은 다음과 같이 이루어질 수 있다.

R1 재활용 과정 자체에 드는 비용으로 인해 원재료를 사용하여 동일한 제품을 제조하는 것에 비해 최종 생산품의 값이 더욱 비싸지는 경우가 흔히 있다.

R2 이러한 추가 비용은 누군가가 부담해야 한다. 만약 소비자가 이를 부담하지 않는다면 특별세 형태로 납세자가 부담해야 한다.

(따라서)

IC: R3 사용한 재료를 재활용하는 것이 장기적으로 보았을 때 비경제적일 수도 있다.

R4 폐기물을 처리하기 위해서는 많은 에너지가 필요한데, 이는 공해를 유발할 수 있다.

R5 이는 지구 온난화를 가중시킬 수도 있다.

(따라서)

IC: R6 재활용이 항상 환경 문제에 대한 최선의 해결책인 것도 아니다.

따라서

C 손익을 신중하게 평가해 보지 않고서 막무가내로 대규모 재활용 계획을 추진해서는 안 된다.

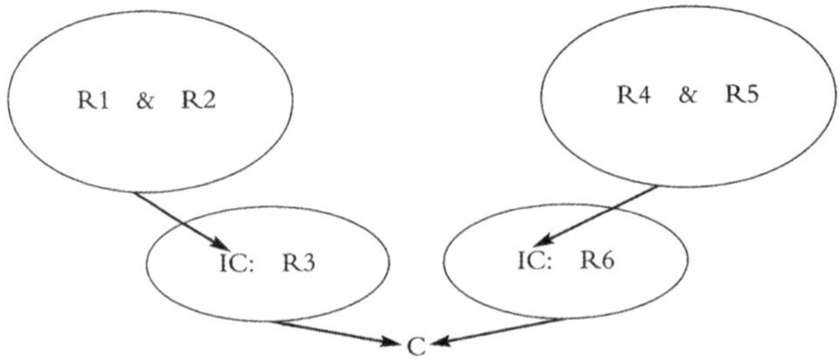

논증은 위와 같은 도식으로 나타낼 수 있다. 이 논증에는 두 개의 개별적인 일련의 추리가 포함되어 있으며, 이에 따라 결론으로 이어지는 두 개의 화살표가 나온다. 설령 두 선 중 하나를 제거해 버린다고 하더라도, 다시 말해 R4, R5 그리고 R6을 제거해 버린다고 해도 C를 도출하는 또 다른 논증은 여전히 설득력을 발휘하며 남아 있을 것이다. 하지만 그러한 논증은 두 선이 모두 있을 경우에 비해 강하지 못할 것이다. 그 이유는 그러한 선이 오직 성급하게 재활용을 채택하지 말아야 할 경제적인 이유만을 나타낼 뿐 경제적, 그리고 환경적 이유를 모두 나타내지는 않을 것이기 때문이다. 이와 유사하게 설령 R3로 이어지는 논증을 제거하거나 부인한다고 해도, 당신에게는 여전히 의존할 수 있는 환경 관련 논증이 남아 있을 것이다.

유용한 전략

(1)과 (2)에서 우리는 직접적인 이유들과 간접적인 이유들을 살펴보았다. 어려운 논증을 해체하기 위한 훌륭한 전략은 다음과 같다. 먼저 당신이 주요한 결론이라 생각하는 바를 선택하고, 이어서 이를 지지하는 직접적인 이유들을 찾아라. 다음으로 (만약 있다면) 직접적인 이유들을 지지하는 이유들을 찾아라. 바꾸어 말해, 당신이 주요 결론이라고 생각하는 바에서 역으로 추적하면서 작업을 하라. 즉 다음과 같은 절차로 작업을 하라.

(먼저) 결론 ← (이어서) 직접적인 이유들 ← (이어서) 이유들을 지지하는 이유들.

이들이 하나의 논증으로 뜻이 통하는지를 파악하고자 한다면 이들을 한데 모아보라. 만약 뜻이 통하지 않는다면 다시 한 번 시도해 보라.

잉여적인 부분

간혹 논증을 해체해서 정리할 때 이유 혹은 결론으로 생각되지 않는 부분들이 있음을 보게 된다. 이러한 부분들은 사실상 논증에 포함되지 않는 것처럼 보인다. 어떤 경우에는 심지어 논증에 반대되는 듯이 보이는 부분들이 있기도 하다. 다음은 한 예다.

(3) 정상급 여자 테니스 선수들은 같은 경기를 하면서 정상급 남자 테니스 선수들에 비해 현격하게 낮은 상금을 받는 것이 불만이다. 그들은 자신들이 불평등한 처우를 받는다고 생각한다. 하지만 상금의 차이는 전적으로 공평하다. 남자 선수들이 시합에 이기려면 다섯 세트 중 세 세트를 이겨야 하는 데 비해 여자 선수들은 세 세트 중에서 두 세트를 이기면 된다. 또한 남자 게임은 여자 게임에 비해 빠르고 힘이 넘친다. 따라서 그들은 코트에서 여자 선수들에 비해 훨씬 에너지를 많이 소모한다. 게다가 남자 우승자와 여자 우승자가 시합을 벌일 경우 남자 선수가 항상 이길 것이다.

연습문제

이 논증을 어떻게 분석하려 하는가? 특히 처음의 두 문장들에 대해 어떻게 생각하는가? 이들은 어디에 적절히 끼워 넣을 수 있는가?

간단하게 답하자면 첫 번째 두 문장은 논증 — 주요 논증 — 에 끼워 넣을 수 없다. 사실 이들은 논증 자체에 속한다기보다는 반대 논증(2장을 볼 것)에 더욱 가깝게 보인다. 그 이유는 이러한 문장들은 동등한 상금을 원하는 여자 선수들이 하는 이야기지 남자 선수들이 더 많은 상금을 계속 받아야 한다는 화자(話者)의 입장이 아니기 때문이다.

그럼에도 이들 두 문장은 논증에 대한 이해를 돕기 위해 필요하다. 이 문장들을 빼고 읽어보면 이를 직접 느낄 수 있을 것이다. 도입 문장인 두 문장은 글이 무엇에 대한 논증인지를 보여주는 단서를 제공하고 있다. 논증의 핵심과 목적은 여자 선수들의 불공평하고 불평등하다는 주장에 대응하는 것이다. 우리는 앞의 두 문장이 논증의 전후 맥락을 보여주고 있다고 말할 수도 있다. 이 밖에 우리는 이들이 논증을 도입하고 있다고 말할 수 있으며, 논증의 배경 정보를 제공한다고 말할 수도 있다. 어떻게 말해도 상관없다. 완전하게 분석할 경우 논증은 다음과 같이 정리될 것이다.

논증의 전후 맥락

정상급 여자 테니스 선수들은 같은 경기를 하면서 정상급 남자 테니스 선수들에 비해 현격하게 낮은 상금을 받는 것이 불만이다.

그들은 자신들이 불평등한 처우를 받는다고 생각한다.

하지만 …(**주요 논증**)

R1 남자 선수들이 시합에 이기려면 다섯 세트 중 세 세트를 이겨야 하는데 비해 여자 선수들은 세 세트 중에서 두 세트를 이기면 된다.

R2 남자 게임은 여자 게임에 비해 빠르고 힘이 넘친다.

(따라서)

IC: R3 남자들은 코트에서 여자 선수들에 비해 훨씬 에너지를 많이 소모한다.

R4 남자 우승자와 여자 우승자가 시합을 벌일 경우 남자 선수가 항상 이길 것이다.

따라서

C 상금의 차이는 전적으로 공정하다.

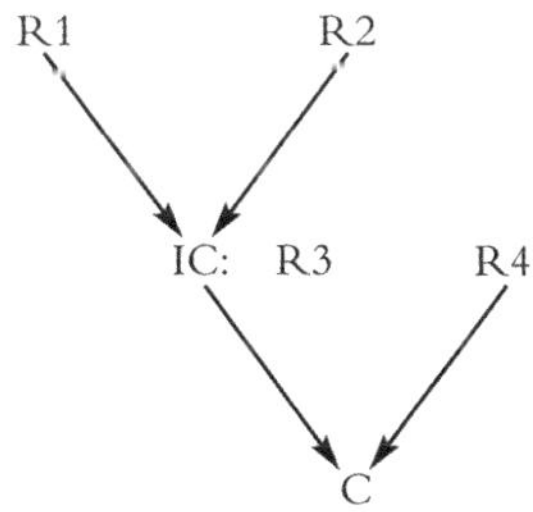

분석의 가치

논증을 철저하게 해체해서 정리해 보는 것은 이를 빈틈없이 이해하는 가장 확실한 방법이다. 이렇게 해봄으로써 당신은 논증에 적절하게 대응할 수 있는 최선의 방법 또한 마련할 수 있다. 당신이 제시되어 있는 논증의 부분들, 그리고 그러한 부분들 간의 연결을 면밀한 검토를 위해 살펴볼 경우, 당신은 이내 장점과 단점, 채워져야 할 부분 등을 지적할 수 있을 것이다. 이러한 것들은 논증을 평상시의, 일상 언어로 은폐시켜 놓았을 경우에는 확실하게 드러나지 않는다.

지난 몇 쪽에서 연습해 본 바와 같은 상세한 분석이 항상 필요하지는 않을 것이다. 일단 당신이 이에 익숙해지게 되면 모든 부분들의 목록을 만들고 레벨을 붙이지 않고서도 논증의 주요 결론과 이러한 결론으로 이어지는 일련의 추리들을 파악할 수 있게 될 것이다.

요약

- 일부 논증들은 주요 결론으로 이어지는 중간 결론을 가지고 있다.
- 중간 결론은 그 자체를 지지하는 이유(들)를 가지고 있다. 이는 결론인 동시에 한 단계 더 나아간 결론의 이유이기도 하다.
- 글에서 어떤 부분들은 이유 혹은 결론이 아닐 수 있다. 이들은 단지 논증의 목표를 소개하거나 제시하고 있을 수 있다.

최종과제

다음 논증들을 분석하여 근거와 결론(만약 있다면 중간 결론을 포함하여)이 무엇인지를 제시해 보라. 또한 무엇에 대한 논증인지를 보여주는 단서를 제공하기 위해 논증에 포함되어 있는 배경 정보 혹은 반대 의견을 별도로 분리해 라벨을 붙여보라.

1. 최근 유람선 운영회사는 기름과 다른 유해 폐기물을 바다에 투척했다는 이유로 1,800만 달러의 벌금 처분을 받았다. 이는 상당히 커다란 액수인 것처럼 보인다. 하지만 같은 해에 그 선박은 3억 4천만 달러를 벌어들였다. 또한 회사는 벌금을 낼 만큼의 여유가 있었으며, 쓰레기를 투척함으로써 이를 보관했다가 합법적으로 처리하는 데에 드는 적지 않은 비용을 절감했다. 이러한 점을 감안해 보았을때 쓰레기 저장고에 담긴 쓰레기를 대양에 버리는 것은 감수할 만한 위험이었을 것이다. 사실상 이는 커다란 위험도 아니었다. 지난 10년 동안 오직 소수의 회사만 벌금을 물었으며, 기소에 성공하지 못한 경우가 매년 있었다. 우리는 당국에 더욱 커다란 권한을 부여해야 하며, 권한을 행사할 것을 요구해야 한다. 그렇게 하지 않을 경우 세계의 대양은 공공연한 하수구가 될 위험이 있다.

2. 한때 남극은 지금보다 훨씬 따뜻했을 것이다. 최근 과학자들은 얼음 속에 보존되어 있는 3백만 년 된 잎사귀를 발견했다. 이처럼 오래되었음에도 잎사귀는 거의 손상되지 않았으며, 보존 상태가 매우 좋았다. 이러한 사실로 미루어 보았을 때 잎사귀가 바람이나 바다를 통해 남극으로 이동했을 리가 없다. 결론적으로 잎사귀는 한때 그곳에서 자라던 나무의 것일 수밖에 없다. 잎사귀는 따뜻하거나 온난한 지역에서만 자라는 너도밤나무 종의 것이다. 너도밤나무는 기후 변화에 적응할 만큼 신속하게 진화하지 않는다.

해답과 해설은 341-342쪽을 볼 것.

6 주장

주장은 '추정상 참'인 문장이다. 우리가 '추정상 참'이라고 말하는 이유는 그것이 참이 아닐 수 있지만, 그럼에도 논증을 통해 참임이 밝혀질 수 있는 종류의 문장이어야 하기 때문이다. 달리 말해 이는 "참이야" 혹은 "그에 동의해"라고 하는 것이 말이 되는 문장이어야 한다.

따라서 대개 주장들은 분법적으로 진술의 형식을 취한다.

(a) 멤피스는 카이로 남쪽에 있다.
(b) 공룡은 냉혈동물이다.
(c) 최고의 축구선수들은 기분 나쁠 정도로 보수를 많이 받는다.

우리는 질문, 명령 혹은 감탄을 '참' 혹은 '거짓'이라 부를 수 없다. 이는 말이 되지 않는다. 비록 다른 문장형(型)들이 주장에 사용되는 경우도 있지만, 이들은 오직 진술로 파악될 경우에만 주장이 될 수 있다.

예를 들어 카이로를 떠나 운전해서 멤피스를 향해 가는(그들이 희망하기에) 몇 명의 여행객들을 상상해 보자. 한 명이 다음과 같이 말한다.

(1) 저 표지판에는 '북쪽'이라고 쓰여 있는데 멤피스는 남쪽에 있잖아. 그렇다면 어떻게 우리가 제대로 가고 있다고 할 수 있겠니?

문법적으로 (1)의 결론은 질문이다. 하지만 맥락상으로 보았을 때 화자가 답을 구하지 않고(답을 구하는 것은 일반적으로 질문의 목적이다) 진술을 하고 있음이 분명하다. 그녀는 "그렇다면 우리가 잘못 가고 있음이 분명해"라고 말했을 수도 있다. 우리는 이러한 질문, 즉 답을 구하지 않는 질문을 수사적 질문이라 부른다.

이렇게 말하지 않고 화자가 다음과 같이 말했을 수도 있다.

(2) 표지판에 '북쪽'이라고 쓰여 있는데 멤피스는 남쪽에 있잖아. 그렇다면 차를 돌려!

다시 한 번, 결론이 문법적으로 명령이긴 하지만 이는 진술, 즉 운전자가 분명 다른 길로 가고 있다는 진술을 함축하고 있다. (2)를 논증이라고 말하고자 할 경우 우리는 결론을 이와 같은 방식으로 파악하지 않으면 안 된다. 이처럼 우리가 (1) 또는 (2)와 같은 논증을 분석하고자 할 경우 문장의 모든 부분들, 즉 이유들과 결론을 진술의 형태로 나타내 보는 것이 최선이다. 예를 들어,

표지판에 '북쪽'이라고 쓰여 있어.
멤피스는 남쪽에 있어.
따라서
되돌아가야 해.

사실 혹은 견해

주장은 대략 사실을 진술하는 것들과 견해를 표현하는 것들로 나누어 볼 수 있다. 이는 유용한 구분인데, 이들을 좀 더 분명히 할 필요가 있다.

사실이란 참인 진술이다. 이 장의 처음에서 제시한 세 가지 사례들 중에서 첫 번째 주장 (a)는 분명 사실이다. 덧붙이자면 이는 알려진 혹은 확립된 사실이다. 이는 그 진위를 지도상에서 확인할 수 있다. 일부 사람들은 사실을 인지하지 못할 수도 있고, 심지어 무엇인가를 다르게 오인할 수도 있다. 하지만 그것이 사실을 어떤 방식으로 바꾸어놓지는 않는다. 만약 그들이 "아니야, 북쪽이야"라고 말할 경우 그들은 잘못 알고 있는 것이며, 이것이 사실을 어떻게 할 수 있는 것은 아니다.

연습문제

하지만 다른 두 주장, 즉 (b)와 (c)는 어떻게 생각해야 하는가? 참 또는 거짓으로 나타낸다면 이들은 참인가 거짓인가?

공룡이 냉혈동물이었다는 진술은 비록 알려진 사실은 아니지만 사실일 수 있다. 반면 이는 마찬가지로 거짓일 수도 있다. 이에 대한 과학자들의 견해는 공룡이 (오늘날의 파충류와 마찬가지로) 냉혈동물이었다는 주장과 (조류와 포유류처럼) 온혈동물이었다는 주장으로 나누어져 있다. 이들은 각기 훌륭한 이유들로 뒷받침되고 있다. 따라서 이 주장에 대해 우리가 말할 수 있는 최선은 그것이 믿음(혹은 판단이나 견해)이라고 말하는 것이다. 그리고 더욱 사실적인 증거가 발견되지 않거나 발견될 때까지 그러한 주장은 계속 그 상태로 남아 있을 것이다.

하지만 이렇게 말한다고 해서 그 문장이 참도 거짓도 아님을 의미하는 것은 아니다. 그 이유는 공룡이 냉혈동물이었거나 아니었을 것이기 때문이다. 과학자들이 영원히 진리를 파악하지 못할 수도 있지만 진리는 존재하며 발견되기를 기다리고 있다. 설령 타임머신의 발명을 기다려야 한다고 해도 말이다!

세 번째 주장 (c)는 전적으로 견해다. 이 주장이 참인지의 여부를 놓고 두 사람 간에 의견이 다를 수 있고, 둘 중의 한 명이 반드시 거짓이라고 할 수도 없다. 그들은 우선 합당한 임금을 어느 정도라고 생각하거나 믿는지, 그리고/혹은 그들이 '기분 나쁠 정도'를 무엇이라 생각하는지에 대해 결정을 내려야 한다. 이러한 문장이 참이라고 말하는 것은 그저 거기에 동의한다는 것을 의미할 따름이다. 당신이 생각하기에 '참'인 것이 다른 사람의 입장에서는 '거짓'일 수 있다.

이러한 주장을 다른 두 주장과 구분하는 또 다른 한 가지 방법은 이것이 전적으로 주관적이라고 말하는 것이다. 이는 그러한 주장이 진리인지의 여부가 그에 대해 생각하는 각각의 개인 — 혹은 주체 — 에 의해 결정된다는 것을 의미한다. 이는 객관적인 문장인 첫 두 문장과는 대비된다. 다시 말해 누군가가 생각하거나 아는 것과 상관없이 참이거나 거짓인 두 문장과는 대조되는 것이다.

가치 판단

사례 (c)와 같이 어떤 것 혹은 어떤 사람이 좋다, 나쁘다, 더 좋다, 최고다, 훌륭하다, 싫다, 악하다 등의 주장은 이들이 명백하게 어떤 것의 가치 혹은 값어치에 관한 견해라는 이유에서 가치 판단이라고 부르기도 한다. 공룡의 피가 차가웠다고 주장하는 것은 가치 판단이 아니다. 세계 최고의 축구선수들은 세계에서 가장 고소득자에 속한다는 주장 또한 가치 판단이 아니며('기분 나쁠 정도로'는 제외하고), 그들이 일주일 동안 버는 돈은 일부 사람들이 평생 버는 돈보다 많다는 주장 또한 가치 판단이 아니다. 그 이유는 이러한 주장이 실제 사람들의 벌이와 비교함으로써 확인이 가능한 사실의 문제이기 때문이다.

당신이 최고의 축구선수들의 수입에 관해 무엇인가 '잘못되었다'거나 '과도하다'거나 '기분 나쁠 정도'라고 주장할 때 이는 가치 판단이 된다. 마찬가지로 당신이 그와 같이 훌륭한 경기력을 갖춘 운동선수가 엄청난 수입을 얻는 것을 '옳다'고 말할 경우 또한 가치 판단이다. 그런 어마어마한 수입의 차이가 '옳다'는 주장을 지지하기란 어려울지도 모른다. 하지만 이러한 주장은 하나의 견해이며, 때문에 이러한 주장을 잘못이라고 말할 완전히 객관적인 근거도 없다.

예측

예측이란 미래에 벌어질 일이기 때문에 참일 수도 그렇지 않을 수도 있는 어떤 것에 대해 내리는 특별한 종류의 판단이다. 예를 들어 어떤 시간과 장소에서 우리는 다음과 같이 주장할 수 있다.

(d) 앞으로 24시간 내에 폭풍우가 몰아칠 것이다.

만약 이렇게 말하고 난 후 하루 안에 과연 폭풍우가 몰아친다면, 이때 당신은 과거를 회상하면서 예측(혹은 예보)이 옳았다고 말할 수 있다. 하지만 설령 지나서 보니까 그 예보가 맞았다고 하더라도, 그런 예측을 했던 시점에는 그것이 아직 참이나 거짓이 아니었기 때문에 그 예측을 했던 그 시점에서 그것이 사실이었다고 말할 수는 없다.

모든 예측은 어느 정도 불확실하다. 그렇지 않다면 이는 사실이지 예측이 아닐 것이다. 하지만 일부 예측들은 매우 강력한 과학적 혹은 다른 증거에 바탕을 두고 있어서 그것이 의심의 여지가 없이 옳을 수 있다. 예를 들어 계란이 상당한 높이에서 시멘트 바닥으로 떨어질 경우, 나는 계란이 깨질 것이라고 말할 수 있다. 이와 유사하게, 만약 위의 주장 (d)를 전문적인 기상학자가 폭풍우가 쏟아지는 것을 늘 의미했던 기상 패턴에 바탕을 두고 말했다면, 설령 그것이 사실이 아니라고 하더라도 우리는 이를 일말의 주저 없이 받아들일 것이다.

논증 속에서 예측은 흔히 다른 주장들이 사실이거나 증거 자료일 때 논증의 결론으로 제시된다. 이는 과학적 논증에서 매우 흔히 살펴볼 수 있다. 예를 들어보자.

만약 다트와 빈 깡통이 일정한 높이에서 떨어진다면 이들은 다른 속도로 떨어질 것이다. 한쪽이 다른 것에 비해 공기 저항의 영향을 크게 받는다.

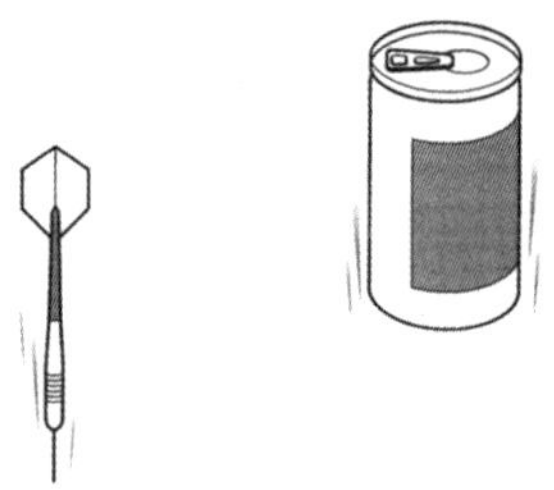

하지만 예측이 항상 결론으로 제시되는 것은 아니다. 예측은 다른 판단 혹은 권고를 뒷받침하기 위해 제시되기도 한다.

권고

앞 장의 49쪽에 나오는 논증을 다시 한 번 살펴보자. 그 결론은 다음과 같았다.

(자동차가 좌측 운행하는) 그러한 나라들은 우측으로 차량 운행을 변경해야 한다.

이는 무엇을 제안, 충고 혹은 권고하기 위해 이유들이 제시되는 매우 흔한 형태의 논증 사례다. 이 사례에서는 좌측 운행을 우측 운행으로 바꾸길 권고하고 있다. 이와 같은 논증에서는 흔히 '해야 한다', '마땅히 그래야 한다' 등과 같은 표현들이 나올 경우 그것이 결론임을 파악할 수 있다.

연습문제

다음의 짧은 논증을 읽어보라. 첫 번째 문장과 마지막 문장은 어떤 종류의 주장인가? 그리고 어떤 것이 결론인가?

모든 미래 지향적인 정부는 전통적인 영농 방식에 더 이상 집착해서는 안 되며 그 대신 유전자 조작(GM)이 주는 혜택을 기꺼이 받아들여야 한다. GM이 소비자나 환경의 안전을 어떤 방식으로든 위협한다는 사실을 시사하는 과학적 증거는 지금까지 발견된 적이 없다. 이에 반해 GM은 식량의 질을 개선하고, 수확량을 늘리며, 해충의 피해로부터 수확물을 보호할 것을 담보하는 긍정적인 측면이 있다. 이는 미래의 기술이며, 이의 장점을 취하지 못하는 나라들은 멀리 뒤처지게 될 것이다.

이 논증의 결론은 첫 번째 문장이다. 이는 GM을 기꺼이 받아들이라는 권고이며, 이에 이어지는 세 가지 주장의 지지를 받고 있다. 그 세 가지 주장이란 어떠한 위험의 증거도 없다는 것, 긍정적인 장점들이 있다는 것, 그리고 이와 같은 이점을 이용하지 못하는 나라들은 멀리 뒤처지리라는 주장을 말한다. 이러한 주장들이 참이라면 이들은 분명 저자의 결론을 강하게 뒷받침해 줄 것이다. (GM 논쟁은 대부분 첫 번째 전제가 참인지의 여부에 관한 것이다.)

당신은 마지막 문장이 결론이라고 말하고 싶었을지도 모르겠다. 그러나 신중하게 분석해 보면 그것이 잘못된 생각임을 알게 될 것이다. 당신이 파악했을 수 있지만 마지막 문장은 예측이다. 만약 이 예측이 옳다면 이는 GM을 수용하라는 권고를 기꺼이 받아들일 한 가지 이유가 된다. 하지만 권고는 예측을 하거나 예측을 받아들이는 이유가 아니다. 만약 이것이 의심스럽다면 앞으로 되돌아가 첫 번째와 마지막 문장 사이에서 '그러므로 검사'를 해보라. 이 경우 당신은 오직 한쪽 방향, 다시 말해 마지막 문장에서 첫 번째 문장 방향으로만 말이 통한다는 사실을 알게 될 것이다.

요약

- 주장들은 참이거나 거짓일 수 있으며, 판단일 수 있다.
- 사실은 참인 주장이다.
- 예측은 일어날 일에 대한 주장이다.
- 권고는 무엇이 행해져야 하는지에 대한 주장이다.
- 가치 판단은 어떤 것의 값어치에 관한 주장이다. 다시 말해 그것이 좋은지, 나쁜지, 바람직한지 등에 관한 주장이다.

최종과제

1. 이하의 세 개의 짧은 논증 속에서 각각의 문장들은 어떤 종류의 주장인가? 또한 결론은 어떤 문장인가?
   (a) 많은 대학교가 지출을 감당할 만큼의 돈을 벌어들이고 있지 못하다. 정부가 졸업세를 도입해서 더 많은 액수의 자금을 확보해야 한다.
   (b) 이러한 관목들은 알칼리성 토양에서 가장 잘 자란다. 만약 토양에 석회를 섞으면 더욱 잘 자랄 것이다.

(c) 선거는 각축전이 될 것이다. 여론조사에 따르면 양대 주요 정당에 대한 지지율은 대등하다. 결과에 관심을 가지고 있는 사람이라면 모두 투표소에 가서 투표를 해야 한다.

2. 국가의 일부 지역에 우편 투표제를 도입함으로써 투표율이 높아졌음이 확인되었으며, 저조한 선거 참여율을 걱정하던 정치인들은 이를 환영했다. 하지만 전통적인 투표함 절차를 통해 선거를 치를 때와 비교해 볼 때, 우편 투표제를 시행함으로써 선거 부정이 저질러질 가능성이 커졌으며, 부정은 민주적 절차에 대한 대중들의 신뢰를 크게 손상시킨다.

위의 구절의 장점을 부각시키기 위해 제시될 수 있는 권고와 예측을 생각해 보라.

3. 다음에 대한 사례를 신문이나 잡지에서 찾아보라.

(a) 사실
(b) 견해
(c) 가치 판단
(d) 권고
(e) 예측

해답과 해설은 342쪽을 볼 것.

7 결론

4장과 5장에서 당신은 논증을 해체하여 정리하는 매우 면밀한 분석 방법을 배웠다. 이 장에서 당신은 이와 같은 경험을 비판적 사고의 가장 중요한 기술 중의 하나인 결론을 찾아내는 데에 적용해 보게 될 것이다.

논증이 짧고 간단할 경우 결론이 빤히 보이는 경우도 있다. 하지만 길고 복잡한 논증의 경우에는 판단을 완전히 잘못할 가능성이 매우 크다. 예컨대 근거를 결론으로, 중간 결론을 주요 결론으로 오인할 수 있으며, 논증의 방향을 완전히 잘못 파악할 수도 있는 것이다.

아주 짧고 간단한 사례에서 시작해 보도록 하자.

(1) 따뜻한 옷을 챙겨 가야 해. 베이징은 지금 춥거든.

연습문제

논증 (1)의 결론은 무엇인가? 그리고 그 이유는 무엇인가?

A 따뜻한 옷을 챙겨 가야 해.
B 베이징은 지금 춥거든.

위에서 밝힌 바와 같이 이는 단지 두 가지를 주장하고 있는 간단한 논증이다. 때문에 이는 전제와 결론 간의 관계가 매우 선명하게 드러난다.

물론 결론은 A다. 비록 논증에서 A가 B의 앞에 오긴 했지만 논리적으로는 A가 B에서 이끌어져 나온 것이다. 문장들이 어떤 순서로 배열되었는지는 별다른 문제가 아니다. 만약 당신이 "베이징은 지금 추워. 따라서 따뜻한 옷을 챙겨 가야 해"라고 말해도 결론은 여전히 A다.

A가 B에서 이끌어져 나온다는 말은 B가 A라고 말할 이유 또는 A를 받아들일 이유를 제공한다는 것을 뜻한다. 그 반대는 성립하지 않는다. 즉 A는 B를 말하거나 받아들일 이유가 아니다. 다음과 같은 주장은 성립하지 않는다. "따뜻한 옷을 챙겨 가야 해. 따라서 베이징은 지금 춥거든." 하지만 다음과 같은 주장은 성립한다. "베이징은 지금 추워. 따라서 따뜻한 옷을 챙겨 가야 해."

더 긴 논증

더 길고 복잡한 논증에서도 절차는 동일하다. 이유들과 결론들을 구분하려 할 경우, 혹은 주요 결론과 중간 결론을 구분하려 할 경우 당신은 그저 다음을 자문해 보면 된다. "어떤 것이 어떤 것으로부터 이끌어져 나오는가?" 혹은 "'따라서'를 앞에 넣었을 때 어떤 순서의 문장이 말이 되는가?"

연습문제

다음의 사례를 읽어보고, 이어지는 다지 선택 질문에 답하라.

(2) 부모는 자신들이 더 오래 살았고, 더 많은 경험을 쌓았기 때문에 자연스레 자녀들에 비해 잘 알고 있다고 생각하는 경향이 있다. 이에 따라 그들은 자신들의 판단과 결정이 옳다고 가정한다. 하지만 자녀들은 여러 면에서 부모가 생각하는 것보다 훨씬 현명하다. 흔히 그들은

부모가 갖고 있지 못한 문제 해결 능력을 보여준다. 그들의 생각 또한 더욱 대담하다. 상대적으로 실수를 두려워하지 않는 편이기 때문이다. 부모들은 자녀가 말하고자 하는 것에 더욱 주의를 기울여야 하고, 그들 스스로 결정을 내리도록 맡겨두어야 한다. 무엇보다도 이는 불필요한 가족 간의 불화를 해소하는 데에 도움이 될 것이다.

다음 중 논증의 주요 결론을 가장 잘 표현하고 있는 것은 무엇인가?

A 자녀들은 부모가 생각하는 것보다 현명하고 흔히 문제 해결 능력이 더 뛰어나다.

B 부모는 자연스레 자신들의 판단과 결정이 옳다고 가정한다.

C 자녀들은 부모가 실수를 했을 때 신경 쓰는 것만큼 실수하는 것에 개의치 않는다.

D 부모는 자녀들의 견해를 더욱 진지하게 고려해야 하며, 그들 스스로 더 많은 결정을 내리도록 맡겨두어야 한다.

E 만약 부모가 자녀의 생각을 더 많이 들어준다면 가족 간의 불화가 줄어들게 될 것이다.

비판적 사고 시험에는 이와 같은 선다식 질문이 나온다. 오직 한 가지 선택지만이 옳다. 다른 것들은 주요 결론을 보여주는 대신, 이유들 중 하나를 보여주거나 배경 정보를 보여주는 데 그친다. 선택지들 중에는 완전히 엉뚱한 결론을 말하고 있는 경우도 있다.

설령 시험에서 어떤 선택지를 선택한 이유들을 말할 필요가 없다고 해도, 적어도 당신은 왜 특정한 선택지를 골랐는지를 파악하고 있어야 한다. 그렇지 않을 경우 당신은 단순히 추측한 것에 지나지 않는다. 당신은 어떻게 질문에 대한 답변을 찾으려 했는가? 예시문을 읽고 가장 그럴듯한 답변을 발견하기 위해 A–E를 곧장 훑어보았는가? 만약 그랬다면 당신은 화를 자초하는 격이다. 이는 좋은 전략이 아니다. 물론 당신을 현혹시키기 위해 틀린 답변들이 고안된 것은 아니다. 그럼에도 그러한 답변들은 당신이 사고를 해보도록 고안된 것이다. 이들은 방해자(distractor)라고 불리는데, 이는 나름의 이유가 있어서 그렇게 불리는 것이다. 다시 말해 이는 구절의 어떤 부분을 되풀이하고 있거나 '옳은 것처럼' 보이며, 이로 인해 우리가 현혹되기 매우 쉬워서 그렇게 불리는 것이다.

훨씬 안전한 접근 방법은 일단 당신이 논증을 해체, 정리하여 스스로 결론을 발견해 낼 때까지 선택지들을 무시하는 것이다. 그러고 나서 당신의 분석에 가장 부합하는 선택지를 찾아보는 것이다. 이러한 방식은 당신이 답을 찾아내는 것이기보다는 당신 자신이 찾아낸 답을 확인하는 것이다. 당신의 분석에 가장 부합되는 답변을 찾아냈을 경우 당신은 이를 선택하는 하나가 아닌 두 가지 훌륭한 이유들을 갖는 격이다.

그렇다면 여기서 어떤 것이 논증인가? 논증은 부모는 자신들이 가장 잘 알고 있다고 생각하며, 이에 따라 자신들의 결정 등이 옳다고 가정하는 경향이 있다고 주장하면서 시작된다. 이는 그 자체가 작은 논증이다. 하지만 이것이 주요 논증은 분명 아니다. 그 이유는 5장에서의 테니스 논증과 마찬가지로 도입 문장들에 이어서 '그러나'가 나오는데, 이는 반대 주장 혹은 반대 논증이 이어질 것임을 나타내고 있기 때문이다. 이러한 사실로 미루어 보았을 때 부모가 생각하는 바는 서론이거나 무엇에 대한 논증인지를 보여주는 단서를 제공하고 있을 따름이다.

주요 논증은 자녀들이 흔히 부모가 생각하는 것보다 더 현명하다는 주장으로 시작하는데, 이는 자녀들의 문제 해결 기술 등에 관한 관찰이 뒷받침해 주고 있다. 이에 이어지는 내용은 부모들이 아이들에게 더욱 관심을 기울여야 하며, 더욱 자주 결정을 내릴 수 있도록 해야 한다는 권고다. 이 또한 결론인 것처럼 보인다. 하지만 이것이 부모가 생각하는 것에 비해 아이들이 더 현명하다는 주장에서 이끌어져 나오는 것인가? 아니면 그러한 주장을 지지하는 것인가?

분명 전자가 옳다. 이 구절은 "부모는 자녀들에게 더욱 세심한 관심을 기울여야 한다. 따라서 자녀들은 부모가 생각하는 것보다 현명하다"라고 말하지 않는다(이렇게 말할 경우 아예 말도 되지 않을 것이다).

이를 완전하게 분석한다면 다음과 같이 나타낼 수 있을 것이다.

목표

부모는 자신들이 자녀들에 비해 잘 안다고 생각한다… 등. 하지만

R1 자녀들은 흔히 부모가 갖고 있지 못한 문제 해결 능력을 보여준다.

R2 그들은 실수를 범하는 것에 개의치 않기 때문에 사고의 측면에서 더욱 대담하다.

IC: R3 그들은 부모가 생각하는 것에 비해 현명하다(R1과 R2로부터).

R4 아이들에게 더욱 관심을 갖는 것 등은 가족 간의 갈등을 해소한다.

따라서

C 부모는 자녀들에게 더욱 세심한 관심을 기울여야 하며, 그들이 더 많은 결정을 내릴 수 있도록 해야 한다.

이제 답변 A-E를 보라. (만약 있다면) 이들 중에서 어떤 것이 최종 결론과 가장 유사한가? 분명 D다. "부모는 자녀들의 견해를 더욱 진지하게 생각해야 하며, 그들 스스로 더 많은 결정을 내리도록 맡겨두어야 한다." 이제 우리는 안전하게 이를 답으로 선택할 수가 있다.

다른 선택지, 즉 '방해자들'은 어떠한가? 설령 선택한 답이 정답임을 자신한다고 해도, 다른 선택지들이 더 괜찮거나 더 나은 것이 아니며, 그 이유가 무엇인지를 분명히 함으로써 스스로 안심하는 습관을 갖는 것이 좋다.

A는 주요 결론이 아니다. 이는 두 가지 이유들의 조합, 즉 R1과 R3의 조합이다. B가 결론처럼 보이는 이유는 원문에서 이러한 주장이 '그러므로'로 시작하는 것과 어느 정도 관련이 있다. 하지만 전체 구절을 적절히 읽어볼 경우 이는 이어지는 주요 논증을 위한 도입에 지나지 않는다는 것이 명백해 진다. 이는 '따라서' 시험이 그 자체로 확실한 것이 아님을 보여준다. C는 중간 결론을 이끌어내는 이유다. 다른 어떤 주장도 이를 뒷받침해 주고 있지 않으며, 이에 따라 결론이 아니다. E는 논증의 마지막에 나오는데, 이는 결론이 나오는 자연스러운 위치다. 하지만 우리가 분명히 알아야 할 것은 E가 거기에 있는 것은 논증을 부가적으로 지지해 주기 위해서라는 것이며, 따라서 이는 논증의 결론이 아니다.

이러한 방식으로 A, B, C와 E를 제거하는 것은 당신이 올바른 선택을 했음을 스스로 확신하기 위해 해보아야 할 연습이다. 하지만 오직 이러한 방식만을 이용해서 정답을 찾는 것은 적절치 못하다. 당신은 다른 선택지를 잘못이라 생각하는 부정적인 이유뿐만 아니라 당신이 정답이라 생각하는 것에 대한 긍정적인 이유 또한 파악할 수 있어야 한다.

결론 요약

어떤 논증의 결론이 반복되거나 논증 내의 다른 곳에서 한 가지 방식 이상으로 언급되는 경우가 간혹 있다. 예를 들어 다음의 논증을 보라.

(3) 우리는 어릴 때부터 진실, 완전한 진실, 그리고 오직 진실만을 말해야 한다고 배워왔다. 하지만 거짓말을 하는 것이 항상 잘못은 아니며, 진실을 말하는 것이 항상 옳은 것 또한 아님이 분명하다. 어떤 사람들은 진실을 말해서 곤경을 초래한다. 또 다른 사람들은 누군가를 고통으로부터 구해 주기

위해 혹은 위험으로부터 보호해 주기 위해 진실을 밝히지 않기로 결심하기도 한다. 말하는 바를 옳거나 그르게 하는 것은 말하는 사람의 동기다. 무엇이 그렇고, 무엇이 그렇지 않다고 말하는 단순한 행위는 옳은 것도 그른 것도 아니다.

연습문제

당신은 여기서 주요 결론이 무엇이라고 생각하는가?

A 말하는 바를 옳거나 그르게 하는 것은 그것이 참인지의 여부가 아니라 그것을 말하는 사람의 동기다.
B 어떤 사람들은 선의로 진실을 말하고 또 다른 사람들은 악의로 거짓을 말한다.
C 우리는 성장하면서 거짓말을 하지 않고 진실을 말해야 한다고 조건화된다.

이 논증을 분석하기가 까다로운 이유는 결론이 단일한 문장 혹은 구절로 진술되지 않고, 곳곳에 산재되어 있는 것처럼 보이기 때문이다. 첫 번째 문장은 무엇에 대한 논증인지를 보여주는 단서를 제공하고 있고, 구절의 나머지 부분들은 분명 이에 반대하는 논증이다. 이 논증은 우리가 항상 진실을 말해야 한다는 생각에 반대하는 두 가지 이유를 포함하고 있다.

R1 일부 사람들은 진실을 말함으로써 곤경을 초래한다.
R2 일부 사람들은 다른 사람들을 고통에서 구해 주기 위해 진실을 말하지 않는다.

그런데 이러한 이유들로부터 세 가지 밀접한 관련성을 갖는 주장이 이어진다. 이 중에서 어떤 것이 결론인가를 결정하기란 어렵다. 이들은 하나가 또 다른 하나를 뒷받침하고 있기보다는, 대체로 모든 주장이 각각 아주 조금 다른 방식으로 동일한 주장을 하고 있는 것처럼 보인다.

- 거짓말을 하는 것이 항상 잘못은 아니며 진실을 말하는 것이 항상 옳은 것도 아니다.
- 말하는 바를 옳거나 그르게 하는 것은 그것을 말하는 사람의 동기다.
- 무엇이 그렇고 무엇이 그렇지 않다고 말하는 행위는 옳은 것도 그른 것도 아니다.

이러한 상황에서 당신은 두 가지 중에서 한 가지를 해볼 수 있다. 첫째, 결론에 대한 가장 선명한 표현이라고 생각하는 문장을 선택해 보라. 둘째, 논증이 제시하고 있는 결론을 요약해 보라. A는 이처럼 요약을 하고 있고, 따라서 여기에서는 A가 정답이다. B는 두 가지 이유들을 조합해 놓은 것이다. C는 논증의 도입 부분으로, 무엇에 대한 논증인지를 보여주는 단서를 제공하고 있다.

당신은 (3)이 깔끔하지 못한 논증이기 때문에 위의 질문에 제대로 답하기가 곤란한 것이라고 생각할 수 있다. 이런 생각이 드는 이유는 논증의 결론이 하나의 간단한 문장으로 선명하게 표현되지 않았기 때문이다. 하지만 글을 쓰는 사람들은 자신들의 논지를 강조하는 방식으로 늘 이렇게 글을 쓴다. 때문에 이러한 논증을 분석하고자 할 경우 당신은 결론을 요약할 준비가, 그리고 앞에서와 같은 질문이 제기될 경우에는 결론의 핵심이 무엇인지를 파악하려는 준비가 되어 있어야 한다.

이 외에도 모든 논증들이 응당 그래야 하는 것처럼 반드시 명쾌한 것만은 아닌데, 표현 방식이 모호하거나 반복적이라고 하더라도 저자의 논지를 제대로 파악하는 것은 비판적 분석 기술의 일부에 해당한다.

요약

- 논증은 결론으로 이어지는 이유들로 이루어져 있다.
- 결론이 논증의 한 부분 이상에 포함되어 있는 경우가 있으며, 이러한 경우 논증을 분석하면서 결론을 요약할 필요가 있다.

최종과제

다음 각각의 논증을 검토하고, 그에 이어지는 선다형 질문에 답하라. 각각의 질문은 정답이 오직 하나뿐이다.
질문에 대한 답변 외에, 당신이 그것을 옳다고 생각하며, 다른 것을 틀리다고 생각하는 이유가 무엇인가를 밝힘으로써 당신의 선택을 정당화해 보라. 이는 선다형 시험 점수 향상에 커다란 도움이 될 것이다.

1. 도시의 교통 혼잡이 심해질 경우 차량이 도심으로 진입할 때 부담금을 부과하는 방법은 일반적으로 시도되는 한가지 해결책이다. 이것이 효과가 있는지 모르겠지만, 이러한 방법을 채택하는 것은 잘못이다. 그 이유는 그러한 해결책이 부담금을 쉽게 지불할 수 있는 사람들에게 유리한 차별이기 때문이다. 부자들은 사회의 소외 계층들이 부담금을 물게 됨으로써 교통 혼잡이 없는 거리에서 호사를 누릴 수 있게 된다. 이를 감안해 보았을 때 혼잡 부담금은 일괄적으로 폐지되어야 한다. 그 대신 각각의 운전자들에게 일주일에 한 번 혹은 두 번만 도시 진입을 허용하는 차량 사용 할당 시스템이 도입되어야 한다. 이 경우 모든 사람들이 동등하게 혜택을 받을 것이다.

   다음 중에서 논증의 주요 결론을 적절히 보여주는 선택지는 어떤 것인가?

   A 시내로 진입하는 차량에 부담금을 부과하는 것은 혼잡을 해결하는 일반적인 방법이다.

B 운전자에게 부담금을 부과하는 것은 잘못이다. 그 이유는 그것이 부유층에게 유리한 차별이기 때문이다.

C 차량 사용 할당제가 혼잡 부담금 대신 도입되어야 한다.

D 혼잡 부담금이 폐지될 경우 모든 사람들이 혜택을 받을 것이다.

2. 열차 운임은 차이가 크다. 운임이 가장 비싼 시간은 사람들이 출퇴근하는 시간과 열차가 가장 혼잡할 때다. 일부 사람들은 이를 현실을 외면한, 불공평한 정책이라고 말한다. 그 이유는 이러한 정책이 그 시간에 통근자들이 열차를 타야 하고, 얼마를 요구하건 운임을 지불할 것이며, 다른 선택지가 없기 때문에 초만원의 객차를 참고 견딜 것이라는 사실을 이용하고 있기 때문이다. 그러나 이러한 정책은 전적으로 공정하고 또한 필요하다. 먼저 여기에는 시장가(價)를 형성하는 시장의 힘이 자연스레 작동하고 있다. 다음으로 시스템을 작동시키려면 그러한 방법밖에 없다. 출퇴근 시간대가 아닌 시간에는 사람들이 선택적으로 열차를 탈 것이고, 운임이 싼 것이 없을 경우 열차를 타지 않을 것이다. 그런데 운송 회사의 입장에서는 출퇴근 시간대에 높은 운임으로 보상을 받지 못한다면 싼 운임으로 수지를 맞출 수가 없을 것이다.

다음 중 어느 것이 위의 논증의 결론을 가장 잘 표현하고 있는가?

A 통근자들에게 가장 높은 운임을 지불하게 하는 것은 공정하며 필요하기도 하다.

B 통근자들에게 가장 높은 운임을 지불하게 하는 것이 시스템을 작동시킬 수 있는 유일한 방법이다.

C 통근자들에게 다른 승객들에 비해 높은 운임을 지불하게 하는 것은 현실을 외면한, 불공정한 처사다.

D 통근자들은 출퇴근 시간에 열차를 타지 않을 수 없으며, 운송 회사는 이러한 통근자의 상황을 이용하고 있다.

E 출퇴근 시간에 높은 운임을 받아서 보상받지 못할 경우 운송 회사는 싼 운임으로 수지를 맞출 수 없을 것이다.

3. 육식을 하는 사람들은 흔히 자신들의 식습관을 옹호하기 위해 자신들(그리고 우리들)이 초식동물의 치아나 위장을 가지고 있지 않으며, 이에 따라 우리가 육식동물일 수밖에 없다는 변명을 늘어놓는다. 이는 당치도 않은 주장이다. 우리가 생풀을 먹을 수 있는 소화기관을 가지고 있지는 않지만, 그렇다고 육식동물의 치아나 위장을 가지고 있는 것도 아니다. 우리는 말과 거리가 떨어져 있는 만큼 늑대로부터 멀리 떨어져 있기도 하다. 씨앗, 견과, 딸기류, 잎사귀와 뿌리는 동물의 왕국에서 우리의 가장 가까운 친척들이 즐겨 먹는 자연식이다.

다음 중 어떤 것이 이 논증의 주요 결론을 가장 잘 표현하고 있는가?

A 우리가 육식동물임에 틀림없다고 말하는 것은 당치 않다.
B 씨앗, 견과, 딸기류, 잎사귀와 뿌리는 우리의 자연식이다.
C 우리는 육식동물들의 치아나 위장을 가지고 있지 않다.
D 우리는 말과 같지 않은 것처럼 늑대와 같지도 않다.
E 육식은 역겨운 습관이다.

해답과 해설은 343-344쪽을 볼 것.

8 결론 이끌어내기: 추론

앞 장에서 당신이 살펴보았던 사례들은 결론이 제시되어 있는 완전한 논증이었다. 다음 사례에서는 제시된 결론이 없다. 하지만 거기에는 논증으로부터 이끌어낼 수 있는 상당히 확실한 결론 — 혹은 추정 — 이 있다. 추론(inference)이란 일부 정보나 증거의 힘을 바탕으로 제기할 수 있는 주장을 말한다. A를 추론한다는 것은 A를 결론으로 이끌어낸다는 것을 의미한다.

(1) 식중독 발생 원인을 조사하고 있는 의사들은 병에 걸린 모든 사람들이 아프다는 사실을 보고하기 하루 전 베이사이드 생선 식당에서 식사를 했음을 알아냈다. 식품과 관련된 질병의 경우 관련 업소는 어떤 경우에도 조사가 이루어지고 있는 동안 문을 닫아야 할 법적인 의무가 있으며, 위생 검사관의 적격 증명서가 발급되기 전까지는 다시 영업을 재개할 수 없다.

연습문제

다음의 주장 중에서 위의 구절에서 안전하게 추론할 수 있는 것은 무엇인가?

A 식중독 발생의 진원지는 베이사이드 생선 식당이었다.
B 생선이 식중독 발생의 원인이었다.
C 법규에 따라 베이사이드는 조사가 이루어지는 동안 문을 닫아야 한다.

위의 글에서 우리는 두 가지 사실을 알게 되었다.

1. 병에 걸렸다고 보고한 사람들은 모두 최근 베이사이드 식당에서 식사를 했다.

2. 식중독과 관련되었을 가능성이 있는 시설은 어떤 경우에도 검사를 통과할 때까지 문을 닫아야 할 법적인 의무가 있다.

사실 1은 베이사이드 식당과 식중독 발생이 관련될 수 있음을 시사하고 있다. 만약 2가 옳다면 "법규에 따라 베이사이드(혹은 관련되었을 수 있는 다른 모든 식당)가 문을 닫아야 한다"가 도출되어야 한다.

첫 번째 주장은 어떤가? 그러한 주장도 추론해 낼 수 있는가? 추론해 낼 수 없다. 물론 식당이 법규에 따라 문을 닫지 않으면 안 된다고 말할 수 있는 이유들이 있긴 하다. 하지만 식당이 식중독 발생의 원인이라고 추론해서는 안 된다. 그래도 의심스럽다면 위의 글을 다시 한 번 읽어보라. 예를 들어 우리가 들은 것이라고는 식중독에 걸린 사람들이 베이사이드 식당에서 식사를 했다는 사실 외에는 아무것도 없다는 점에 주목하라. 식중독에 걸린 사람들이 병에 걸린 것은 다른 이유 때문일 수 있다. 예컨대 그들이 식당에서 먹은 음식 외에 다른 음식과 음료를 함께 나누어 먹거나 마신 하나의 가족 또는 모임이고, 이로 인해 식중독에 걸렸을 수 있는 것이다.

우리는 몇 명이 식중독에 걸렸는지에 대해서도 들은 바가 없다. '모든'이 세 명 또는 네 명을 의미할 수 있는데, 이 정도의 인원만으로는 베이사이드가 확실한 원인이라고 지적하기에 표본의 수가 부족하다. 그뿐만 아니라 통계는 오직 아프다고 보고한 사람들에 국한된 자료다. 즉 아프다고 보고하지 않은 다른 사람들이 충분히 있을 수 있는 것이다. 실제로 만약 그런 사람들이 있었다면 우리는 그들이 베이사이드에서 식사를 했는지의 여부를 알 수 없다. 이렇게 보았을 때 우리는 식당이 식중독 발생의 원인일 가능성이 있다고 생각하는 이상의 입장을 취해서는 안 된다. 그런 가능성이 있다는 사실은 조사가 진행되고 있는 동안 식당이 문을 닫아야 할 법적인 의무가 있음을 의미하기에 충분하다. 하지만 식당이 식중독 발생의 원인이었다고 추론하기에는 전혀 충분치 않다.

그렇다면 생선이 원인이었다고 추론할 수 있는가? 또다시 아니라고 말할 수 있다. 생선 식당은 생선 외의 다른 것들도 차려낸다. 심지어 식중독에 걸린 사람들이 생선을 먹었다고 보증할 수도 없다. 실제로 수질오염이나 부엌의 불량한 위생 상태처럼 확인을 요하는 다른 가능한 원인들이 무수히 많이 있다. 더 많은 정보와 증거 없이 생선 — 혹은 어떤 다른 특정 유형의 음식이나 음료 — 에 책임을 전가하는 것은 신중한 처사가 아니다.

결론으로의 도약

사람들은 흔히 위에서 살펴본 시나리오에서와 같은 사건을 접하게 될 경우 자신들이 아는 바에 비해 — 혹은 자신들이 모르는 바로부터 — '너무 멀리'까지 추론을 해버린다. 예를 들어 식중독이 발생했으며 조사가 진행되는 동안 베이사이드가 영업을 정지해야 한다는 뉴스를 접할 경우 식당이 원인이라고 결론을 내리기가 매우 쉽다.

특히 당신이 문제에 대한 어떤 선입견을 가지고 있을 경우에는 결론을 속단하기가 쉽다. 예를 들어 당신이 베이사이드에서 여러 번 식사를 했는데 종업원이 친절하지 않았거나 식사가 늦게 나와서 그다지 즐겁게 식사를 하지 못했다고 가정해 보자. 이 상황에서 당신은 몇 가지 이유들로 식당을 싫어하게 된다. 하지만 그러한 이유들은 식중독과는 아무 상관이 없는 것들이다. 이 밖에 당신은 생선을 싫어하는데 당신 친구들은 모두 좋아하고, 항상 해산물 식당에서 식사를 하길 원했을 수 있다. 그런데 당신이 식중독이 발생했음을 알게 되었으며, 이것이 잘 알려진 생선 식당과 어느 정도 관련되어 있다는 이야기를 듣는다. 이는 놓치기에 너무 아까운 기회인데, 이때 당신은 '2+2=5'라고 말하게 되는 것이다.

우리가 증거를 냉정하게 바라보지 않고 사적인 감정과 견해를 결론에 투사할 가능성은 매우 크다. 이러한 경고를 염두에 두고 다음의 사례를 읽고 이에 이어지는 다항 선택 질문에 답해 보라.

(2) 심지어 아주 사소한 사고에 대한 보상 청구 때문에 흥기하는, 급성장 일로에 있는 거대 산업이 있다. 성공할 경우 청구인에게 지급되는 돈이 수백만 달러가 넘어가는 경우도 흔히 있는데, 이로 인해 설령 가해를 조작하지는 않아도 과장하려는 유혹이 있게 되었음은 분명하다. 그 와중에 사고 피해자에게 홍보를 하는 로펌들, 그리고 변호사들이 패소 시 수임료를 받지 않는다는 원칙에 따라 서비스를 제공하는 로펌들의 수 또한 두드러지게 증가했다. 로펌들이 패소 시 수임료를 받지 않는다는 원칙 하에 서비스를 제공함으로써 저소득층 혹은 중간 소득층들은 감당할 수 없는 비용에 대한 부담을 갖지 않고 법정에 설 수 있게 되었다. 변호사들은 패소 시 아무것도 받지 못하지만, 일단 손해 보상을 받을 경우 자신에게 할당되는 비율이 높아진다.

연습문제

다음 중 위의 사례로부터 확실하게 이끌어낼 수 있는 결론은 어떤 것인가?

A 패소 시 수임료를 받지 않는다는 조건이 사라지고, 로펌이 광고를 하지 않을 경우 사건에 대한 소송이 줄어들 것이다.

B 변호사들이 고객들에게 피해의 과장이나 조작을 부추긴다.

C 패소 시 수임료를 받지 않는 제도는 청구인들에 비해 변호사들에게 훨씬 많은 혜택을 준다.
D 보상 청구가 크게 늘어난 이유는 고객이 아니라 변호사의 탐욕 때문이다.

위의 글이 보상 '산업'에 대해 상당히 어수선하게 안 좋은 이야기를 하고 있긴 하지만 실제로 주장하는 바는 신중하다. 그리고 주장된 바로부터 추론해 내는 바에 대해서는 신중을 기해야 한다. 우리는 비판적인 분석보다는 감정에 이끌리기가 쉽다.

예컨대 당신은 (2)로부터 변호사들이 모두 나쁘다고 추론할 수 없다. 가령 D의 주장처럼 변호사들이 고객들에 비해 탐욕스럽다고 주장할 수 있는 별다른 근거가 없다. 또한 당신은 B처럼 변호사들이 고객들의 과장이나 조작을 유도한다고 확실하게 결론을 내릴 수도 없다. 물론 보상 청구가 증가함으로써 그들이 이익을 얻을 수 있긴 하다. 하지만 그렇다고 해서 변호사들이 반드시 고객들의 그릇된 청구를 부추긴다고 말할 수는 없다. 나아가 변호사들이 패소 무수임료 방식으로부터 더 많은 혜택을 누리게 된다(즉 C)고 추론할 수도 없다. 그리고 진정한 청구인들 중에서 패소할 경우 엄청난 법적 비용을 부담할 능력이 없는 사람들은 패소 무수임료 방식이 도입됨으로써 훨씬 상황이 나아졌을 수 있다.

이제 남은 것은 A다. 만약 A가 단순히 광고와 패소 무수임료 방식 때문에 소송 제기 빈도수가 늘어나게 되었다고 말했다면 A는 안전한 결론이 될 수 없었을 것이다. A에 대한 추론이 가능해진 것은 '아마도'라는 단어가 쓰였기 때문이다. 만약 더욱 많은 고객들을 끌어들이지 못한다면 로펌은 광고를 하지 않으려 할 가능성이 매우 크다. 그리고 패소 무수임료 방식은 소송에 대한 많은 사람들의 위험 부담을 덜어준다. 이러한 사실로 미루어 보았을때, 광고와 패소 무수임료 방식이 도입되지 않았다면 청구인의 수가 상대적으로 적었을 가능성은 매우 커 보인다.

결론적으로 A가 정답이다. 네 가지 답 중에서 지나치게 많은 주장을 하지 않거나 결론으로 도약하지 않는 것은 A밖에 없다.

다른 자료들

오직 인쇄된 글만이 결론을 이끌어내거나 추론할 수 있는 유일한 정보원은 아니다. 도표의 모양은 나라마다 다소 차이가 있겠지만 이하에서 우리는 막대 도표와 선 그래프 형태로 제시되고 있는, 우리가 볼란디아(Bolandia)라고 부를 부유한 나라의 표본적인 도표를 살펴볼 수 있다.

연 단위로 집계한 보상 청구 수
(단위: 1,000)

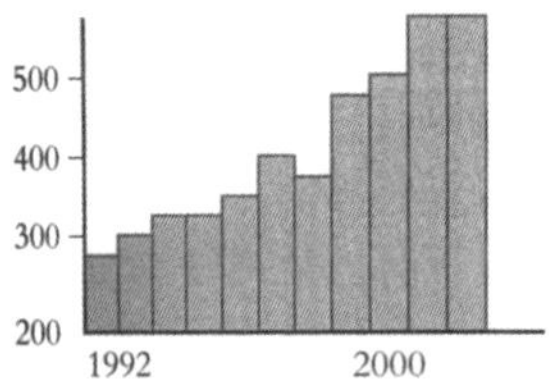

패소 무수임료 서비스를
제공하는 로펌의 비율

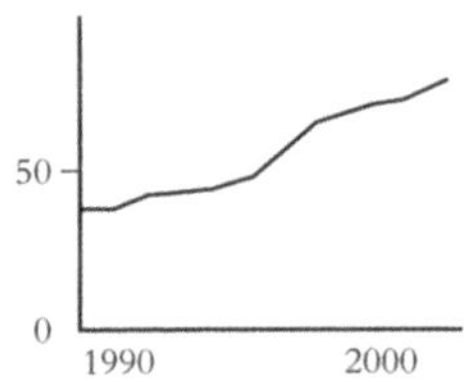

연습문제

위의 자료를 근거로 이하의 주장을 추론해 낼 수 있는가?

X 패소 무수임료 법률 서비스의 성장과 더불어 보상 청구의 빈도수가 늘어났다.

Y 보상 청구 빈도수가 증가함으로써 변호사들이 패소 무수임료에 바탕을 둔 서비스를 제공하려 하게 되었다.

먼저 X부터 검토해 보자. X는 당신이 이끌어낼 수 있는 결론처럼 보이는데, 그 이유는 패소 무수임료 제도가 더욱 많은 사람들, 특히 저소득층 사람들의 소송을 고무할 가능성이 매우 크기 때문이다. 하지만 막대 도표나 선 그래프에서 제시된 자료만으로는 이를 파악할 수 없다. 어떤 다른 방식으로 소송의 빈도가 증가했을 수 있고, 심지어 변호사가 정상적인 선불 수임료를 청구한 경우마저도 소송의 빈도가 증가했을 수 있다. 나아가 실제로는 그 반대였을 수 있다. 즉 소송의 빈도가 증가했고, 이로 인해 변호사들이 위험 부담이 없는 소송을 제공함으로써 고객을 놓고 경쟁을 벌이도록 추동되었을 수도 있는 것이다. 이것이 Y가 주장하는 바인데, 사실상 X를 추론할 근거가 없는 것과 다를 바 없이 Y를 추론할 근거 또한 없다. 둘 다 신뢰할 만한 결론이 아닌 것이다. 이들은 서로 다른 두 가지 방식으로 자료를 설명하고 있지만, 둘 중에서 한쪽을 선택할 수 있을 만큼 충분한 정보를 제공하고 있는 것은 아니다.

그렇다면 어떤 결론을 내릴 수 있는가? 오직 자료가 실제로 지지하는 것만이 결론이 될 수 있다. 예를 들어 다음은 결론이 될 수 있다.

Z 패소 무수임료 서비스를 제공하는 볼란디아 로펌 비율의 증가 추세와 보조를 맞춰 사고에 이어지는 보상 소송이 늘어났다.

원인과 상관관계

앞의 사례는 매우 중요한 논점을 보여주고 있다. 막대 도표와 선 그래프는 상관관계라 부르는 것을 보여준다. 여기서 상관관계가 의미하는 바는 자료에서 어떤 패턴을 살펴볼 수 있다는 것, 다시 말해 한쪽 도표가 상승을 하는 동안 다른 그래프 또한 상승을 했다는 것이다. 이 경우 우리는 보상 청구의 빈도수와 패소 무수임료 소송의 증가 간에 상관관계가 있다고 말할 수 있다. 하지만 우리가 안전하게 말할 수 있는 것은 이것이 전부다. 특히 우리는 이들 중 하나가 다른 것의 원인이라고 말할 수 없다. 단지 양쪽 모두가 상승하고 있다는 사실이 양자가 어떤 인과적 관련이 있음을 의미하는 것은 아니기 때문이다.

Z는 단순히 상관관계를 지적하고 있을 뿐, 한 단계 더 나아간, 지지되지 않는 결론으로 도약하고 있지 않다. X와 Y는 모두 너무 적은 것으로부터 너무 많은 것을 추론해 내고 있다.

이렇게 말한다고 해서 당신이 원인에 관한 신뢰할 수 있는 결론을 절대로 이끌어내지 못하는 것은 아니다. 가령 도표와 그래프 외에 당신이 사고 피해자에 대한 설문에 바탕을 둔 다음과 같은 자료를 얻게 되었다고 가정해 보자.

질문	그렇다	그렇지 않다	모르겠다
당신이 패소할 경우에도 법률적 비용을 지불하게 된다면 사고에 대한 보상을 청구할 것인가?	22%	64%	14%
패소할 경우 법률적 비용을 전혀 물지 않는다면 당신은 사고에 대한 보상을 청구할 것인가?	59%	18%	23%

연습문제

이와 같은 자료가 추가적으로 주어질 경우 당신은 X나 Y를 확실한 결론으로 이끌어낼 수 있는가?

이제 X를 상당히 확실하게 추론해 낼 수 있음이 어느 정도 분명해졌다. 막대 도표와 선 그래프에서 우리는 패소 무수임료제가 증가함으로써 청구가 증가하게 되었음을 보여주는 증거를 찾아볼 수 없었다. 하지만 앞으로 청구를 하려는 사람들이 법적 수수료에 대해 어떻게 생각하는지를 보여주는 설문지를 보면서 우리는 패소 무수임료 변호가 청구의 수가 늘어나는 원인이라고 결론지을 강한 이유를 갖게 되었다. Y는 이와 유사한 방법으로 지지가 이루어지지 않고 있다

요약

- 유용한 증거 혹은 정보의 지지를 받는 신뢰할 만한 결론을 도출(혹은 추론)하는 경우와 충분한 지지를 받지 못하는 결론으로 도약하는 경우를 구분하는 것은 중요하다.
- 상관관계가 있다는 것이 반드시 어떤 인과관계가 있음을 시사하는 것은 아니다. 때문에 마땅한 이유 없이 무엇인가를 추론하고 있는 것은 아닌지 유의할 필요가 있다.

최종과제

1. 다음의 정보를 검토하고 이어지는 질문에 답하라.

산허리에 동시에, 하지만 서로 다른 높이에 심은 전나무 16그루의 성장률에 대한 측정이 이루어졌다. 기록된 결과는 도표와 같다.

다음 중 나타난 결과로부터 확실하게 이끌어낼 수 있는 결론은 무엇인가?

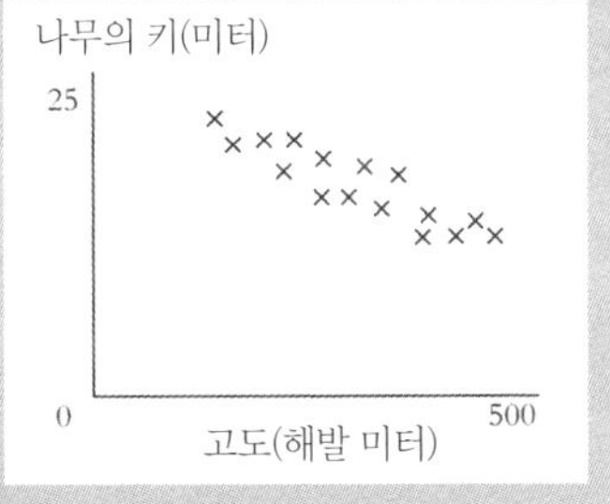

A 심어진 지대가 높을수록 나무가 제대로 성장하지 않았다.
B 식목된 장소가 어딘가에 따라 나무의 성장률을 정확히 예측할 수 있다.
C 산언덕을 높이 올라갈수록 토질이 척박해진다.
D 전나무의 키는 높은 지대에 심을수록 작아지는 경향이 있다.
E 고도가 높아짐에 따라 기온이 내려가는데, 이는 나무의 성장률이 좋지 않은 사실을 설명한다.

2. 기원전 333년 10월 알렉산드로스 대왕의 마케도니아 군대는 이수스에서 페르시아 왕 다리우스 3세의 군대와 대치했다. 마케도니아 군은 페르시아 군보다 훨씬 훈련이 잘되어 있었지만 수적으로 훨씬 열세였다. 하지만 이어서 벌어진 사활을 건 전투에서 패하여 퇴각한 것은 다리우스의 대군이었으며, 알렉산드로스가 놀랍게도 승리를 거두었다.

다음 중 위의 글로부터 확실하게 내릴 수 있는 결론은 무엇인가?

A 고대의 전투에서는 대규모의 군대보다 소규모의, 훈련이 잘된 군대를 갖는 것이 유리했다.

B 알렉산드로스의 군대는 수적으로 엄청난 열세에 있었는데, 때문에 페르시아 군대에 비해 훨씬 치열하게 싸울 동기를 갖게 되었다.

C 이수스 전투에서 페르시아 사령관은 숫자상으로 우위에 있음으로써 자만에 빠졌다.

D 알렉산드로스 군대가 사용한 무기와 전술은 페르시아 군대보다 훌륭했다.

E 전쟁터에서의 수적인 우위가 반드시 장점이 되는 것은 아니다.

3. 사진을 유심히 검토해 보았을 때 어떤 결론을 확실하게 이끌어낼 수 있는가? 무엇을 추론할 수 있는지 뿐만 아니라 무엇을 추론할 수 없으며 그 이유가 무엇인지 밝혀라.

해답과 해설은 344-345쪽을 볼 것.

9 가정

지금까지 우리가 이야기했던 이유들은 글에 직접 진술되어 있다는 의미에서 명시적으로 제시된 이유들이었다. 하지만 설령 대부분의 논증은 아니어도 다수의 논증에는 암묵적인(이는 진술되지 않았음을 의미한다) 주장들이 일부 포함되어 있다. 이들 중 일부는 진술되고 있는 이유들 못지않게 논증에서 중요하다. 우리는 이들을 가정이라고 부른다.

목까지 모래에 묻혀 있는 네 명의 죄수가 자신들의 모자 띠 색깔을 알아내야 했던 문제를 기억하는가? 서론으로 돌아가 보면 그 이야기를 기억해 낼 수 있을 것이다.

산초는 다음과 같이 추론했다.

(1) 각기 다른 두 가지 색의 모자 띠가 있다. 페드로의 모자 띠는 검은색이다. 만약 내 것 또한 검은색이라면 카를로스는 자신의 것이 흰색임을 곧장

알아챘을 것이며, 바로 소리쳤을 것이다. 하지만 그는 소리치지 않았다. 따라서 내 모자 띠는 흰색임에 틀림없다.

이는 그저 훌륭하다고만 말하기에는 아까운 기가 막힌 논증이다. 이는 목숨을 구한 논증이기도 하다. 주어진 사실, 그리고 산초 자신이 보고 들은 것(혹은 듣지 않은 것)이 잘못되지만 않았다면 결론은 거의 피할 수 없이 확실하다. 다음은 논증에 대한 분석이다.

R1 각기 다른 두 가지 색의 모자 띠가 있다.

R2 페드로의 모자 띠는 검은색이다.

IC: R3 만약 내 것 또한 검은색이라면 카를로스는 자신의 것이 흰색임을 곧장 알아챘을 것이며, 바로 소리쳤을 것이다.

R4 카를로스는 소리치지 않았다.

따라서

C 내 모자 띠는 흰색임에 틀림없다.

연습문제

만약 (1)이 매우 훌륭한 논증이라면, 우리가 결론이 '완전하게'가 아니라 '거의(almost)' 피할 수 없을 정도로 확고하다고 말하는 이유는 무엇인가?

그 이유는 산초가 여전히 다수의 가정에 의존하고 있기 때문이다. 그는 페드로의 모자띠가 검은색임을 알고 있다. 왜냐하면 그 증거가 눈앞에 있고, 이를 자신의 눈으로 확인할 수 있기 때문이다. 하지만 카를로스 또한 볼 수 있다는 생각은 가정일 따름이다. 카를로스의 눈에 모래가 들어갔거나, 그의 모자가 그의 얼굴 앞쪽으로 내려왔을 수도 있다. 실제로 다양한 일들이 일어나서 그가 볼 수 없는 상황일 수가 있다. 산초는 단지 그러한 일들이 일어나지 않았다고 믿을 수밖에 없다.

설령 자신이 볼 수 있음을 확신한다고 하더라도, 산초는 카를로스가 멍청이가 아니라고 가정해야 하며, 그가 목소리를 낼 수 있다고 가정해야 하기도 한다(두려움에 떨고 있을 때에는 간혹 목소리가 나오지 않는다). 이들은 단순히 가능성일 따름이다. 그런데 이들이 가능성이라는 사실은 예를 들어 카를로스가 볼 수 있고, 들을 수 있으며, 제대로 생각할 수 있다고 가정해야 할 필요가 있음을 의미한다. 만약 이들 중 어떤 것이 참이 아니라면, 우리의 기가 막힌 논증에 문제가 생기게 된다.

논증이 제대로 이루어지기 위해 필요한 가정은 기저에 깔려 있는 가정(underlying assumption)이라고 부르기도 한다. 이렇게 부르는 이유는 논증이 진술되고 있는 이유들 못지않게 그러한 가정들에도 크게 의존하고 있기 때문이다. (이를 필요한 가정 혹은 핵심 가정이라고 부르기도 한다.)

이를 염두에 두고 다음의 사례를 보라. 이는 (1)에 비해 훨씬 짧다.

(2) 내가 네 표 값을 냈으니 이제 너는 내게 500달러 빚이 있어.

연습문제

이러한 논증을 받아들이려면 표 값이 500달러라고 가정해야 하는가?

대답은 '아니다'이다. 이는 가정할 필요가 없을 뿐만 아니라 가정해서도 안 된다(설령 그것이 사실이라 하더라도). 예를 들어 당신이 내게 이미 250달러를 빌렸고, 표 값이 250달러라서 내게 합계 500달러의 빚을 졌을 수도 있다.

마찬가지로 표 값이 700달러지만 내가 이전에 당신에게 200달러를 빌렸을 수도 있다. 어떤 경우이건, 그리고 이 외의 다른 많은 경우에 표값을 500달러라고 가정하지 않고서도 동일한 결론을 논리적으로 이끌어낼 수 있다.

이상의 두 개의 짧은 논증에서 당신은 무엇을 가정해야 하는지에 대한 사례와 무엇을 가정해서는 안 되는지에 대한 또 다른 사례를 살펴보았다. 이제 사고 기술 시험에서 볼 수 있을 법한 유형의 더욱 길고 복잡한 논증을 살펴보도록 하자.

(3) 인터넷 시대가 도래하기 전에는 자비(自費) 출판의 높은 재정적 위험을 감당할 만한 작가 지망생들이 얼마 되지 않았기 때문에 출판업자와 서적상들이 사람들이 읽는 내용을 효과적으로 통제할 수 있었다. 인터넷은 이 모든 것을 변화시켰다. 이제 모든 사람들이 거의 혹은 전혀 비용을 들이지 않고 자신의 견해를 공공연하게 밝히거나 정보를 배포할 수 있게 되었다. 이러한 변화를 감안해 보았을 때 인터넷에 우려를 표하는 사람들은 인터넷의 문제점을 지적하고 있기만 해서는 안 된다. 그들은 인터넷의 지속적인 발전이 궁극적으로 공익에 부합하지, 이에 반하지 않는다는 사실을 인정할 필요가 있다. 한마디로 인터넷이 과거에는 전혀 상상할 수 없을 만큼의 규모로 거의 단숨에 정보의 자유를 가져다주었기 때문이다.

연습문제

논증을 신속하게 분석하여 어떤 것이 이유와 결론인지 확실하게 파악해 보라. 이어서 다음 중 어떤 것이 숨은 가정인지를 판단해 보라.

A 그 누구도 인터넷을 염려할 이유가 없다.
B 정보의 자유는 공익에 해당한다.
C 과거에는 출판업자와 서적상들이 저자들에게 무엇을 쓸 것인가를 말해 주었다.

D 인터넷은 계속 발전할 것이다.
E 모든 사람들에게는 어떤 견해라도 표현할 권리가 있다.

논증에서 "인터넷 시대가 도래하기 전에는 … 이 모든 것을 변화시켰다"는 배경 정보다. 이어서 논증이 나오는데, 이를 다소 단순화하자면 다음과 같이 나타낼 수 있다.

R1 이제 모든 사람들이 거의 혹은 전혀 비용을 들이지 않고 자신의 견해를 공공연하게 밝히거나 정보를 배포할 수 있게 되었다.
(따라서)
IC: R2 인터넷이 과거에는 전혀 상상할 수 없을 만큼의 규모로 거의 단숨에 정보의 자유를 가져다주었다.
이러한 변화를 감안해 보았을 때
C 인터넷에 우려를 표하는 사람들은 … 지속적인 발전이 공익에 부합하지, 이에 반하지 않는다는 사실을 인정해야 한다.

중간 결론에서 주요 결론에 이르는 단계는 정보의 자유가 그 자체로 공익에 해당한다고 가정해야만 설득력을 발휘할 수 있다. 그 이유는 인터넷이 대중들에게 이익이 된다고 말하기 위해 제시된 근거가 정보의 자유밖에 없기 때문이다. 만약 모든 것을 감안해 보았을 때 정보의 자유가 공익에 속하지 않는다는 사실을 보여줄 수 있다면, 다시 말해 인터넷이 유익하기보다는 해롭다면 논증은 치명적인 손상을 입게 될 것이다.

A-E까지의 다섯 가지 선택지 중에서 이와 같이 가정하고 있는 것이 있는가? 있다. B다. B는 분명하게 "정보의 자유는 공익에 해당한다"라고 말하고 있다. 논증이 설득력을 얻기 위해 필요한 다른 주장은 없다.

A를 가정할 필요는 없다. 모든 것을 감안해 우리가 인터넷이 좋다고 결론을 내릴 수 있다. 하지만 우리는 여전히 인터넷을 사용하면서 유의해야 할 이유들이 있다고 생각할 수 있다.

C는 논증에 필요하지 않다. 글쓴이는 출판업자, 서적상 등이 이것을 출판하고 저것을 팔 것을 결정함으로써 사람들이 읽는 내용을 통제했을 수 있다는 이야기를 들려주고 있다. 하지만 이것과 저자들에게 무엇을 쓸지 말해 주는 것이 동일하지는 않다.

D를 가정할 필요도 없다. 논증은 인터넷이 사람들에게 좋은가에 관한 것이지, 인터넷이 얼마나 지속될지에 관한 것이 아니다. 물론 저자는 인터넷이 계속 지속되길 분명 바라고 있다. 하지만 사실상 논증은 인터넷이 지속될 것임을 시사하고 있지도 않다.

E를 가정할 수 없다. 이는 논증의 범위를 넘어선다. 논증은 인터넷으로 인해 사람들이 자신들의 견해를 표현할 수 있게 되었다고 주장하고 있을 따름이다. 이는 E가 주장하고 있듯이 사람들이 어떤 견해이건 표현할 권리가 있음을 함축하고 있지 않다.

보이지 않는 전제

기저에 깔려 있는 가정을 생각해 보는 또 다른 방법은 이를 보이지 않는 전제로 간주하는 것이다. 이것이 전제인 이유는 논증을 지지하는 데 필요하기 때문이다. 이것이 보이지 않는 이유는 적어도 저자의 생각에 이것이 언급될 필요가 없기 때문이다.

이러한 말을 한다고 해서 가정을 의심할 수 없다는 것은 아니다. 이는 다른 전제들과 마찬가지로 도전을 받을 수 있다. 모든 사람들이 아무런 규제를 받지 않는 정보의 자유를 좋다고 생각하는 것은 아니다. 그 이유는 무제한의 자유가 주어질 경우 아무리 역겹고 파괴적인 정보라고 할지라도 발표가 가능해지기 때문이다. 다음의 논증이 위의 것과 얼마만큼 차이가 있는지 고찰해 보라. 그리고 무엇 때문에 그와 같은 차이가 발생하게 되었는지를 자문해 보라.

(4) 인터넷으로 인해 수많은 긍정적인 효과가 나타났다. 이는 지식을 얻을 수 있는 놀라운 원천이며, 지혜롭게 사용될 경우 관점의 건전한 교환이 이루어지게 된다. 하지만 역사는 인터넷이 선보다는 악을 촉발하는 커다란 힘임을 입증할 것이다. 인터넷의 커다란 결점은 인터넷 상의 정보가 규제되지 않고, 실제로 규제될 수도 없다는 데에서 찾아볼 수 있다. 누구라도 이에 접근이 가능하며, 사람들은 비용을 거의 혹은 전혀 들이지 않고 인터넷 상에 무엇이든 발표할 수 있다.

연습문제

이러한 논증에 깔려 있는 핵심 가정은 무엇인가?

당신은 이 문제를 다른 도움 없이 혼자 힘으로 해결해야 한다. 여러 선택지들이 당신을 도와주지 않는다. 그럼에도 당신은 논증 (3)과 (4)가 전적으로 반대되는 가정에 의존하고 있음을 확실하게 파악할 수 있어야 한다. (3)의 저자는 규제가 이루어지지 않는 정보의 자유가 좋은 것이며, 이를 당연한 것으로 받아들이고 있다. (4)의 저자는 인터넷에 대한 규제가 불가능하다는 이유를 제시하면서 득보다는 실이 클 것임이 입증될 것이라고 주장한다. 이러한 결론을 도출하려면 규제되지 않고 이루어지는 정보의 교환이 나쁘다고 가정해야 한다.

(3)과 (4)와 같은 일부 논증에서는 가정되고 있는 바가 사실이 아닌 견

해(opinion)다. 당신은 정보의 자유가 좋다고 생각했던 사람이 폭력, 인종차별 혹은 역겨운 외설을 부추기는 웹사이트를 보고 난 후 마음을 바꾸는 경우를 쉽게 상상할 수 있을 것이다. 또한 당신은 이와 반대로 설령 일부 소수 집단이 남용한다고 해도 정보의 자유가 보호되어야 할 기본권이라고 판단하게 된 사람을 상상할 수도 있을 것이다.

하지만 우리의 가정이 더욱 뿌리 깊은 경우도 있다. 많은 논증들은 우리가 성장하면서 익혀 평생 바꾸지 않는 강한 믿음, 엄격한 법칙 혹은 사람들이 공유하는 문화적 태도에 바탕을 두고 추정이 이루어진다. 어떤 논증은 우리가 매우 당연하게 받아들이면서 의문을 제기하지 않고 있는 가정에 바탕을 두고 있는데, 이를 깨닫는 것은 비판적 사고와 지적인 논쟁에서 중요하다.

연습문제

다음 구절을 읽고 논증의 배후를 이루는 하나 혹은 그 이상의 주요 가정을 찾아내라. 이러한 논증을 반박할 수 있는 방법은 무엇일까?

(5) 널리 알려진 법정 투쟁을 마무리한 후, 한느 알브레이트는 유랑민 가족이 강제 퇴거되어 사라진 자신의 1,200헥타르 사유지 모퉁이를 만족스런 눈길로 바라보았다. 유랑민 가족은 그곳에서 18개월 동안 이동식 주택을 만들어놓고 거주했다. 이러한 퇴거 결정은 다소 늦은 감이 없지 않았다. 네 번의 항소가 이루어졌고, 한느는 70만 달러의 변호사 비용을 지불했다. 하지만 마침내 정의가 승리를 거두었다. 유랑민들은 자신들이 수천 년 전으로 거슬러 올라가는 유목 생활방식을 따르는 것이라고 주장했다. 하지만 그들의 생활방식은 사유재산 혹은 법규를 존중하지 않았다. 그들은 땅 주인의 허락을 구하지 않았고, 임대료를 지불하지도 않았다. 때문에 알브레이트 양은 유랑민들을 고소한 것에 대해 창피해할 이유가 전혀 없으며, 법원이 퇴거 명령을 내린 것은 옳았다.

이 글의 핵심 가정은 재산권에 관한 것이다. 저자는 자신의 땅에 누가 머물고 누가 머물 수 없는지를 선택할 수 있는 권리가 전적으로 한느 알브레이트와 같은 재산의 소유자에게 있다고 분명하게 가정하고 있다. 또한 저자는 재산법을 어기면서까지 유랑자들이 스스로 선택하는 삶을 영위할 수 있는 권리(재산권에 비할 만한)를 갖는 것은 아니라고 분명하게 가정하고 있기도 하다. 이 밖에 저자는 무단 침입이 불법(이 경우는 사실이다)일 뿐만 아니라 잘못이기도 하다(이는 가치 판단이다)고 가정하고 있기도 하다. 이처럼 가정하지 않았다면 한느가 "창피해할 것이 전혀 없다"거나 법정이 퇴거 명령을 내리는 것이 "옳았다"는 말을 할 수 없었을 것이다.

저자는 이 모든 것을 직접 말하거나 이에 대한 어떤 논증을 제시하지 않고 가정하고 있다. 이러한 사실은 그가 이를 당연하게 생각하고 있다는 것을 시사하며, 모든 사람들은 아닐지라도 다수의 독자들이 자신과 동일하게 생각하리라고 예상하고 있음을 분명 시사한다. 저자가 속해 있는 문화에서는 재산을 보호하고 무단 침입을 처벌하는 법이 있으며, 대다수의 사람들은 그러한 법을 받아들인다. 그렇게 하는 것이 자신들에게 이익이 되기 때문이다. 유랑민들이 원하는 곳이라고 해도 아무 곳에나 집을 지을 수 없도록 규정한 법은 그들이 당신의 집 안으로 이사해 들어오거나 당신의 앞마당에 캠프를 만들지 못하도록 규정해 놓고 있기도 하다. 결과적으로 그러한 법이 지나치게 보이는 경우가 있다고 할지라도, 자신의 집을 소유하거나 임대한 사람들은 그러한 법을 받아들이는 경향이 있다. 저자는 이 모든 것을 명확히 설명하거나 옹호하여 논증할 필요성을 전혀 느끼지 못하고 있다. 이는 '말할 것도 없는' 것이다.

하지만 이러한 사실이 그러한 논증 혹은 논증이 가정하고 있는 바가 난공불락임을 의미하는 것은 아니다. 모든 사회 집단이 사적 재산에 대해 저자와 동일한 태도를 취하는 것은 아니다. 실제로 영구적인 주택을 소유하지 않고 방랑 생활을 선택하거나 그러한 생활을 선호하는 사람들이 있다. 그들은 완전히 상반된 가정, 즉 그 어떤 사람도 자신의 땅을 소유하면서 (특히 한느 알브레이트와 같이 대규모의 토지를 소유하면서) 다른 사람들이 이를 사용하지 못하게 할 권리가 없다는 입장을 견지할 것이다. 실제로 많은 사람들은 침입이 도덕적으로(단지 법적으로만이 아닌) 잘못이라는 가정에 심각한 의문을 제기한다. 그들은 무단 침입에 관한 법이 정당한 법이라는 가정에 대해, 그리고 자신이 가고자 하는 곳을 가는 데 '허락'이 필요한지에 대해 의문을 제기하기도 한다. 그들은 유랑 가족을 고소했다는 사실이 한느가 인정머리가 전혀 없음을 보여준다고 말할 것이다. 즉 그녀가 돈과 권력을 사용하여 법적 권리를 행사했다는 명목 외에 별다른 정당한 이유 없이 사회적 약자를 퇴거시켜 버렸다고 비난하리라는 것이다. 그들은 그녀가 창피해해야 할 충분한 이유가 있으며, 말할 것도 없이 유랑민들에 비해 훨씬 창피해해야 한다고 주장할 것이다.

이러한 논증을 어떻게 평가하고 대응할 것인가는 당신 자신의 정치적, 문화적 관점에 따라 크게 달라진다. 하지만 쟁점에 대해 어떤 입장을 취하든, 당신이 논증이 의존하고 있는 가정이 무엇인지를 파악하고, 이에 의문을 던지기 전까지는 그 논증을 비판적으로 검토했다고 할 수 없다.

요약

- 많은 논증들은 글에서 언급되고 있지 않은 숨은 가정 혹은 보이지 않는 가정에 의존하고 있다.
- 일부 가정들에는 깊이 뿌리박힌 믿음 혹은 태도가 숨겨져 있다.

최종과제

1. 학급 혹은 집단 활동의 일환으로 사생활 침해나 사유재산에 관한 법률이 옳은지의 여부에 대한 토론이나 논의를 해보라.

   혹은

   그러한 논의에 활용할 수 있는 사생활 침해법에 찬성하거나 반대하는 간단한 논증을 써보라.

2. 라이사는 이 책을 싫어할 것이다. 먼저 이는 다큐멘터리지 소설이 아니다. 더 큰 문제는 이 책이 등산에 관한 책이라는 점이다.

   이하의 선택지들 중에서 위의 논증에 요구되는 가정이 있다면 이를 모두 지적해 보라.

   A 라이사는 다큐멘터리를 싫어한다.
   B 라이사는 등산에 관한 책을 싫어한다.
   C 라이사는 소설을 좋아한다.

3. 다음의 논증을 살펴보고 질문에 답하라.

   나시다는 강제 퇴직을 당했다는 이유로 전 고용주들을 상대로 배상을 청구했다. 고용주들은 자신들이 사실상 나시다를 해고하지 않았다고 주장하고 있다. 그럼에도 그들은 그녀의 동의 없이 근무 조건과 환경을 바꾸었음을 분명 인정하고 있다. 피고용인이 해고당했을 경우와 마찬가지로 법은 고용주가 피고용인들에게 근무 환경의 변화를 받아들이도록 강요했을 경우(이는 결과적으로 피고용인이 고통을 받게 됨을 의미한다), 그리고 바로 그러한 이유로 피고용인이 직장을 떠나게 되었을 경우의 배상 청구권을 인정하고 있다. 따라서 나시다의 청구는 받아들여져야 한다.

   위의 논증의 숨은 가정은 다음 중에서 어느 것인가?

   A 나시다는 전직으로 마음의 상처를 받았을 것이다.

B 나시다는 해고되어야 할 일을 아무것도 하지 않았다.
C 고용주들에게는 나시다를 해고할 아무런 타당한 이유도 없었다.
D 피고용인들은 이직을 하기 전에 상담을 받아야 한다.
E 아마도 고용주들은 나시다가 직장을 그만두도록 강요했을 것이다.

4. '알코팝'은 알코올이 함유되었지만 과일 음료수와 같은 맛이 나는 음료에 붙인 이름이다. 최근 이러한 음료가 가게에서 시판되었는데, 이는 어린이나 젊은이들의 알코올 소비를 기록적으로 증가시켰다는 점에서 비판을 받았으며, 이는 당연한 일이다. 상식적으로 생각해 보았을 때, 알코올을 달콤하고 과일향이 나게 만든다는 것은 사실상 이를 아이들에게 마시길 권하는 것과 다를 바 없다. 따라서 이러한 음료의 판매를 금지시켜야 한다.

위의 논증에서 보이지 않는 전제는 어떤 것인가?

A 알코팝은 특별히 아이들의 마음에 들도록 제조되었다.
B 나이 어린 아이들은 알코올 맛을 싫어한다.
C 아이들은 달고 과일향이 나는 음료를 좋아한다.
D 알코팝은 아이들이 즐길 수 있는 유일한 알코올 음료다.
E 어른들은 단 음료를 아이들만큼 좋아하지 않는다.

해답과 해설은 346쪽을 볼 것.

10 건전한가, 불건전한가?

이번 장에서는 어떤 논증이 '건전하다' 혹은 '불건전하다'고 말하는 것이 무엇을 의미하는가를 검토한다. 흥미롭게도 우리는 보트나 빌딩 같은 것들에 대해서도 동일한 용어를 사용한다. 또한 생각, 계획 혹은 이론과 같은 더욱 추상적인 대상에 대해서도 이러한 언어를 사용한다. 무엇인가를 건전하다고 말할 경우 당신이 뜻하는 바는 그것이 안전하고, 신뢰할 만하며, 하자가 없다는 것이다. 만약 어떤 보트가 구멍투성이고 해안에서 출발한 지 10분도 되지 않아 침몰했다면 당신은 그 보트를 견실하다고* 말하지 않을 것이다. 만약 어떤 계획이 재앙을 초래했다면 당신은 그 계획을 건전하다고 말하지 않을 것이다. 그리고 어떤 논증이 잘못된 혹은 의심스러운 결론으로 이어질 경우 당신은 이를 건전한 논증이라 부르지 않는다. (우리는 흔히 나쁜 논증을 '허점투성이'라고 부른다.)

논증의 건전성은 두 가지 핵심 요소에 좌우된다.

- 첫째, 이유들(전제들)의 진실성 혹은 수용 가능성.

* [역주] 우리말에서는 '보트가 건전하다'는 표현을 사용하지 않으며, '견실하다'를 사용하는 것이 옳다. 하지만 영어에서는 양쪽 모두 'sound'를 사용하고 있다. 물론 모든 'sound'를 '견실'로 번역할 수도 있겠으나 관행상 논증에는 '건전하다'라는 표현을 사용하며, 이로 인해 다소 번역상의 문제가 생겼다.

- 둘째, 이유들이 결론을 지지하는지의 여부.

주어진 이유들을 받아들이지 않을 경우 우리가 그로부터 이끌어낸 결론을 신뢰할 수 없음은 물론이다. 하지만 설령 모든 이유들을 참으로 받아들인다고 하더라도, 자세히 검토해 볼 경우 그러한 이유들로부터 추론된 바 — 결론 — 를 이끌어낼 수 없음을 발견하게 될 수 있다.

다음은 한 논증의 건전성을 판단하는 데에 고려해야 할 것이 무엇인지를 보여주는 매우 짧은 사례다.

> (1) 많은 곤충들은 날개를 가지고 있으며, 이처럼 날개를 가진 것들은 날 수 있다. 새들은 날개를 가지고 있으며, 앵무새는 새다. 따라서 그들 또한 날 수 있다.

연습문제

이러한 논증이 건전한지의 여부를 스스로 판단해 보라. 이때 당신의 평가에 대한 이유를 제시해 보라. 어느 정도 시간을 가지고 생각해 보라. 보기와는 달리 이는 그리 간단하지 않다.

논증 분석에서부터 출발해 보자. 논증은 세 가지 이유들과 이에 이어지는 결론으로 구성되어 있다.

R1 많은 곤충들은 날개를 가지고 있으며, 날개를 가진 것들은 날 수 있다.

R2 새도 역시 날개를 가지고 있다.

R3 앵무새는 새다.

따라서

C 앵무새 또한 날 수 있다.

첫째, 이유들은 아무런 문제가 없다. 이들은 모두 참이다. 그뿐만 아니라 결론 또한 참이다. 앵무새들은 날 수 있다. 때문에 당신은 논증이 건전하다고 착각하게 된다. 하지만 이는 건전하지 않다. 비록 결론이 참이긴 하지만 이는 이유들 때문에 참이 된 것이 아니다. 새들이 날개를 가지고 있다(R2)고 해서 모든 새들이 날 수 있는 것은 아니며, 이에 따라 앵무새가 새라는 사실(R3)이 새가 날 수 있음을 확증하지 않는다. R1은 사실상 논증에 기여하는 바가 아무것도 없다. 왜냐하면 곤충 문제에서 참인 것은 새 문제에서 참인 것과 아무런 관련이 없기 때문이다.

우리는 앵무새를 펭귄으로 대체해 볼 경우 (1)이 어떻게 건전하지 못한지 파악할 수 있다. 왜냐하면 펭귄들은 날 수 없는 새이기 때문이다.

(2) 많은 곤충들은 날개를 가졌고, 날개를 가진 것들은 날 수 있다. 새들 또한 날개를 가졌으며, 펭귄은 새다. 따라서 그들 또한 날 수 있다.

타당성

(2)에서 전제들은 여전히 모두 참이며, 추론 방법은 (1)과 다를 바 없다. 하지만 이번에는 그러한 전제들이 이끌어낸 결론은 거짓이다. 이유들이 참임에도 어떤 경우에는 참인 결론이 도출되고 어떤 경우에는 거짓된 결론이 도출되는 추론은 신뢰할 수가 없다. 이는 어떤 경우에는 물에 뜨고 어떤 경우에는 침몰하는 보트와 유사하다.

우리는 이와 같은 논증을 불건전하다고 말한다. 이와 대조적으로, 타당한 논증은 모든 이유들이 참일 경우 절대로 결론이 거짓일 수 없는 논증이다. 실제로 어떤 논증은 설령 이유들이 거짓이라고 해도 타당할 수 있는데, 이렇게 말하는 이유는 만약 이유들이 참이었다면 결론 또한 참이었을 것이기 때문이다.

(1)과 (2)를 더욱 짧은 논증인 다음과 비교해 보라.

(3) 모든 새들은 날 수 있다. 펭귄은 새다. 따라서 그들은 분명 날 수 있다.

연습문제

이러한 논증은 건전한가? 이는 타당한가?

이는 건전하지는 않지만 타당하다. 이 논증이 타당한 이유는 만약 모든 새들이 날 수 있다면 펭귄 또한 새이기 때문에 펭귄도 날 수 있을 것이기 때문이다. 이러한 논증이 건전하지 못한 것은 추론이 잘못되었기 때문이 아니다. 이는 단순히 첫 번째 전제가 참이 아니라는 사실 때문에 건전하지 못한 것이다.

기억해야 할 점은 타당성은 논증의 형식과 관련되지, 내용과 관련되지 않는다는 것이다. 이는 당신이 구체적인 내용들을 제거하고 특정 동물 대신 문자를 사용한 형식으로서의 논증을 살펴보면 더욱 이해하기 쉬울 것이다. 우리는 (3)을 다음과 같이 나타낼 수 있다.

R1 모든 A들은 B를 할 수 있다.

R2 x는 A다.

따라서

C x는 B를 할 수 있다.

이제 당신은 이러한 논증에서 R1과 R2가 참일 경우 결론이 절대로 거짓이 되지 않을 것임을 파악할 수 있을 것이다. 우리가 이와 같은 논증이 타당하다고 말하는 이유는 바로 이러한 사실 때문이다.

당신은 각각의 단어들을 A, B 그리고 x로 대체함으로써 그 타당성을 검토해 볼 수 있을 것이다. 예를 들어

R1 모든 고기들은 수영을 할 수 있다.

R2 상어는 고기다.

따라서

C 상어는 수영을 할 수 있다.

당신 스스로 단어를 문사로 대체하는 연습을 해보라. 당신이 R1이나 R2를 참이 아니게 만드는 단어들로 대체하지 않는다면, 당신은 항상 참인 결론을 얻게 될 것이다.

연습문제

다음은 새에 관한 또 하나의 논증이다. 자신에게 동일한 두 질문을 해보라. 이는 타당한가? 이는 건전한가?

(4) 스스로 날 수 있으려면 동물은 날개를 가지고 있어야 한다. 거북은 날개를 가지고 있지 않다. 따라서 당신은 날아다니는 거북을 절대 볼 수 없을 것이다.

이는 타당하면서 건전하다. 논증은 동물이 날기 위해서는 날개가 필요하며, 이에 따라 날개가 없을 경우 어떤 동물도 날 수 없음을 보이고 있다. 이는 당신이 날아다니는 거북을 절대로 볼 수 없을 것임을 의미해야만 한다.

연역 논증

사례 (3)과 (4)는 타당한 논증이며, (4)는 당신이 살펴본 바와 같이 건전하기도 하다. 더욱 정확하게 말하자면 이들은 연역적으로 타당한 논증이다. 그 이유는 타당성이라는 개념이 오직 연역 혹은 연역 논증이라 불리는 유형의 추론에만 적용되기 때문이다. 만약 타당하다면 연역 논증은 결론이 이유들로부터 필연적으로 도출되는 매우 엄격하고 엄밀한 논증이다. 하지만 마찬가지 이유로 연역을 시도했지만 타당하지 못할 경우 이는 완전히 실패한 논증이 된다. 이는 전제들이 진리인지의 여부와 무관하게 건전하지 못하다. '다소 타당한' 혹은 '타당함에 매우 근접한' 연역 논증이라는 것은 있을 수 없다. 이는 '전적으로 타당'하거나 '전혀 타당하지 않은' 논증인 것이다.

다음은 논리학자들이 수세기 동안 연역 논증을 보여주는 데 사용해 왔던 사례다.

(5) 모든 남성들은 죽기 마련이다. 소크라테스는 남성이다. 따라서 소크라테스는 죽는다.

당신은 이것이 사례 (3)과 형식이 매우 유사하다는 사실을 간파했을 수 있으며, 실제로 이는 (3)과 동일한 이유로 타당하다. 흔히 이는 다음의 논증과 비교되는데, 이는 동일한 주장을 하고 있음에도 타당하지 않음이 분명하다.

(6) 모든 남성들은 죽기 마련이다. 소크라테스는 죽기 마련이다. 따라서 소크라테스는 남성이다.

연습문제

(6)이 타당하지 않은 이유는 무엇인가? 이는 무엇이 잘못되었으며 (5)와 어떻게 다른가?

(5)에서는 소크라테스가 남성이고 모든 남성들은 죽기 마련이라는 이야기가 나온다. 이는 소크라테스 또한 죽을 것임을 말해 주고 있다. (6)에서 또다시 모든 남성들은 죽기 마련이라는 이야기가 나오지만 죽기 마련인 모든 존재들이 남성이라는 이야기는 나오지 않는다. 실제로 죽기 마련인 모든 존재들이 남성은 아니다. 예를 들어 여성, 아이들, 늑대, 앵무새 등도 또한 죽는다. 이렇게 보았을 때 (6)에서의 선제들이 그 자체로 논증에서 언급된 소크라테스가 남성임을 확실하게 보여주는 것은 아니다. 예컨대 '소크라테스'는 그저 앵무새의 이름일 수가 있다.

다음은 앞의 경우에 비해 최근의 사례다. 어떤 여성이 큰 보석이 박힌 반지를 상속받았고, 그녀가 이것이 다이아몬드임을 믿고 있으며, 이것이 옳다고 가정해 보자. 어떤 친구 — 일부 친구들! — 가 그녀를 위해 그 값어치를 알아보겠다고 제안을 했다. 그는 그 반지의 값어치가 5달러밖에 되지 않는다는 놀라운 소식을 전하고서는 다음과 같은 논증을 장황하게 늘어놓았다.

(7) "만약 그정도 크기의 광석이 실제로 다이아몬드라면 수천 달러의 값어치가 나갈 거야. 그런데 네가 가지고 있는 광석의 값어치는 5달러 정도밖에 안 돼. 따라서 이는 진짜 다이아몬드가 아니야. 미안!"

그는 자신의 딸을 위해 이를 사겠다고 자청했다. 그리고 그녀 또한 그 광석이 다이아몬드가 아니라는 그의 논증을 받아들이고서는 그의 제안을 수용했다.

연습문제

위의 논증이 연역적으로 타당한가? 이는 건전한가?

이 논증은 타당하다. 이것이 타당하다는 주장에 대해 오해가 있어서는 안 된다. 만약 논증의 전제들이 모두 참이었다면 결론이 참임을 부정할 수 있는 방법이 없었을 것이며, 바로 이러한 사실이 논증을 타당하게 만든 것이다. 이렇게 말하는 이유는 커다란 진짜 다이아몬드라면 고작 5달러의 가치밖에 나가지 않을 리가 없음에도, 친구에 따르면 그 반지는 그 정도의 가치만을 가지고 있기 때문이다. 만약 두 주장이 모두 참이라면 그 광석은 다이아몬드일 수가 없을 것이다.

물론 우리는 결론 또한 거짓임을 알고 있다. 하지만 결론이 거짓이라고 해서 논증이 타당할 수 없는 것도 아니다. 그 이유는 우리가 살펴본 바와 같이, 만약 모든 전제들이 옳았다면 결론이 참이지 거짓일 수 없었을 것이기 때문이다.

그런데 만약 우리가 어떤 논증의 전제가 거짓임을 이미 알고 있다면 그 논증의 타당성을 평가해 보는 것이 무슨 쓸모가 있을까? 크게 쓸모가 있는 것은 아니다. 우리는 위의 논증이 거짓말에 기초하고 있으며, 그렇기 때문에 불건전하다고 이 논증을 거부할 것이다. 사정이 이렇기 때문에 그 결론이 다른 상황에서는 참이 될 것인지 그렇지 않은지는 별로 중요한 문제처럼 보이지 않는다.

하지만 만약 전제들이 참 또는 거짓임을 알지 못할 경우 타당성은 매우 유용하다. 이를 확인해 보고자 한다면 다음 사례를 살펴보라. 이 또한 반지에 관한 것이다.

연습문제

다음을 조심스레 읽어보고 당신이 생각하기에 그것이 건전한지 혹은 불건전한지를 판단해 보라.

(8) 그만한 크기의 다이아몬드 반지라면 결코 1만 달러 이하로 팔리지 않는다. 미란다 마치의 반지는 1만 5천 달러짜리다. 따라서 이는 다이아몬드이어야 한다.

이번에는 이유들이 참인지를 모른다. 하지만 논의의 진행을 위해 이들이 참이라고 가정해 보도록 하자. 그리고 반지에 박혀 있는 광석이 다이아몬드라면 그 값어치가 1만 달러 이상이 될 정도로 충분히 크다는 것을 인정해 보자. 반지는 실제로 1만 5천 달러짜리다. 이 두 가지 전제들이 참이면서 여전히 거짓인 결론이 도출될 수 있는가?

그럴 수 있다. 반지가 다이아몬드가 아니면서 그처럼 비싼 가격에 팔릴 수 있는 다양한 경우들이 있을 수 있다. 예컨대 구매자가 바보였을 수 있다. 혹은 미란다 마치가 유명한 영화배우였을 수 있고, 매우 잘 알려진 영화에서 그 반지(모조 다이아몬드가 박힌)를 끼고 있었을 수도 있다. 어떤 사람도 반지가 진짜라고 거짓말을 하지 않았다. 반지는 단지 수집가가 판단하기에 높은 가치를 가졌을 따름이다.

전제가 참이면서 결론이 거짓인 수많은 그럴듯한 시나리오들이 있을 수 있다. 이를 감안해 보았을 때 논증은 신뢰할 수가 없다. 진짜 다이아몬드가 아니기 때문에 가격이 5달러밖에 안 되는 (7)에서의 반지와는 달리, 이 광석은 모조품이면서도 여전히 수천 달러에 팔릴 수 있다. 이러한 가능성 때문에 논증은 타당하지 못한 것이 된다.

결론적으로 이상의 논증을 공정하게 평가한다면 다음과 같이 평가해 볼 수 있을 것이다. 전제가 참인지는 모르지만 우리는 이러한 논증이 어쨌거나 불건전하다고 말할 수 있다. 그 이유는 이유들이 결론을 뒷받침하고 있지 않기 때문이다. 설령 나중에 결론이 실제로 참이었고, 반지에 진짜 다이아몬드가 박혀 있었음을 알게 된다고 해도 논증은 여전히 가짜일 수 있다!

상이한 기준

지금까지 이 장에서 우리가 검토해 본 논증들은 연역적인 것들이었다. 연역 논증에 요구되는 타당성이라는 기준은 매우 엄격하며 타협의 여지가 없다. 이는 그럴 수밖에 없다. 왜냐하면 연역 논증은 절대적인 확실성을 가지고 결론을 이끌어내도록 되어 있기 때문이다. 논리학자와 수학자들이 사용하는 유형의 증명에는 엄격한 연역 논증이 사용되며, 그 미만은 사용되지 않는다.

하지만 모든 논증들이 연역적인 것은 전혀 아니다. 그럴 수도 없고, 그럴 필요도 없다. 우리가 일상생활 속에서 도달하게 되는 매우 중요한 여러 결론들은 연역적 타당성에 비해 덜 엄격한 기준이 요구된다. 그럼에도 이들은 여전히 매우 훌륭한 논증들이다.

과학자들이 결론을 도출하는 데 흔히 사용하는 방법을 예로 들어보자. 그들은 어떤 상황 하에서 반복적으로 일어나는 결과들을 관찰하며, 이러한 결과로부터 유사한 상황에서 유사한 결과가 일어나리라고 추론을 한다. 이는 매우 합리적인 논증 방식이며, 이를 바탕으로 과학자들이 이끌어내는 결론은 매우 신뢰할 만하다. 하지만 그것이 연역만큼 신뢰할 만한 것은 아니다. 실제로 논리학자들은 이를 연역과 구분하기 위해 귀납추론 혹은 귀납법이라고 부른다.

다음의 일기예보와 이를 뒷받침하기 위해 사용되는 이유들을 검토해 보자.

(9) 위성 사진은 앞 가장자리에 저기압골을 동반한 한랭 전선이 캐나다 해안선을 가로질러 동쪽으로 이동하고 있음을 보여준다. 이는 해양으로 빠져나갈 때 대서양을 가로질러 이동하고 있는 커다란 회오리바람, 그리고 북극에서 휩쓸고 내려오는 강력한 북동풍과 마주치게 될 것이다. 결과적으로 24시간 내에 북대서양에서 폭풍우가 몰아칠 것이라고 예측할 수 있다.

연습문제

위 구절 마지막 문장의 추론을 당신은 어떻게 평가하는가? 이는 건전한 논증인가?

(9)는 귀납 추론의 한 사례다. 추론은 그 당시 나타난 기상 상황을 보고 그것이 북대서양에 폭풍우를 야기할 것이라고 예측하고 있다. 하지만 이는 막연한 억측이 아니다. 기상 전문가들이 이러한 예측을 할 수 있는 이유는 그들이 과거의 경험을 통해 이전에 이러한 상황에서 폭풍우가 이어졌음을 알고 있으며, 그들이 미래에도 동일한 결과가 나타나리라고 가정하고 있기 때문이다. 하지만 그들이 이번에도 동일한 결과가 나타나리라는 것을 알고(know) 있는 것은 아니다. 아무리 희박하다 해도 어떤 예측하지 못한 상황이 모든 것을 변화시킬 가능성은 있는 것이다. 이처럼 작은 불확실성이라고 해도 있다는 사실은 (9)가 연역적인 타당성을 갖지 않는다는 것을 의미하기에 충분하다.

그렇다면 우리가 (9)를 여전히 좋은 논증이라 생각할 수 있는가? 사실 이 주장은 (현재의 상황에서) 미래 결과를 예측하는 주장으로는 최고라

할 수 있다. 글을 쓴 사람은 "라고 예측할 수 있다"라는 짧은 구절을 추가하여 결론이 완전히 확실치 않다는 사실을 인식하고 있음을 보여주고 있다. 이처럼 작은 구절을 추가함으로써 결론은 가용한 사실들로부터 도출될 수 있을 만큼 유연해지고 있다. 설령 일부 자연의 장난이 폭풍을 막을 수 있다고 하더라도, 상황을 감안할 때 이렇게 예측하는 것은 여전히 옳다. 따라서 이러한 논증이 연역적으로 타당하지 않다고 하더라도, 우리는 이를 건전한 귀납 논증이라고 말할 수 있다.

'합당한 의심의 여지가 없을 정도의'

연역적 타당성보다는 약하지만, 그럼에도 가능성이 매우 큰 결론을 나타내는 데에 흔히 사용하는 표현은 결론이 참이라는 사실이 "합당한 의심의 여지가 없을 정도"라는 표현이다. 이는 배심원이 형사 재판에서 어떻게 판결에 이르게 되었는지를 설명할 때에 일반적으로 사용하는 표현이다. 만약 배심원들이 어떤 의심의 여지도 전혀 없을 정도로 피고가 죄를 범했음에 확신을 가져야 한다면, 어떤 죄인도 기소될 수 없을 것이다. 왜냐하면 실제 생활에서는 아무리 미미하다고 하더라도 늘 다소간의 의심의 여지는 있기 마련이기 때문이다. 기소에 요구되는 증거 기준은 흔히 피고가 죄를 범했을 개연성이 매우 높아 이를 의심하는 것이 합당하지 않을 정도이다. 피고가 십중팔구 유죄이거나 유죄일 가능성이 상대적으로 크다는(on the balance of probability) 믿음만으로는 충분하지 않다. 이들은 상대적으로 덜 엄격한, 다른 기준이다.

그럼에도 이와 같은 서로 다른 개연성의 기준들은 합리적 사고 능력을 동원하는 논증에서 나름의 위치를 확보하고 있으며, 결론이 확실함에 다소 못 미친다는 이유로 건전하지 말아야 할 이유는 없다. 어떤 논증을 평가할 때 염두에 두어야 할 중요한 문제는 당신이 어떤 유형의 논증을 다루고 있으며, 그것이 어떤 유형의 추론을 하고 있는가이다. 만약 이유로부터 결론이 절대적으로 확실하게 이끌어져 나온다고 주장하고 있다면, 이때 당신은 연역적 타당성의 기준을 적용해서 이의 타당성을 확인해 볼 필요가 있다. 만약 단지 합당한 의심의 여지가 없다거나 개연성이 크다는 정도로 주장하고 있다면 연역적 타당성이라는 기준에 비해 덜 엄격한 시험을 해보면 된다.

합당한 의심과 가능성이 크다는 주제는 다음 장에서 더욱 상세히 다룰 것이다.

견해의 문제

이 장을 또 다른 종류의 논증을 살펴보면서 마무리하도록 하자. 다음을 읽고 이어지는 질문에 답하라.

(10) 건강상의 이유로 술집이나 식당과 같은 공공장소에서 흡연을 금하는 법을 통과시키고 있는 나라들이 점점 많아지고 있다. 많은 사람들은 흡연이 오직 흡연자에게만 해가 되기 때문에 이러한 법을 통과시키는 것이 개인의 자유를 무시하는 처사라고 반대한다. 하지만 오늘날 소위 '간접흡연'(다른 사람이 뿜은 담배 연기를 흡입하는 것) 때문에 비흡연자가 겪게 되는 위험이 한때 생각했던 것보다 훨씬 심각하다고 생각하는 의사들이 점차 늘어나고 있다. 그들은 간접흡연으로 인해 연간 수천 명이 사망하게 된다고 확신하고 있다. 건강을 위협받지 말아야 할 비흡연자의 권리는 선택의 자유에 대한 흡연자의 권리보다 훨씬 중요하다. 때문에 폐쇄된 공공장소에서 흡연을 금지하는 방안을 즉각 도입하지 않으면 안 된다.

연습문제

이 논증은 사례 (1)-(9)와 어떻게 다른가?
이것이 건전한 논증이라고 생각하는가?

이 논증은 앞의 것들과는 상당한 차이가 있다. 그 차이에 대해 물어본다면 당신은 이것이 전적으로 더욱 깊이 있는 복잡한 논증이라고 말할 수 있다. 또한 당신이 이를 정치적 혹은 도덕적 논증이라고 말할 수도 있다. 왜냐하면 이것은 인권에 관한 논증이기 때문이다. 이 밖에 이것이 사실만으로 이루어진 논증이기보다는 견해에 의거하고 있는 논증이라고 말할 수도 있다. 이러한 의견들은 모두 옳을 수 있다.

이들 중에서 아마도 마지막 의견이 논증의 건전성을 판단하는 방식에 가장 커다란 영향을 주는 차이일 것이다. 우리는 이 논증이 객관적으로 참인지의 여부를 말할 수 없다. 왜냐하면 주장들 중에서 하나가 의견 내지 가치 판단이기 때문이다. 이 경우 논증에 대한 평가는 우리가 이에 동의하는지의 여부에 관한 문제가 된다.

하지만 설령 우리가 이유들을 받아들이거나 이들에 분명 동의한다고 하더라도, 우리는 여전히 두 번째 질문에 답해야 한다. 이들로부터 결론이 도출되는가? 이에 답하고자 할 경우 우리는 먼저 논증을 해체하여 이유들이 그 결론에 어떻게 도달하게 되는지를 살펴볼 필요가 있다.

실제 논증은 단순하며, 마지막 두 문장에 포함되어 있다. 여기서 맨 앞의 두 문장은 무엇에 대한 논증인지를 보여주는 단서를 제공하고 있다.

단서

많은 사람들은 이것이 개인의 자유를 무시하는 처사라고 반대한다. 그 이유는 흡연이 오직 흡연자에게만 해가 되기 때문이라는 것이다.

하지만…

R1 '간접흡연'의 위험을 확신하는 의사들이 점차 늘어나고 있다.

R2 건강을 위협받지 말아야 할 비흡연자의 권리는 선택의 자유에 대한 흡연자의 권리보다 훨씬 중요하다.

따라서

C 폐쇄된 공공장소에서 흡연을 금지하는 방안이 즉각 도입되지 않으면 안 된다.

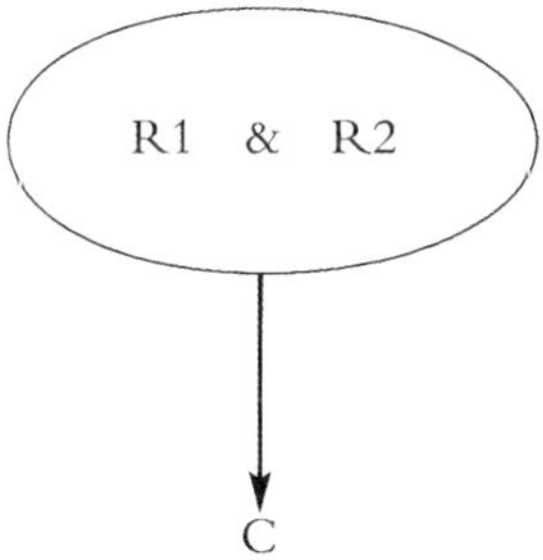

이유들이 공조하면서 서로에게 의존하여 결론을 시사하고 있는 데에 주목하라. 이처럼 이유들이 서로 의존하고 있기 때문에 결론에 안전하게 도달하기 위해서는 두 가지 이유들이 모두 필요하다.

이처럼 논증의 골격을 확인해 보면 우리가 이유들을 받아들이면서도 결론을 받아들이지 않는 것이 이상하게 느껴질 것임이 어느 정도 확실하다. R1이 주장하듯이 심각한 건강상의 위험이 있다는 것을 시사하기에 충분한 의학적 소견이 있고, 그러면서 위험이 선택의 자유권을 크게 앞서는 것이 확실하다면 금지 방안이 분명 도입되어야 할 것이다. 당신은 R1과 R2에 동의하면서 합당하게 C를 거부하지 못한다. 달리 말하자면 R1과 R2를 받아들인다는 것은 사실상 당신이 결론을 믿기로 한 것이다.

하지만 당신이 R1 혹은 R2 중의 하나를 반드시 받아들일 필요가 없음은 물론이다. 그리고 당신이 논증을 거부하고자 할 경우 R1이나 R2 중 하나만 거부하면 된다. 왜냐하면 결론을 확고하게 이끌어내기 위해서는 양자 모두가 필요하기 때문이다. 이제 두 가지 이유로 되돌아가 보도록 보자.

R1는 사실에 관한 진술이다. 이것이 참인지를 판단하고자 할 경우 당신은 의사에게 물어보거나 설문조사를 해봄으로써 "간접흡연이 심각한 건강상의 문제를 일으킨다는 것이 점차 확실해져 가고 있다"는 주장이 참인지를 확인해 볼 수 있다. 하지만 R2는 동일한 유형의 주장이 아니며, 이것이 '참'인지의 여부를 파악하기 위해 활용할 수 있는 유사한 방법이 없다. R2는 가치 판단으로, 하나의 견해다. 만약 누군가가 "나는 내가 하고자 하는 바를 선택할 수 있는 자유에 대한 권리 이상으로 중요한 것은 없다고 생각한다. 심지어 다른 사람의 건강과 비교해 보았을 때에도 마찬가지다"라고 말할 경우, 당신이 할 수 있는 일이라고는 동의하지 않는 것 외에 별다른 방법이 없다. 물론 당신이 그의 태도를 이기적이거나 인정머리가 없다고 말할 수 있다. 이에 대해 그는 부정하지 못할 것이다. 하지만 그가 정확하지 못한 증거를 제시했을 때 이를 부정하는 방식으로 당신이 그의 주장이 '거짓'임을 입증할 수 있는 것은 아니다.

결론적으로 (10)에서의 논증을 비판적으로 검토해 볼 경우 당신은 다음과 같은 평가를 내리게 될 것이다. 우리가 사람들 간의 대립하는 권리에 대해 내린 판단을 받아들일 경우 이는 건전하고 효과적인 논증이다.

요약

- 한 논증의 건전성은 두 가지 요인에 좌우된다. (1) 이유들이 진리인지의 여부, (2) 이들이 적절히 결론을 지지하는지의 여부.
- 이루어지는 추론의 유형에 따라 (2)를 판단하는 상이한 기준들이 있다.
- (2)를 판단하는 가장 엄격한 기준은 연역적 타당성이라는 기준이다. 하지만 위로는 '합당한 의심의 여지가 없는'으로부터 밑으로는 '높은 가능성'에 이르기까지 건전성에 대한 상이한 기준들이 있다. 적절한 기준을 선택하는 일은 평가 기술에서 중요한 부분을 차지한다.

최종과제

1. 두 가지 중에서 건전한 논증은 어떤 것인가? 둘 중의 하나인가, 두 가지 모두인가, 아니면 모두 건전하지 않은가? 그리고 그 이유는 무엇인가?

   (a) 감귤류 과일은 짜릿한 신맛이 난다. 레몬은 짜릿한 신맛이 난다. 따라서 레몬은 감귤류 과일이다.
   (b) 감귤류 과일은 짜릿한 신맛이 난다. 레몬은 감귤류 과일이다. 따라서 레몬은 짜릿한 신맛이 난다.

2. 다음의 논증을 평가해 보라.

   진짜 다이아몬드는 유리에 흠집을 낼 수 있을 정도로 매우 견고하다. 그런데 당신 반지 속의 돌로 유리에 선을 그으려 했을 때 흔적이 전혀 남지 않았다. 따라서 이는 진짜 다이아몬드가 아니다.

3. 다음 논증의 건전성에 대해 어떻게 생각하는가?

   당신이 말하듯이 만약 대통령이 부패 범죄를 저질렀다면 그는 남미를 공식적으로 방문하지 못하고 감옥에 있었을 것이다. 그는 감옥에 있지 않다. 실제로 그는 칠레에 있으며 내일은 아르헨티나로 떠난다. 그는 다음 주까지 귀국하지 않을 것이다. 이와 같은 사실로 미루어 보았을 때 그는 부패 범죄를 저지르지 않았다.

4. 공공장소에서의 금연이라는 주제에 관한 집단 논의에 참여해서 이를 옹호하거나 반대해 보라.

해답과 해설은 346-347쪽을 볼 것.

11 결점 발견하기

앞 장에서 살펴본 바와 같이, 당신은 두 가지 서로 다른 방식으로 논증을 비판할 수 있다. (1) 당신이 하나 혹은 그 이상의 이유들에 동의하지 않을 수 있다. (2) 이유들이 참인지의 여부를 떠나 당신은 결론이 그러한 이유들로부터 도출되지 않음을 보여줄 수 있다. 이는 우리가 이유들이 참인지를 판단할 수 없을 때 특별히 유용한 방법으로 활용할 수가 있다.

(2)의 이유로 건전하지 못하다는 평가를 받는 논증은 '추리 오류' 혹은 '추리상의 결점'을 포함하고 있다고 일컬어진다.

연습문제

다음의 논증은 건전하지 못하다. 어떤 점에서 그러한가?

(1) 아멀크사(社)는 은행가, 사업 컨설턴트 그리고 재정가들의 권고에 반하여, 그리고 아무런 지원을 받지 않고 남다른 성공을 거두었다. 이는 한 사람의 통찰력이 세상의 모든 전문가들이 잘못되었음을 입증할 수 있다는 것을 보여준다. 이와 같은 사실로 미루어 보건대, 창업을 고려하는 사람이라면 누구건 자기 자신의 판단을 신뢰해야지, 결코 타인들의 충고에 영향을 받아서는 안 된다.

먼저 논증을 해체해서 정리해 보자. 두 번째 문장이 결론이다. 훨씬 긴 첫 번째 문장은 두 번째 문장을 지지하기 위해 제시되고 있는 추리다. 하지만 이러한 긴 문장에는 사실상 세 가지 주장들이 포함되어 있다. 이러한 문장을 충실하게 분석할 경우 우리는 다음과 같이 나타낼 수 있을 것이다.

R1 아멀크사는 훌륭한 회사다(였다).

R2 이는 은행가 등의 충고에 반하여 설립되었다.

(이는 …을 보여준다)

IC 한 사람의 통찰력이 세상의 모든 전문가들이 잘못되었음을 입증할 수 있다.

따라서

C 창업을 고려하는 사람이라면 누구건 자기 자신의 판단을 신뢰해야지, 결코 타인들의 충고에 영향을 받아서는 안 된다.

이유들이 참인가? 본래 사실에 관한 주장인 R1과 R2에서부터 시작해 보도록 하자. 우리는 이들을 참이라고 가정할 것이다. 만약 이들이 참이라면 IC 또한 참인 것처럼 보인다. 그 이유는 아멀크사가 실제로 성공을 했는데 은행가와 다른 사람들은 모두 성공할 수 없을 것이라 생각했다면, 한 사람의 성공(아멀크사)이 전문가들이 잘못되었음을 입증할 수 있다고 정당하게 말할 수 있는 것처럼 보이기 때문이다. 이러한 주장은 은행가들과 다른 사람들이 '전문가들'임을 가정하고 있음을 의미한다. 하지만 이 문제는 그냥 넘어가도록 하자. 이와 같이 하여 우리는 논증의 첫 단계가 건전하다는 사실을 받아들일 수 있다.

하지만 주요 결론이 중간 결론으로부터 도출되는가? 이번에는 '아니다'가 답이다. 설령 우리가 들은 모든 것들이 참이라고 하더라도, 우리는 이와 같은 하나의 성공 사례, 혹은 '전문가들'의 한 번의 오판으로부터 창업을 하려는 모든 사람들이 충고를 무시해야 한다고 결론 내릴 수 없다. 이는 제정신이 아닌 결론을 도출해 내는 격이며, 경솔한 행동이 될 것이다. 이는 다음과 같이 주장하는 격이 될 것이다.

(2) 비타는 전혀 공부를 하지 않았는데도 시험을 모두 통과했다. 따라서 시험을 치를 사람들은 모두 공부를 하지 말아야 한다!

물론 충고를 무시한 것이 아멀크에게 도움이 되었던 것처럼, 공부를 안 한 것이 비타에게 도움이 되었을 수도 있다. 하지만 설령 그랬다고 하더라도 이러한 사실을 가지고 다른 사람들(모든 사람은 말할 것도 없고)에게 공부를 안 하는 것이 도움이 된다고 말할 수는 없다.

특별한 것으로부터의 일반화

(1)과 (2)가 결론을 신뢰할 수 없게 만드는 심각한 추리적 결점을 가지고 있음을 파악하기란 매우 쉽다. 비록 맥락은 다르지만 각각의 경우에서 결점은 동일한 유형의 것이며, 이를 파악하는 데에도 별다른 어려움이 없다. 하지만 여기서 정확히 무엇이 결점인가? 이를 어떻게 확인할 수 있는가?

(1)과 (2)는 특별한 경우로부터 일반화를 하는 사례들이다. (1)에서의 특별한 경우는 한 회사의 성공이다. (2)에서는 한 사람의 시험 결과다. 둘 중 어떤 것도 포괄적인 일반화를 뒷받침할 수 있을 만큼 충분히 강한 이유들이 아니다.

두 논증에 대해 제기할 수 있는 또 다른 비판은 이들이 일화(逸話)적인

(anecdotal) 증거에 의존하고 있다는 것이다. (일화란 이야기를 말한다. 이렇게 보았을 때 일화적 증거란 단지 하나의 이야기일 따름이며, 그것도 여럿 중에서 하나에 지나지 않는 경우가 흔하다.)

일화적 증거 자체는 다음 사례에서 살펴볼 수 있는 바와 같이 매우 유용하다.

(3) 작년 겨울에 세 사람이 호수를 가로질러 걸어가다가 얼음이 깨져 물에 빠졌다. 호수를 건너기 전에 건널 것을 재고해 봐야 한다.

이는 건전한 논증이며, 건전한 충고가 그 결론이다. 비록 증거가 순전히 일화적이긴 하지만 이러한 사례에서 증거는 전혀 문제될 것이 없다. 작년에 얼음이 깨져 세 명이 물에 빠졌다는 사실은 얼음 위를 걸어가는 것을 재고해 보는 매우 훌륭한 이유이며, 당신의 안전을 소중히 여긴다면 이를 재고해 보지 않는다는 것은 불합리하다고 말할 수 있을 것이다. 하지만 완전히 동일한 증거를 활용하고 있는 다음의 논증과 (3)을 비교해 보라.

(4) 작년 겨울에 세 사람이 호수를 가로질러 걸어가다 얼음이 깨져 물에 빠졌다. 절대로 결빙된 호수 위를 걸어선 안 된다.

연습문제

(3)과 (4)의 차이점은 무엇인가?

그 차이란 (3)은 건전한 논증이지만 (4)는 아니라는 것이다. (4)는 (1)과 (2)처럼 결점이 있고, 그것도 동일한 방식의 결점을 가지고 있다. 즉 하나의 (일화적) 증거로부터 이끌어내기에는 그 결론이 너무 포괄적인 것이다. 적절한 상황에서는 결빙된 호수 위를 걷는 것이 분명 안전하며, 실제로 사람들은 적절한 상황에서 늘 그렇게 한다. 얼음이 깨져 물에 빠진 세 명의 불운한 사람들에게 일어난 일은 안전하지 못한 그 당시의 상황 때문에 일어난 일임에는 의심의 여지가 없다. 하지만 (4)가 결론 내리고 있듯이, 이것이 결빙된 호수를 건너는 것이 절대로 안전하지 않다는 것을 의미하지는 않는다.

충분한가?

(1), (2) 그리고 (4)가 잘못임을 밝히기 위한 또 다른 방법은 각각의 논증에서 이유가 결론을 지지하기에 충분하지 않다 — 충분히 강하지 않다 — 고 말하는 것이다. 세 경우 모두 논증은 너무 멀리까지 가거나 너무 많은 것을 주장하고 있다. 이와 대조적으로 (3)에서는 결론이 주장하는 바가 훨씬 제한적이다. 이는 단순히 주의를 어느 정도 상기시키고 있을 따름이다.

다음 사례는 앞의 경우와 이야기가 다소 다르다. 이번에는 네 가지 개별적인 관찰이 제시되고 있는데, 이들은 빙판 위로 호수를 건너는 것이 위험하지 않고 안전하다는 결론을 지지하는 이유로 활용되고 있다.

> (5) 사람들은 매년 11월부터 이듬해 3월까지 이 호수를 건넌다. 얼음의 두께는 심지어 1미터에 이르기도 한다. 사람들은 차를 타고 빙판이 된 호수를 건넌다. 심지어 나는 새해 첫날 빙판 위에 만들어놓은 큰 화톳불 주변에 둘러앉아 사람들이 파티를 벌이는 모습을 본 적이 있다. 이렇게 보았을 때 2월 중순에 얼음이 깨져 물에 빠질 위험은 전혀 없다.

연습문제

이유들이 참이라고 가정한다면 이러한 논증은 건전한가? 아니면 결점이 있는가?

이는 일화적 증거를 신중하지 못하게 사용하고 있는 전형적인 사례다. (5)에서의 이유들은 당신이 네 가지를 모두 합해도 결론을 지지하기에 충분하지 못하다. 설령 과거에 사람들이 얼음 위에서 여러 가지 일들을 했고, 아무런 문제가 없었다고 하더라도 그것이 미래에도 아무런 위험이 없을 것임을 의미하지는 않는다. 실제로 지구 온난화에 대한 일부 과학자들의 생각이 옳다면 지금까지 결빙된 호수에 대해 이루어졌던 관찰이 미래에도 신뢰할 만한 증거가 될 수는 없을 것이다. 2월 들어 수많은 호수들의 얼음이 얇아질 수 있으며 훨씬 안전하지 못하게 될 수가 있다. 마치 (5)의 추론이 안전하지 못한 것처럼 말이다!

논증은 한쪽에는 이유들이, 다른 한쪽에는 결론이 앉아 있는 시소 혹은 평행 팔에 비유할 수 있다. 결론이 너무 강하거나 너무 많은 주장을 할 경우 이유들은 이를 지지할 만큼 충분히 무겁지 못할 수 있다. 어떤 논증이 건전하려면 최소한 이유들이 결론과 균형을 이루어야 한다. (5)에서는 이유들이 그렇게 하지 못하고 있다. 이유들이 충분하지 못한 것이다.

결점 드러내 밝히기

'어떤 논증에 결점이 있음을 파악할 수 있는 것'과 '무엇이 결점인지를 말할 수 있는 것'은 별개다. 단지 "이유들이 결론을 뒷받침하지 못해"라고 말하는 것만으로는 충분치 못하다. 왜냐하면 이는 단지 논증에 결점이 있다고 말하는 것과 다를 바가 없기 때문이다.

이 장에서 당신은 두 개의 매우 흔히 범하는 추론상의 결점을 살펴보았다. 하나는 특정한 관점을 취하면서(예를 들어 한 사람의 사업 경험) 이로부터 일반적인 결론을 도출하는 것(예를 들어 어떻게 사업을 시작하는가에 관한)이었다. 또 다른 것은 과거의 경험을 이용하여 미래에 관한 보증되지 않은 결론을 도출하는 것이었다.

만약 (5)의 결점을 묻는다면 당신은 다음과 같이 답할 수 있을 것이다.

A 이는 과거에 참이었던 바가 현재, 혹은 미래에도 여전히 참이거나 참일 것이라고 가정하고 있다.

만약 당신이 구체적으로 답하고 싶다면 다음과 같이 말할 수 있을 것이다.

B 이는 이전에는 2월에 사람들이 빙판 위를 안전하게 걸어다녔고, 때문에 그렇게 하는 것이 언제나 안전할 것이라고 가정하고 있다

만약 선다형 문제에서 선택지로 주어졌다면 정답은 A와 B 중의 하나일 것이다.

하지만 결점이 글을 통해 명시적으로 나타나지 않는 추리상의 실수를

확인해 내는 또 다른 방법이 있다. 대신 그 방법은 추리상의 실수를 들추어내거나 밝혀낼 것이다.

연습문제

121쪽에 나오는 논증 (1)의 결점을 가장 효과적으로 밝혀내고 있는 문항은 어떤 것인가?

X 많은 사람들이 소위 전문가들의 충고에 지나칠 정도로 신경을 썼기 때문에 창업을 포기했을 수 있다.

Y 사업 컨설턴트와 재정가들은 일반인들이 알고 있는 것에 비해 창업에 대해 훨씬 많은 것을 알고 있다.

Z 아멀크가 운이 좋았거나 이 경우 그에게 충고를 해준 '전문가들'이 적절한 판단을 내리지 못했을 수 있다.

선택지들을 순서대로 다루어보도록 하자. X는 논증의 결점을 밝혀내고 있지 않다. 이렇게 이야기하는 이유는 만약 X가 어떤 역할을 하고 있다면 이는 거꾸로 논증을 지지하고 있기 때문이다. 만약 참이라면 X는 사람들이 자신의 판단을 신뢰해야 한다는 결론을 도출하는 또 다른 이유가 될 것이다.

Y는 X에 비해 훨씬 논증을 문제 삼고 있는 것처럼 보인다. 하지만 어떤 논증을 문제 삼는 것은 이의 실제 결함을 드러내 보이는 것과 동일하지 않다. 설령 Y가 참임을 받아들인다고 하더라도, 당신은 여전히 아멀크의 경험이 사업 컨설턴트와 재정가들이 잘못임을 입증하고 있다고 주장할 수 있다. Y의 결점은 아멀크가 전문가들에 비해 많은 것을 알지 못했다는 사실을 지적하지 못한 데에 있지 않다. 왜냐하면 논증의 어디에서도 그가 무엇인가를 알고 있었다는 주장이 나오지 않기 때문이다. 논증에서는 단지 그가 성공했다는 이야기만 나오고 있다. Y의 잘못은 아멀크의 성

공만으로 다른 사람들의 성공 가능성에 관한 결론을 도출하고 있는 것이다. 이렇게 보았을 때 Y는 논증의 결점을 밝혀내고 있지 않다.

그렇다면 Z가 정답이어야 한다. 하지만 그 이유는 무엇인가? 그 이유는 Z가 아멀크의 성공이 전문가의 충고를 모두 무시하라고 권고하기 위한 충분한 이유가 아님을 보여주고 있기 때문이다. Z는 아멀크가 그저 운이 좋았다고 주장하고 있는데, 이 경우 그가 성공하게 된 것은 충고를 무시해서가 아니라 운 때문이다. 이와는 별개로, 아멀크의 경우에는 그에게 충고를 한 특정 개인이 제대로 충고를 해주지 못했을 수가 있다. 하지만 이로부터 전문가의 충고가 항상 혹은 흔히 잘못이라는 주장이 도출되지는 않는다. 즉 어떤 경우에도 그러한 충고가 무시되어야 한다는 주장이 도출되지는 않는 것이다. Z는 아멀크가 성공한 이유를 동등하게 개연성 있는 다른 방식으로 설명함으로써 추리의 심각한 결함을 밝혀내고 있다.

원인과 상호 관련의 혼동

이는 당신이 이미 8장에서 살펴보았던 또 다른 경계해야 할 실수다. 단지 두 가지 현상이 모두 나타나고 있다는 사실이 양자가 연결되어 있음을 의미하는 것은 아니다. 특히 한쪽이 다른 쪽의 원인임을 의미하는 것은 아니다.

우리의 친구 아멀크가 매우 배타적이면서 비싼 컨트리클럽 회원이었음을 알게 되었다고 가정해 보자. 그리고 클럽 회원들 중 다수가 성공적인 사업가이기도 하다는 사실을 알게 되었다. 하지만 이러한 가입이 아멀크가 성공한 원인이었다고 가정할 수는 없다. 설령 클럽 가입이 아멀크의 성공에 도움이 되는 한 가지 요인(예를 들어 사업에 도움이 되는 만남의 장이 마련됨으로써)이었다고 하더라도 말이다. 또한 그가 성공했기 때문에 클럽에 가입했다고 가정할 수도 없다(그 이유는 예컨대 이러한 경우에는 도시의 모든 성공한 사업가들이 클럽에 가입했다고 생각해야 할 것이기 때문이다). 단지 클럽 회원이라는 사실과 사업의 성공이 우연히 일치했다고 해서 양자가 인과적으로 관련된다고 생각해서는 안 된다.

아무런 근거 없이 인과적 연결을 가정하는 논증들은 결점을 갖기 일쑤다.

결점을 찾아내어 회피하기

이 장에서 당신이 살펴본 것 외에도 다른 수많은 일상적인 추론상의 실수들이 있다. 그중에서 몇 가지를 들자면 '미끄러운 경사길' 혹은 '선택의 제약' 등으로 불리는 것들이다. 이러한 것들, 그리고 다른 잘 알려진 결함들은 이어지는 장에서 살펴보게 될 것이며, 당신은 이러한 결점들을 찾아내는 방법을 습득하게 될 것이다. 이를 통해 당신은 건전하지 못한 논증을 거부할 수 있는 방법, 그리고 당신 스스로의 추론에서 유사한 실수를 범하지 않는 방법을 터득할 수 있게 될 것이다.

당신이 우연히 마주치게 되는 일상적인 결점을 적어놓는 노트를 마련해 보면 좋을 것이다. 최종과제를 보면 그러한 노트를 어떻게 쓰기 시작하고 정리할 것인가에 대한 제안이 나온다.

요약

- 제시된 이유(들)가 결론을 충분히 지지하지 못할 경우 논증은 결점을 갖게 된다. 흔한 결점 몇 가지를 든다면 다음과 같다.
  - 특별한 경우로부터 일반적인 결론을 도출해 내는 경우.
  - 일화적 증거, 혹은 과거의 경험에 지나칠 정도로 크게 의존하는 경우.
  - 상호 관련을 원인으로 오인하는 경우.

최종과제

1. 통념과는 달리 최근의 연구는 가장 돈을 잘 버는 기업에 근무하는 노동자들이 가장 불행한 경향이 있음을 시사하고 있다. 이러한 사실로 미루어 보았을 때, 우리는 노동자들을 의도적으로 불행하게 만드는 방법을 통해 이익의 증진을 기대해 볼 수 있을 것이다.

(a) 만약 참이라면, 이하의 선택지들 중에서 어떤 것이 위의 논증의 결점을 보여주고 있는가?

A 글은 일 때문에 노동자들이 불행하다고 가정하고 있다.
B 글은 불행이 이익을 증진한다고 가정하고 있다.
C 글은 노동자들이 높은 수익에 대한 몫을 받지 못한다고 가정하고 있다.
D 글은 성공적인 경영인들이 직원들을 가혹하게 대해야 한다고 가정하고 있다.

(b) 다음의 상황들 중에서 논증이 잘못되었음을 보여줄 수 있는 것은 무엇인가? (답이 하나 이상 있을 수 있다.)

A 부유하면서 성공한 회사의 직원들이 분개하며 불만을 갖게 되었다는 사실이 밝혀졌다.
B 고수익을 창출하는 회사의 소유주와 경영진들이 피고용인들의 복리에 대해 관심을 끊었다는 사실이 밝혀졌다.
C 피고용인들을 행복하게 만들고자 하는 회사들이 항상 노력에 대한 재정적인 보상을 받는 것은 아님이 밝혀졌다.

2. 유명한 저술가인 파라 라발리어(Farrah Lavallier)는 자신의 화려한 문학 경력에서 35번째 저술을 마무리짓기 바로 전인 98세에 사망했다. 비평가들 중에서 이 책이 그녀가 쓴 다른 저술 못지않게 예리하고 재치가 넘친다는 데에 이의를 제기하는 사람은 거의 없었다. 그녀는 일기를 남기기도 했는데, 다른 무엇보다도 놀라운 사실은 일기를 통해 그녀가 전 생애를 통틀어 단 한 번도 운동을 하지 않았음이

밝혀졌다는 것이다. 그녀는 자신의 서재를 걸어서 한 바퀴 돌면 앉아서 쉬어야 했다는 농담을 즐겨 했다. 이런 사실로 미루어 보았을 때, 만약 원하는 바가 오랫동안 생산적으로 사는 것이라고 한다면, 당신은 조깅을 한다거나 체육관을 일주하는 것에 대해 잊을 필요가 있다. 힘을 비축하라.

만약 참이라면 이하의 선택지 중에서 어떤 것이 상기 논증의 결점을 드러내고 있는가?

A 파라가 젊었을 때 여성들은 체육관에서 운동을 하지 않았다.
B 파라의 할아버지는 104세까지 사셨고, 어머니는 106세까지 사셨다.
C 일기에 따르면 파라는 심하게 아픈 적이 한 번도 없었다.
D 90세 후반에 이르기까지 일을 하는 사람들은 많지 않다.
E 다수의 작가들은 육체를 활발하게 움직이지 않는 삶을 살아간다.

3. 이 장에서 살펴본 일상적으로 범하는 추론상의 오류 목록을 작성하고, 이러한 오류에 관한 파일 혹은 데이터베이스를 만들어보라. 이를 위해 당신은 다음과 같은 세 가지 표제어 혹은 영역을 이용해 볼 수 있을 것이다.

제목(혹은 간략한 서술): 예컨대 일화적 증거에 의존하는 경우.
설명: 무엇인가가 일어난 한 번의 경우를 이용하여 이로부터 일반적인 결론을 도출하는 경우.
사례: 이 지점에서 얼음이 깨져 물에 빠진 사람을 알고 있다. 따라서 이 호수를 건너는 것은 어떤 경우에도 안전하지 않다.

결점이 있거나 의심스러운 논증들을 접하게 될 경우 이를 항상 파일에 추가해 보라.

해답과 해설은 347쪽을 볼 것.

12 논증 문제 삼기

어떤 논증에 추론상의 하자가 없다고 하더라도 당신은 이를 문제 삼아 보고 싶을 수 있다. 예컨대 반대 논증을 이용해, 혹은 논증을 훼손하는 몇 가지 증거를 제시함으로써 그렇게 해보고 싶을 수 있는 것이다. 앞 장의 사례에서 출발해 보도록 하자. 다음은 작지만 중요한 점을 바꾸어놓은 앞 장의 사례다.

(1) 사람들은 매년 11월부터 이듬해 3월까지 이 호수를 건넌다. 얼음의 두께는 심지어 1미터에 이르기도 한다. 사람들은 차를 타고 빙판이 된 호수를 건넌다. 심지어 나는 새해 첫날 빙판 위에 만들어놓은 큰 화톳불 주변에 둘러앉아 사람들이 파티를 벌이는 모습을 본 적이 있다. 이러한 사실로 미루어 보았을 때 오늘 얼음이 깨져 물에 빠질 위험은 크지 않다. 왜냐하면 아직 2월이기 때문이다.

연습문제

이를 125쪽에 나와 있는 원래의, 결점 있는 논증과 비교해 보자. 변화를 준 것이 어떤 영향을 미쳤는가? 이 논증에 여전히 결점이 있다고 생각하는가? 만약 그렇다면 그 이유는 무엇인가? 만약 아니라면 당신이 논증을 의심하거나 약화시킬 수 있다고 생각하는 무엇이 있는가?

논증을 바꾸어놓은 것이 그렇게 크게 느껴지지 않을지 몰라도 그 영향은 상당하다. 그러한 변화는 결론에서 제시하고 있는 주장의 강도를 약화시켰다. 새로운 결론은 절대로 위험이 없을 것이라는 완전한 일반화가 아니라 특정한 날의 위험에 관한 구체적인 주장이다. 이는 위험이 전혀 없을 것이라고 주장하고 있지 않다. 이는 커다란 위험이 없다고 주장하는 훨씬 신중한 진술이다. 이는 이유들의 지지를 받고 있다고 거의 확실하게 말할 수 있다. 시소 비유를 다시 한 번 사용한다면 (1)은 아래의 그림과 유사하다. 이는 126쪽의 그림과는 매우 다르다.

(1)은 '위험 평가(risk assessment)'로 불리는 것의 한 사례다. 이는 위험이 어느 정도 있음을 인정하고 있기 때문에 더 이상 치명적인 결점을 갖는 논증이 아니다. 그럼에도 당신은 초래될 수 있는 결과들을 감안해 보았을 때, 위험 수준이 무시할 정도로 낮다고 결론을 내릴 수 있을 정도로 증거가 충분한지에 대해 여전히 의심할 수 있다.

당신이 (1)을 약화시키고자 한다면 어떤 방법을 이용하여 문제 삼을 수 있을까? 단순히 "위험이 있다"라고 말해선 안 된다. 이는 단순히 결론을 부정하고 있을 뿐 논증이 아니기 때문이다. 이 경우에 필요한 것은 만약 참이라면 균형을 무너뜨릴 수 있는, 당신 스스로가 생각하는 어떤 이유(들)이다.

예를 들어 우리가 문제 삼고 있는 겨울이 비정상적으로 따뜻한 겨울임을 알게 되었다고 가정해 보자. 혹은 일부 과학자들이 말하듯이 겨울이 매년 꾸준히 따뜻해지고 있음을 알게 되었다고 생각해 보자. 만약 그에 관한 증거들이 제시되고, 또한 입증될 수 있다면 이는 분명 결론에 의문을 던질 수 있을 것이다. 다음으로 빙판 위에서의 마지막 새해 파티가 30년 전에 있었음을 보여주는 기록들이 발견되었다고 가정해 보자. 혹은 과거 수년 동안 얼음이 깨져 사람이 물에 빠진 경우가 한 번 혹은 두 번 있었다고 가정해 보자. 이러한 주장들, 혹은 이와 유사한 반대 주장들을 확보할 경우, 당신은 결론에 의문을 제기할 훌륭한 이유들을 가졌다고 말할 수 있다. 특히 사람들이 그 호수가 위험하다는 충고에 따라 호수에서 나올 것임을 당신이 안다고 할 경우 그러하다.

평가

그렇다면 당신은 (1)에 대해 어떻게 최종 평가를 했는가? 이는 훌륭한, 건전한 논증인가, 아니면 의심할 만한 심각한 결점을 가지고 있는가? 이를 분석하는 데에서 출발해 보도록 하자.

R1 사람들은 매년 11월부터 이듬해 3월까지 이 호수를 건넌다.
R2 얼음은 심지어 두께가 1미터에 이르기도 한다.
R3 사람들은 차를 타고 호수를 건넌다.
R4 새해 첫날 큰 화톳불 주변에 둘러앉아 사람들이 파티를 벌이는 모습이 목격되었다.
R5 아직 2월이다.

따라서

C 오늘 얼음이 깨져 물에 빠질 위험은 크지 않다.

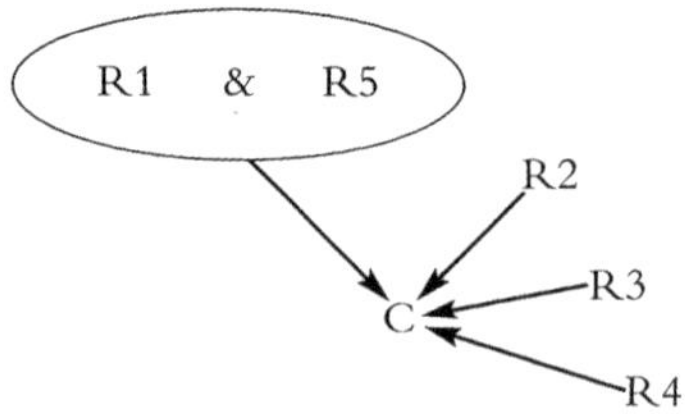

언뜻 보기에 이는 네 개의 개별적인 추론들이 모두 결론에 힘을 실어주는 상당히 강한 논증인 것처럼 보인다. 하지만 조심스레 이유들을 살펴볼 경우 당신은 수많은 문제들에 대한 답이 제시되지 않았음을 알 수 있을 것이다. 예를 들어 R1인 "사람들은 이 호수를 건넌다" 그리고 R3인 "사람들은 차를 타고 호수를 건넌다"를 보자. 여기서 사람들이란 누구를 지칭하는가? 그들은 신중한 사람인가? 아니면 성급한 사람인가? 지역 사람들(지역에 대해 잘 알고 있는)인가? 그리고 매년 몇 명을 말하는가? (만약 한 명이나 두 명에 불과하다면 이러한 사실은 많은 것을 알려주지 않을 것이다.) 얼음이 깨져 물에 빠진 사람이 있는가? '사람들이 무엇인가를 한다'는 단순한 주장을 가지고 논증을 안전하거나 분별 있게 만들 수는 없다.

다음으로 R2를 보자. "얼음의 두께가 1미터에 이르기도 한다." 그런데 이것이 의미하는 바는 무엇인가? "1미터에 이르기도 한다"는 1미터 미만의 두께를 의미할 수 있다. 그리고 설령 얼음의 실제 두께를 안다고 하더라도, 우리는 여전히 두께가 어느 정도 되어야 안전한지를 알아야 한다. 마지막으로 R4 "새해 첫날 큰 화톳불 주변에 둘러앉아 사람들이 파티를 벌이는 모습이 목격되었다"를 보자. 영국 런던의 템즈강 위에서 큰 화톳불 주변에 둘러앉아 사람들이 파티를 벌이는 모습이 1세기에 한두 번 목격된 바 있다. 그 누구도 제정신이라면 이러한 사실을 템즈강을 걸어서 건널 충분한 이유라고 생각하지 않을 것이다. 설령 내일까지 템즈강이 얼어 있다고 해도 말이다.

철저하게 비판적으로 평가해 보았을 때, 우리는 이러한 논증이 형편없이 애매하고 정확하지 않다는 사실을 알게 된다. 심지어 결론 자체도 애매하다. 결론은 "위험은 크지 않다"고 말하고 있다. 여기서 '크지 않다'가 의미하는 바는 무엇인가? 백 번에 한 번을 이야기하는 것인가? 아니면 백만 번에 한 번을 말하는 것인가? 우리는 논증 — 혹은 비판 — 을 신뢰할 수 있는지를 확인하기에 앞서 글을 쓴 사람이 어느 정도의 위험을 '크지 않다'라고 생각하는지를 분명히 할 필요가 있다.

결론적으로 이 논증은 매우 엄격한 의미의 결점은 아니지만, 그럼에도 결점이 있는 약한 논증이라고 생각해야 할 것이다.

추가 증거 혹은 정보의 영향

비판적 사고 시험에 나오는 전형적인 문제는 다음과 같다. "다음 중 이러저러한 논증을 약화시킬 수 있는 선택지는 어떤 것 — 만약 참이라면 — 인가?" 이는 매우 날카로운 질문이다. 이러한 질문 때문에 우리는 단지 논증의 액면가만을 보지 않고 언급된 이유들을 넘어선 것들을 보려하게 된다.

다음 글에 이어지는 질문은 이의 한 사례다.

(2) 대체, 재생 에너지원에 대한 연구 결과로 풍력 터빈이 개발되어 전력 생산이 이루어지게 되었다. 이러한 터빈 부근에 사는 주민들 중 다수는 터빈이 내는 소음에 대해 불만을 제기한다. 그들은 이러한 터빈이 경관을 해친다고 생각하기도 한다. 하지만 터빈에 반대하는 가장 뚜렷한 이유는 바람이 잠잠할 경우 터빈이 전기를 충분히 생산해 내지 못한다는 것이다. 전기에 대한 수요는 매우 크다. 때문에 우리는 생산의 변동 폭이 큰 에너지원에 의존할 수 없다. 전력 생산은 일주일 내내 이루어져야 하는데, 이는 풍력 터빈 제작

의 실효성을 의심하는 이유다.

연습문제

이하의 선택지 중에서 위의 논증을 가장 약화시키는 것은 어떤 것 — 만약 참이라면 — 인가?

A 바람 부는 날 풍력 터빈을 이용해 생산해 낸 전력은 비축하여 나중에 사용할 수가 없다.
B 터빈은 대기의 움직임에 민감하며, 이에 따라 훤히 뚫린 장소에 건설된다.
C 에너지 문제에 대한 최선의 해결책은 수요를 줄이는 것이다.
D 풍력 터빈은 다른 에너지원을 훌륭하게 보완한다.

도입부로 파악되는 첫 번째 두 문장을 빼고 나면, 논증의 골격은 다음과 같이 나타낼 수 있을 것이다.

R1 바람이 없는 기간에는 풍력 터빈이 충분한 전력을 생산해 낼 수 없다.
R2 우리는 변동성이 큰 에너지원에 의존할 수 없다.
R3 우리는 일주일 내내 전력을 생산해 내야 한다.
따라서
C 풍력 터빈 제조의 실효성을 의심한다.

이 논증의 주요 약점은 '풍력 터빈이 어떤 유용성을 갖기 위해서는 에너지를 끊임없이 공급할 수 있어야 한다'고 가정하고 있다는 것이다. 논증은 풍력 터빈이 날씨에 의존하지 않는 다른 에너지원을 보완함으로써 기여할 수 있는 바(이는 분명 다른 에너지원을 보완함으로써 기여하는 바가 있다)를 간과하고 있다. 만약 D가 참이라면, 그리고 풍력 터빈이 전력원에 확실하게 보탬이 될 수 있다면, 이를 만드는 것이 무의미하다는 결론은 심각한 의문에 휩싸인다. 이렇게 보자면 D는 논증을 약화시키고 있다.

이 질문에서 흥미로운 것은 이유들 자체는 전혀 잘못되지 않았다는 점이다. 이들은 모두 자명하게 참이다. 우리는 분명 전력을 항상 필요로 한다. 우리는 변동성이 큰 에너지원에 의존할 수 없다. 그런데 바람이 불지 않을 경우 바람은 충분히 전력을 생산해 낼 수 없다. 논증의 약점은 이러한 이유들과 결론 사이에 존재하는 간극에서 찾아볼 수 있다. 저자는 '풍력 터빈이 어떤 유용성을 갖기 위해서는 에너지를 끊임없이 공급할 수 있어야 한다'고 가정하고 있는데, 이로 인해 우리는 결론을 받아들이도록 강요받고 있는 것이다. 그리고 이러한 가정은 D의 도전을 받을 여지가 있다. 즉 풍력 터빈이 다른 에너지원을 훌륭하게 보완한다는 도전에 적절히 대응할 수 없는 것이다.

다른 선택지 A, B 그리고 C는 어떠한가? A는 분명 논증을 강화한다. 그 이유는 만약 전력을 저장할 수 없다면 바람 없는 날씨가 계속되는 동안에는 터빈이 아무런 기능을 발휘할 수 없기 때문이다. B는 풍력 터빈이 가용한 바람을 최대한 활용한다는 것을 함축하고 있지만, 설령 그렇다고 하더라도 이것이 바람 없는 날씨에 전력을 거의 혹은 전혀 공급하지 못한다는 사실을 바꾸어놓지는 못한다. C는 글과 상관없는 이야기를 하고 있다. C는 참일 가능성이 매우 높다. 하지만 글은 기존의 큰 에너지 수요를 충족시키는 것에 관한 논증이지 수요를 줄이는 것에 관한 논증이 아니다. 따라서 B와 C는 논증을 약화시키지도 강화시키지도 않는다.

기술 종합하기

앞의 연습문제에서 당신은 논증을 약화시키는 것이 무엇인지를 파악하는 새로운 기술을 활용하기에 앞서, 이전에 소개한 두 가지 기술을 사용할 필요가 있음을 알아차렸을 것이다. 먼저 당신은 결론과 이를 지지하는 이유들이 무엇인가를 확실히 알아놓을 필요가 있었다(4-7장). 하지만 당신은 논증이 어떤 가정에 의존하고 있다는 것 또한 파악할 수 있어야 했다(9장). 그 이유는 바로 그것이 선택지 D가 의문시하는 가정이었기 때문이다.

이러한 사실은 비판적 사고에서 훌륭한 분석이 왜 핵심 기술인지를 보여준다. 만약 당신이 논증의 구조를 적절히 파악하지 못한다면 당신은 이를 현명하게 평가하거나 이에 적절히 대응할 수가 없는 것이다.

요약

- 설령 어떤 논증이 건전하다고 하더라도 이는 약점을 가지고 있을 수 있다. 이에 대해서는 새로운 증거, 반대 사례 등을 통해 의문이 제기될 수 있다.
- 어떤 논증의 약점은 그것이 언급하는 바에 있을 수 있고, 그것이 가정하는 바에 있을 수도 있다.

최종과제

1. 다음은 5장에서 당신이 분석했던 논증이다. 다시 한 번 읽어보고 질문에 답하라.

정상급 여자 테니스 선수들은 같은 경기를 하면서 정상급 남자 테니스 선수들에 비해 현격하게 낮은 상금을 받는 것이 불만이다. 그들은 자신들이 불평등한 처우를 받는다고 생각한다. 하지만 상금의 차이는 전적으로 공평하다. 남자 선수들이 시합에 이기려면 다섯 세트 중 세 세트를 이겨야 하는 데 비해 여자 선수들은 세 세트 중에서 두 세트를 이기면 된다. 또한 남자 게임은 더욱 빠르고 힘이 넘친다. 따라서 그들은 코트에서 여자 선수들에 비해 훨씬 에너지를 많이 소모한다. 게다가 남자 우승자와 여자 우승자가 시합을 벌일 경우 남자 선수가 항상 이길 것이다.

다음 중 만약 참이라면 위의 논증을 가장 약화시킬 선택지는 어느 것인가?

A 테니스 선수들은 상금보다 후원자나 광고를 통해 훨씬 돈을 많이 벌어들인다.

B 남녀 선수들에게 동등한 상금을 줄 아무런 법적인 의무가 없다.

C 관중들은 여자 게임을 더욱 재미있어 한다. 남자 테니스는 힘을 위주로 시합을 벌이기 때문이다.

D 여자 선수들에 대한 상금이 올라갈 경우 남자 선수들 또한 상금의 증액을 요구할 것이다.

E 정상급 선수들에게 더 많은 상금을 줄 경우 낮은 수준의 스포츠를 발전시키는 데 쓸 돈이 줄어들 것이다.

당신의 선택이 옳다고 생각하는 이유를 간단하게 말해 보라.

2. 항상 있는 일이지만 취업하고자 하는 지원자의 '자격 과잉'을 들어 취업을 허용하지 않는 것은 정당화될 수 없다. 흔히 요구되는 능력 이상을 갖추고, 요구되는 것 이상의 훈련을 받은 사람들은 일자리를 얻기 위해 하향 지원을 하지 않을 수 없게 된다. 부족한 직장과 직장을 두고 벌어지는 경쟁 탓이다. 만약 지원자들이 그러한 직업을 필요로 하고, 또한 원한다면, 그들은 다른 지원자들에 비해 열심히 일했고 많은 시험을 통과했다는 이유로 불리한 처우를 받아서는 안 된다. 그뿐만 아니라 회사는 쓸 수 있는 사람들 중에서 가장 훈련이 잘된 사람으로 빈자리를 메울 경우 분명 이익을 얻게 될 것이다.

다음 중에서 만약 참이라면 이러한 논증에 가장 강하게 도전하는 선택지는 어떤 것인가?

A 사람들은 자신들의 재능과 자격을 가장 잘 활용할 수 있는 직업을 얻으려 해야 한다.

B 과잉 자격을 갖춘 피고용인들은 더욱 좋은 기회가 생길 경우 즉시 이직을 할 것이다.

C 모든 지원자들은 직무 수행 능력에 따라 판단이 이루어질 권리를 갖는다.

D 필요 이상의 자격을 갖춘 사람이 어떤 직업을 갖게 될 경우 그 사람은 다른 곳에서 일해서 버는 만큼 돈을 벌지 못할 것이다.

당신의 선택이 옳다고 생각하는 이유를 간략하게 말해 보라.

3. 200년 전, 유럽 전역에서는 공개 처형이 흔히 이루어졌는데, 그 당시 소매치기들이 이를 보러 온 군중들 사이에서 활개를 쳤다. 이는 특이한 사실이다. 그들은 자신들의 범죄에 비해 무겁지 않은 죄에 대해서도 사형이 집행되는 무시무시한 장면을 보면서도 전혀 개의치 않았다. 엄한 처벌을 한다고 해서 사소한 범죄를 효과적으로 막을 수 있는 것은 분명 아니다.

(만약 영향을 준다면) 이하의 촌평이 위의 논증을 얼마만큼 약화시킨다고 생각하는가?

소매치기들은 빽빽한 군중들 속에서, 특히 몰두하게 되는 어떤 일이 벌어지고 있을 때 쉽게 발각되지 않을 것임을 알고 있었다.

해답과 해설은 348쪽을 볼 것.

13 신빙성 더하기

어떤 논증이 도전을 받아 약해질 수 있듯이 — 예를 들어 새로운 증거가 제시됨으로써 — 이는 지지하는 주장들을 통해 강화되기도 한다.

앞 장의 처음에서 살펴보았던 결빙된 호수에 관한 사례를 다시 한 번 살펴보도록 하자. 133쪽으로 되돌아가 살펴보고, 결론을 이끌어내기 위해 제시되었던 이유들을 상기해 보라. 비록 네 가지 이유가 제시되었지만 그러한 이유들은 호수 위를 걷는 위험을 무시할 수 있을 만큼 설득력 있는 논증이 전혀 아니었다.

연습문제

만약 참이라면, 아래의 주장 중에서 결론을 더욱 신뢰할 수 있게 하는 것이 있는가? 바꾸어 말해 이들 중에서 논증을 강화하는 것이 있는가? 만약 있다면 얼마만큼 강화하는가?

A 지난밤은 올해 들어 가장 추운 밤이었다.
B 지구 온난화가 일어나고 있다는 과학적 증거는 없다.
C 지역의 기온이 지난 12월 중순부터 영하 10도 이상으로 상승한 적이 없다.
D 올해에 얼음이 깨져 물에 빠진 사람은 한 명도 없었다.

이들 중에서 위의 사례를 약화시키는 주장은 분명 없다. 이들은 모두 논증을 뒷받침해 주고 있다. 하지만 이들이 얼마만큼 추리를 실제로 강화하고 있는가?

만약 우리가 다른 해에 비해 해당 '연도'가 따뜻하지 않았음을 알았다면 A는 논증을 더욱 지지해 주었을 것이다. 하지만 그 자체로는, 그리고 배경 정보가 없을 경우 사실상 A는 논증에 많은 힘을 실어주지 못한다. B 또한 마찬가지다. 지구 온난화에 대한 별다른 증거가 없다는 이야기가 곧 지구 온난화에 대한 반증이 이루어졌음을 뜻하는 것은 아니다. 현재의 기온이 연중 이맘때를 기준으로 정상이라는 주장도 마찬가지다. 이 또한 그 자체로는, 그리고 배경 정보가 없을 경우 논증을 뒷받침해 줄 수 없다. 이와 유사하게, 네 번째 주장, 즉 얼음이 깨져 물에 빠진 사람이 없었다는 주장 또한 너무 많은 문제들을 답하지 않은 채 내버려두고 있다. 이러한 주장이 참인 이유가 단지 어떤 사람도 올해에는 얼음 위를 대담하게 걸어다니지 않았기 때문일 수 있다. 혹은 그들이 호수 위를 걸었을 때에는 지금보다 더 추웠을 수도 있다.

하지만 세 번째 진술은 경우가 다르다. 모든 사람이 알고 있듯이 호수의 물은 영하 10도 이하로 내려갈 경우에만 얼고, 또한 결빙 상태를 유지한다. 이러한 사실을 통해 보았을 때, 만약 두 달의 대부분의 기간 동안 영하 10도 이하에 머물렀다면 얼음은 안전하게 그 위를 걸어다닐 만큼 충분히 두꺼울 가능성이 크다. 이것이 사실일 경우, 몇 가지 매우 기본적인 일반 상식과 더불어 세 번째 진술은 논증을 분명 강화시켜 준다.

가장 강한 것 선택하기

다음으로 이하의 논증을 살펴보고 결론을 강화하기 위해 어떤 종류의 증거가 추가되어야 하는지를 고찰해 보도록 하라.

(1) 자전거를 타는 사람들 중 다수는 도시의 공기 오염으로부터 자신을 보호하기 위해 마스크를 착용한다. 마스크 내의 필터는 오염 물질을 대부분 효과적으로 차단하지만 대략 30일 정도만 효과가 있다. 이러한 사실을 통해 보았을 때, 자신의 건강을 유지하고자 마스크를 사용하는 사람들은 모두 마스크를 정기적으로 갈아주어야 한다.

연습문제

다음 중에서 참이라면 위의 논증을 가장 강화시켜 줄 수 있는 선택지는 어떤 것인가?

A 마스크와 필터는 아주 저렴한 가격에 생산이 이루어질 수 있다.
B 마스크 착용자는 마스크를 사용한 지 30일이 지나고부터는 마스크에 흡수된 화학물질 때문에 이를 전혀 사용하지 않는 경우보다 오염 물질을 더 많이 흡입하게 된다.
C 가장 흔한 공기 오염 물질 중의 하나는 일산화탄소로, 마스크를 착용해도 이로부터 보호받을 수 없다.
D 도시에서 자전거를 타는 사람들은 특히 공해의 위험에 노출되어 있다. 그 이유는 그들이 교통 혼잡 속에서 깊이 숨을 들이쉬기 때문이다.

(1)에서의 논증은 매우 간단하다. 정기적으로 마스크를 교환하라는 권고는 마스크가 대략 30일 정도만 효과가 있다는 사실로부터 도출된다. 30일 이후 효과를 상실한다는 사실은 그 자체만으로도 충분히 훌륭한 이유다. 그런데 B가 주장하고 있듯이, 만약 30일 후에 마스크가 정말로 유해해지기까지 한다면 더욱 설득력 있는 논증이 있는 격이 될 것이다.

다른 세 가지 주장들 중에서 논증을 더욱 설득력 있게 만드는 것은 없다. A는 마스크의 필터가 매우 싼 가격에 생산될 수 있음을 지적하고 있다. 하지만 이것이 반드시 마스크를 싸게 구입할 수 있음을 의미하는 것은 아니다. 게다가 (1)에서의 논증은 사실상 비용이 아니라 건강 문제에 초점을 맞추고 있다. 따라서 설령 마스크와 필터의 가격이 저렴하다는 사실을 고객들이 받아들인다고 해도 A는 B만큼 강하게 결론을 지지하지 못할 것이다. C는 전혀 논증을 지지해 주지 못한다. 이는 마스크를 사용할 필요가 없다는 이유로 제시되었을 수 있다. 하지만 논증은 마스크를 사용해야 하는지의 여부에 관한 것이 아니다. 논증은 만약 마스크를 사용한다면 이를 자주 교체해야 한다는 내용에 관한 것이다. D는 특히 도시에서 자전거를 타는 사람들이 마스크를 착용해야 할 이유다. 하지만 C와 마찬가지로 이는 글의 핵심을 짚어내고 있지 않다. 따라서 B가 정답이다.

응답 평가하기

어떤 주장이 앞에서의 선택지 B처럼 논증을 강하면서 결정적으로 지지하는 경우가 있을 것이다. 실제로 B가 참일 경우 더 이상 논의의 여지가 없다. 최소한 한 달에 한 번 마스크를 교체하는 것은 분별 있는 처사일 뿐만 아니라 필요하기도 할 것이다. 만약 논증이 가정하고 있는 바와 같이 사용자가 건강을 유지하기를 원한다면 말이다.

하지만 뒷받침하는 주장이 항상 그처럼 결정적인 역할을 하는 것은 아니다. 다음 구절과 그 밑의 진술을 보라.

(2) 교차로에 신호등을 설치하는 주요한 목적은 서로 다른 방향에서 교차로로 진입하는 차량들 간의 충돌을 예방하고, 옆길에서 오는 차량들이 길을 가로질러 건너게 하거나 주요 도로에 진입하게 함으로써 교통 혼잡을 방지하는 데에 있다. 하지만 어떤 이유로 운전자들이 신호등이 작동할 때에 비해 그렇지 않을 때 차를 더욱 조심스럽고 신중하게 몬다는 사실이 밝혀졌다. 놀랍게도 이러한 경우에 충돌이 일어나는 경우가 적다는 것이다. 이러한 사실

로 미루어 보았을 때 신호등은 영구히 없어져야 한다.

연습문제

진술 (i): 운전자들은 흔히 신호등에서 신호가 적색으로 바뀐 후에 교차로를 가로지르는 위험을 감수한다.

당신은 (i)이 논증 (2)를 강화한다고 생각하는가, 약화한다고 생각하는가, 아니면 둘 다 아니라고 생각하는가? 만약 (i)이 논증을 지지한다고 생각한다면 얼마만큼 강하게 지지한다고 생각하는가?

이는 당신이 논증을 약화하기보다는 강화하고자 할 경우 제시할 진술임에는 거의 의심의 여지가 없다. 진술 (i)은 신호등을 없애는 또 다른 이유가 될 것이다. 이것이 신호등을 설치하는 이유가 될 수는 없을 것이다. 하지만 (i)의 지지는 상당히 제한적이다. 앞의 논증 (1)에 대한 B의 역할과는 달리, 이는 논증을 결정적으로 혹은 확실하게 지지하고 있지 않다. 설령 진술 (i)에 증거를 추가한다고 하더라도, 또다시 반대 논증이 제시될 가능성이 크다. 만약 내가 진술 (i)에 대응하고자 했다면 아마도 나는 다음과 같이 말했을 것이다. "그래, 물론 일부 멍청한 운전자들은 적색등일 때 위험을 감수할 거야. 하지만 대다수의 운전자들은 현명하며, 적색등일 때 멈춤으로써 가능한 사고를 피할 거야."

이렇게 보았을 때 진술 (i)에 대해 당신이 기껏 말할 수 있는 것은 그것이 논증을 어느 정도 지지한다는 정도다. 당신은 (i)이 논증을 승리로 이끈다고 말할 수 없으며, 심지어 (i)이 논증의 힘을 크게 강화시킨다고 말할 수도 없다. 시소 비유를 사용하자면, 이는 균형을 한쪽으로 다소 기울게 하지만 반대편의 가능한 모든 논증들의 무게를 능가할 만큼 충분하지는 않다.

연습문제

다음은 동일한 논증에 대하여 제시된 또 다른 진술이다.

진술 (ii): 대부분의 경우 교통 신호로 인해 긴 대기 행렬이 만들어지지 이것이 줄어들지는 않는다는 사실이 밝혀졌다.

당신은 이러한 응답을 다음의 평가 기준 중 어디에 해당한다고 생각하는가?

A 진술 (ii)는 논증을 강하고 효과적으로 지지하고 있다.
B 진술 (ii)는 논증을 어느 정도 지지하고 있다.
C 진술 (ii)는 논증을 강화하지도 약화하지도 않는다.
D 진술 (ii)는 논증을 약화시킨다.

이러한 진술이 어느 쪽을 지지하는지는 의심의 여지가 없다. 이는 결론을 이끌어내는 추가적인 이유이지, 이에 반대하는 이유는 아니다. 그런데 이번에는 지지가 훨씬 효과적으로 이루어지고 있다. 위의 글에서 저자는 교차로에 신호등을 설치하는 두 가지 주요한 이유를 알려주고 있다. 즉 사고를 방지하고 혼잡을 해소하기 위해 신호등을 설치한다는 것이다. 글에서의 논증은 신호등을 제거할 경우 충돌이 줄어들 것이라고 주장함으로써 두 가지 이유 중에서 첫 번째 것을 언급하고 있다. 논증은 혼잡 문제에 대해서는 전혀 언급을 하지 않고 있다. 하지만 진술 (ii)는 이를 언급하고 있다. 즉 이는 교통 신호로 인해 긴 대기 행렬이 만들어진다는 증거를 제시하고 있는 것이다. 만약 참이라면 이는 확실하게 논증을 지지한다. 이것이 모든 의심을 해소하지는 못할 수도 있다. 하지만 이는 분명 강하고 효과적으로 논증을 지지하고 있다. 따라서 여기서 최선의 답변은 A일 것이다.

이하는 교통 신호등 논의를 마무리하기 전에 고찰해 보아야 할 또 다른 세 가지 진술들이다.

진술 (iii): 자동차가 고속으로 달리는 고속도로에는 교통 신호가 전혀 없다.

진술 (iv): 교통 신호등이 작동하지 않는 동안 운전자들이 일시적으로 보여주는 신중함과 배려심은 아예 교통 신호등이 없는 교차로에서는 뚜렷하게 나타나지 않는다.

진술 (v): 어떠한 신호 체계도 오늘날의 방대하고 관리가 어려운 교통량을 완벽하게 통제할 수 없다.

연습문제

A–D와 동일한 기준을 사용하여 위의 세 가지 진술들을 평가하라.

진술 (iii)은 신호등이 없을 경우 차량들이 빨리 달리게 될 것임을 시사하고 있는데, 이는 논증을 지지하는 것처럼 보일 수 있다. 하지만 고속도로는 특별한 경우다. 왜냐하면 고속도로에는 교차로가 없고, 이에 따라 신호등이 필요하지도 적절하지도 않기 때문이다. 이렇게 보았을 때 (iii)은 논의에 그다지 도움이 되지 않으며, 따라서 C가 정답이다.

진술 (iv)는 논증을 약화시킨다. 그 방법은 논증의 주요 전제, 즉 교통 신호등이 작동하지 않는 경우와 관련이 있는 증거를 이용하여 교통 신호등을 전면적으로 제거하라는 권고를 지지하고 있는 주요 전제가 적절한지에 대해 의문을 제기하는 것이다. 진술 (iv)는 일시적으로 신호등이 작동하지 않았을 경우에 뚜렷하게 나타났던 현상이 신호등이 전혀 없을 경우에는 그다지 확실하게 나타나지 않는다는 사실을 지적하고 있다. 물론 이러한 지적이 증거가 참이 아님을 뜻하는 것은 아니다. 이는 증거가 결론을 지지하지 않음을 뜻할 따름이다. 정답은 D다.

진술(v)는 논증을 약화하지도 강화하지도 않는다. 교통 신호등, 혹은 다른 어떤 신호 체계도 완벽하지 않다는 사실이 교통 신호등이 없는 것이 더 낫거나 나쁘다는 것을 의미하진 않는다. 따라서 정답은 C다.

요약

- 증거를 더욱 많이 확보함으로써 논증을 약화할 수도 지지할 수도 있다.

최종과제

1. 완다는 해고를 당했다는 이유로 전 고용주들을 상대로 배상을 청구하고 있다. 고용주들은 자신들이 사실상 완다를 해고하지 않았으며, 그녀가 자발적으로 회사를 그만두었다고 말하고 있다. 하지만 그들은 자신들이 그녀의 작업 환경에 '필요한 변경'을 가했으며, 새로운 지사로 발령냈음을 분명 인정하고 있다. 법률에 따르면 극히 마음에 들지 않는 업무 환경으로의 변화를 받아들이도록 피고용인에게 강요했다면, 그리고 그와 같은 이유로 피고용인이 직장을 그만두었다면, 피고용인은 해고당했을 때와 다를 바 없이 배상을 청구할 수 있다. 따라서 완다의 배상 청구는 받아들여져야 한다.

   다음 중에서 참일 경우 위의 논증을 강화할 수 있는 것은 무엇인가?

   A 완다는 지금까지 고용주들에게 훌륭한 서비스를 제공했다.
   B 새로운 지사는 완다가 사는 곳으로부터 도시의 정반대편에 위치하고 있다.
   C 회사는 고용 환경을 바꾸기 전에 피고용인들과 협의를 해야 한다.
   D 고용인들은 완다가 직장을 그만두게 할 의사가 없었다.

2. 다음 논증을 읽고 이어지는 질문에 답해 보라.

   총선은 세상을 더욱 살기 좋은 곳으로 만들 지도자를 절대로 배출할 수 없다. 왜냐하면 살벌한 선거 운동 판에서 이기고자 할 경우 후보자들은 무자비한 태도를 견지하면서 한 가지만 생각하지 않으면 안 되기 때문이다. 이는 통치자와 입법자들에게 요구되는 가장 중요한 특징이다. 겸손하고 사려 깊고 남의 말에 귀 기울이려 하는 등의 올바른 자질을 갖춘 사람들은 지도자가 될 기회를 갖지 못한다. 왜냐하면 투표에서 이기려면 매우 치열하게 경쟁을 해야 하기 때문이다. 일시적인 머뭇거림, 경쟁자에 대한 관용 혹은 재고는 상대에게 약점으로 파악되며, 결국 경쟁에서 지게 된다.

진술: 야망이 크지 않은 후보자들은 심지어 유권자들이 투표를 하기도 전에 이미 모두 배제되었다.

만약 참이라면 진술은

A 논증을 강하게 지지해 주는가?
B 논증을 어느 정도 (하지만 크지는 않게) 지지해 주는가?
C 논증을 지지하지도 약화하지도 않는가?
D 논증을 조금 약화하는가?
E 논증을 크게 약화하는가?

해답과 해설은 349쪽을 볼 것.

14 설명

이 장에서 당신은 특별히 중요한 추론 방식, 즉 설명에 주목하게 될 것이다. 다음의 두 진술들을 살펴보는 데에서 출발해 보도록 하자. 이들은 비록 서로 다르게 표현되고 있지만 사실상 동일한 내용을 말하고 있다.

(1) 바닷물은 짜다. 그 이유는 강물이 바위와 토양 위를 흘러 해양으로 흘러들어가기 때문이다. 소금을 포함한 바위 속의 일부 광물질이 물에 용해되어 바다로 운반된다.

(2) 해양으로 흘러들어가는 강물은 바위와 토양 위를 흐른다. 소금을 포함한 바위 속의 광물질은 물에 용해되어 바다로 운반된다. 이에 따라 바닷물이 짠 것이다.

연습문제

(1)과 (2)는 같은 의미의 문장이다. 이들은 동일한 내용을 말하고 있는 것이다. 이들은 논증인가? 만약 그렇다면 이들의 결론은 무엇인가? 이들이 논증이 아니라고 생각한다면 그 이유를 말하라.

이들은 논증이 아니다. 이들은 설명, 좀 더 정확히 말해 동일한 설명이다. 일반적으로 설명은 우리에게 어떤 것이 그러한 이유가 무엇인지 혹은 어떻게 그것이 일어났는지를 알려준다. 여기에서의 설명은 두 가지 이유로 이루어져 있다. (R1) 강이 바위와 토양 위를 흐른다. 그리고 (R2) 바위와 토양이 물에서 용해되는 광물질을 함유하고 있다. 이러한 두 가지 이유들은 공동으로 하나의 사실, 즉 바닷물이 짜다는 사실을 설명한다.

설명은 논증과 그 모습이 흡사하다. 논증과 마찬가지로 이들은 이유들을 포함하고 있다. 이들에서는 유사한 언어, 특히 '왜냐하면', '결과적으로', '따라서', '그리하여' 등의 특별한 연결사들이 사용되기도 한다. 심지어 이들은 유사한 문법 구조를 갖추고 있기도 하다. 하지만 "바닷물은 짜다"는 결론이 아니며, 논증에서 이유들인 R1과 R2는 전제가 결론을 지지하는 방식으로 "바닷물은 짜다"를 지지하지도 않는다. 어찌 되었건, "바닷물은 짜다"는 아무런 지지도 필요하지 않다. 물이 짜다는 것은 불확실하거나 논쟁의 여지가 있는 주장이 아니다. 이는 받아들여지고 있는 사실이다. 이유들은 바닷물이 왜 짠지를 알려주지, 바닷물이 짜다는 사실을 알려주지 않는다.

설명과 원인

왜 어떤 것이 일어나는가를 말하고자 할 때 우리는 "무엇이 그것이 일어나게 한 원인인가?"라고 말하기도 한다. 바닷물이 짠 원인은 강물 속에 광물질이 용해되고, 그 강물이 바다로 흘러들어가기 때문이다.

해명하기

설명은 '해명'이 필요한 어떤 놀랍거나 당혹스러운 일이 있을 때 특별히 유용하다. 이는 불일치 — 즉 두 가지 사실 혹은 관찰이 서로 조화를 이루지 못하는 것처럼 보일 때 — 가 있을 때 유용하기도 하다.

다음은 대양이 짜다는 사실, 그리고 소금이 강을 통해 대양으로 운반된다는 사실과 조화를 이루지 못하는 것처럼 보이는 관찰이다.

강물은 짜지 않다.

과학자들은 바닷물이 대양으로 흘러들어가는 강으로부터 짠맛을 갖게 된다고 알려준다. 그렇다면 우리가 강물에서 소금을 검출해 내지 못하는 이유는 무엇인가? 이에 대한 설명을 알지 못할 경우 여기에는 불일치가 있는 것처럼 보인다. 바닷물이 매우 짜다면 강물이 짜지 않은 이유는 무엇인가? 비유하자면 당신이 A컵에 있는 물의 일부를 또 다른 컵 B에 부었고, 그 결과 B의 물에서 짠맛이 난다는 이야기를 들었을 경우 당신은 A에 있는 물 또한 마찬가지로 짜든가 더 짤 것이라고 생각하게 된다. 만약 그렇지 않다면 당신은 어리둥절하게 될 것이다. 아마도 당신은 소금이 A컵의 물에서 온 것이 아니라고 추론할 것이다.

하지만 대양의 소금은 분명 강으로부터 왔다. 다행스럽게도 이는 과학적인 방식으로 매우 훌륭하게 설명된다.

연습문제

이러한 불일치가 일어나는 이유를 설명해 보라. 당신이 과학적인 이유를 알고 있을 수 있다. 당신이 참고서나 인터넷에서 찾아봐야 할 수도 있다. 혹은 그저 추측해 보고 싶을 수도 있다.

다음은 이에 대한 과학적 설명이다. 대양으로 흘러들어가는 물이 모두 그곳에 남아 있는 것은 아니다. 태양 에너지가 이의 증발을 유발하고, 이는 또다시 비나 눈으로 응축되어 내린다. 빗물은 다시 강으로 흘러들면서 더욱 많은 소금을 바다로 운반한다. 이러한 과정이 주기적으로 계속 반복된다(이를 '물의 순환'이라고 부른다). 이러한 설명에서 핵심은 바닷물이 소금과 다른 광물질을 바다에 남겨둔 채 증발하고, 그리하여 수많은 시간(수백 만 년)이 흘러가면서 소금이 점차적으로 대양에 농축된다는 것이다. 어떤 한 시기에 강물에 용해된 소량의 소금은 짠맛을 내기에 충분하지 않다. 또한 강물은 새로운 빗물로 인해 계속 새로이 맑아지기도 한다.

이렇게 보았을 때 두 컵의 비유는 적절치 못한 비유다. 이는 증발이 이루어진다는 사실과 오랜 시간이 흘러야 한다는 점 등의 핵심 요소들을 놓치고 있다. 바다가 짜고 강은 그렇지 않은 이유를 설명하고자 한다면 당신은 그렇게 되기까지 매우 오래 시간이 걸린다는 사실을 포함시켜야 한다.

설명 제안하기

지금까지 우리는 훌륭한 과학적 증거가 있는 설명 혹은 원인을 다루어 보았다. 과학자들은 강물에 용해되어 있는 광물을 측정해 낼 수 있다. 그들은 빗물을 실험해 보고 그것이 맑다는 사실 등을 확인할 수 있다. 하지만 모든 사실 혹은 사건을 동일한 확신을 가지고 설명할 수 있는 것은 아니다. 예를 들어 역사가들은 그저 과거에 일어났던 사건들의 목록을 작성하는 데에 머물지 않는다. 그들은 과학자들과 마찬가지로 사건들이 왜 일어났으며, 그 원인이 무엇이었는지를 밝혀내기 위해 노력한다. 예를 들어 당신은 8장의 최종과제에서 제시된 다음 구절을 기억할 수 있을 것이다.

기원전 333년 10월 알렉산드로스 대왕의 마케도니아 군대는 이수스에서 페르시아 왕 다리우스 3세의 군대와 정면으로 대치했다. 마케도니아 군은 페르시아 군보다 훨씬 훈련이 잘되어 있었지만 수적으로 훨씬 열세였다. 하지만 놀랍게도 이어서 벌어진 사활을 건 전투에서 패하여 퇴각한 것은 다리우스의 대군이었으며, 알렉산드로스가 승리를 거두었다.

이는 논증도 설명도 아니다. 이는 단순히 역사적 사실에 대한 진술일 따름이다. 하지만 이는 설명이 필요한 사실이다. 왜냐하면 이는 놀라운 사실 — 글에서 언급되고 있는 바와 같이 — 이기 때문이다. 일반적으로 전투에서 한쪽이 다른 쪽에 비해 숫자가 압도적으로 많을 경우 어떤 다른 이유가 있지 않은 이상 숫자가 많은 군대가 승리를 거둔다. 수적으로 우세한 군대가 승리를 거둘 경우 누구도 크게 놀라지는 않을 것이며, 이에 대해서는 설명이 필요치 않을 것이다. 우리가 이유를 알고 싶은 경우는 결과를 예상치 못했을 때로 국한된다.

다른 수많은 역사적 사건과 마찬가지로 우리는 어떤 설명이 이러한 사건에 대한 정확한 설명인지 알지 못하며, 앞으로도 절대 알지 못할지도 모른다. 하지만 우리는 다양한 제안들을 살펴볼 수 있으며, 이들이 적절한 그리고/혹은 그럴듯한 설명이 될 수 있는지를 판단해 볼 수 있다.

연습문제

민약 침이라면 이수스 전투 결과를 적절히 설명할 수 있는 두세 가지 인명들을 생각해 보라.

물론 알렉산드로스 대왕이 수적인 열세를 극복하고 왜 전투에서 승리를 거둘 수 있었는지를 설명하는 수많은 이유들이 있다. 그가 더 나은 전술을 활용했을 수 있고, 더 나은 무기를 가지고 있었을 수도 있다. 또한 그가 다리우스 대왕에 비해 군인들의 의욕을 고취하는 지도자였을 수가 있고, 인원이 소수이기 때문에 마케도니아 군대가 더욱 기동력 있고 지휘가 용이했을 수도 있다. 이 밖에 페르시아 군대가 지쳐 있었을 수가 있고, 사기가 저하되어 있었을 수도 있으며, 수적인 우세로 인해 자만심을 가지고 있었을 수 있고, 상대방의 흉포함에 깜짝 놀랐을 수도 있다.

이상에서 지적한 것들 중 하나 혹은 그 이상의 요인만으로도 대부분의 사람들이 예상했을(오직 수적인 우세에만 근거해서) 이미 정해진 결과와 전투 과정이 얼마든지 달라졌을 수 있다. 우리는 그날의 요인이 실제로 무엇이었는지를 말할 수 없다. 우리가 말할 수 있는 것은 그러한 요인들에 대한 설명이 경쟁 가설이라는 것이다. 하지만 우리는 이들이 모두 설득력이 있다고 말할 수 있다. 그리고 참이라면 이들은 알렉산드로스가 전투에서 승리하게 된 이유를 설명할 것이다.

이와 마찬가지로 우리는 어떤 진술들은 결과를 적절하게 설명할 수 없다고 말할 수 있다. 예컨대 알렉산드로스의 군인들이 마케도니아인이었다는 사실은 적절한 이유가 아니다. 물론 마케도니아인들이 특별히 잘 훈련된 충성스러운 전사였다는 사실까지 아울러 밝혀졌다면 이는 적절한 근거가 될 수 있을 것이다. 하지만 마케도니아인이라는 사실 자체만으로는 그들의 승리를 설명할 수 없다. 이와 유사하게 알렉산드로스가 후일 알렉산드로스 대왕이 된다는 사실 또한 전쟁에서의 승리를 설명하지 않을 것이다. 비록 전쟁에서의 승리가 그가 '대왕'이라고 불리는 이유를 설명할 수 있을지 몰라도 말이다. 자신들이 패했다는 사실을 깨닫고 다리우스의 군인들이 도망쳤다는 사실 또한 설명이 될 수 없을 것이다. 이는 다리우스의 군인들이 패했다고 말하는 다른 방식일 뿐 '왜'에 대한 이유는 아니다.

결론으로 도약하지 말 것

당신은 앞 장에서 결론으로 도약함으로써 저지른 추론상의 실수를 범하게 됨을 보았다. 여기에는 원인에 대해 내리는 결론도 포함된다. 설명이 그럴 듯하다는 이유로 그것이 실제 혹은 유일한 원인이라고 말할 수는 없다. 인원은 엄청나지만 제대로 훈련이 이루어지지 않은 군대를 다리우스가 이끌었다는 것이 사실이라고 가정해 보자. 물론 이것이 페르시아 군이 이수스에서 패했다는 사실을 설명할 수 있다. 하지만 이 외의 다른 여러 요인들 또한 그들의 패배를 설명할 수 있다. 동일한 군대가 다른 군대와 싸움을 벌였다면 다리우스가 이겼을 수 있다. 만약 실제로 그랬다면 이는 페르시아 군이 패배한 원인이 마케도니아 군사들의 탁월한 능력에 있었음을 시사할 것이다.

그런데 이들 중 어떤 것도 옳지 않을 수 있다. 어쩌면 알렉산드로스 어머니가 마술 주문을 걸어 전투의 승패가 결정되었는지도 모른다! 이것이 아주 설득력 있는 제안이라고 할 수는 없지만 이는 '그럴듯한' 것만이 고려 대상이 아님을 적절하게 보여주는 데 도움을 준다. 우리는 '그럴듯한 설명'이 '그럴듯하지 않은 설명'에 비해 어떤 사건의 원인이 될 가능성이 크다고 말할 수 있다. 하지만 우리가 말할 수 있는 것은 그 이상도 그 이하도 아니다.

요약

- 논증을 설명과 혼동해서는 안 된다.
- 어떤 설명은 다른 것들에 비해 설득력이 있다. 하지만 어떤 결과 혹은 사건에 대해서는 수많은 가능한 설명이 있을 수 있다.

최종과제

1. 첫 번째는 음료수 캔의 부침(浮沈)이 포함된 색다른 과학 실험을 바탕으로 해볼 과제이다. 두 개의 따지 않은 음료수 캔 R과 D가 냉수를 담은 물통에 놓여 있다. R캔에는 일반적인 콜라가 담겨 있고, D캔에는 다이어트 콜라가 담겨 있다. 두 캔 모두 가라앉을 것으로 예측되었다. 이하의 도표에는 실험 결과, 그리고 일부 관련 자료가 제시되고 있다. (일부 유명 브랜드의 콜라를 가지고 실험해 보면 이와 같은 현상이 실제로 일어난다. 이를 직접 실험해 볼 수 있다.)

정보를 잘 살펴보고, 이어지는 질문에 답하라.

항목	R	D
물품 설명	알루미늄 캔(붉은색), 따지 않음	알루미늄 캔(회색), 따지 않음
내용	일반 콜라 330ml	다이어트 콜라 330ml
성분	탄산수, 설탕, 색소(카라멜), 인산, 향료, 카페인	탄산수, 감미료(아스파탐 인공감미료, 아세설팜 K), 색소(카라멜), 인산, 향료, 카페인
결과	가라앉음	떠오름

대조 표준: 다음으로 캔들을 비우고 납작하게 만들어 물속에 다시 넣었다. 그랬더니 두 캔 모두 가라앉았다.

(a) 당신이 직접 실험 결과를 요약해서 써보라.
(b) (a)에서 서술한 실험 결과를 설득력 있게 설명해 보라.
(c) 만약 있다면, 다음 중에서 위의 정보로부터 확실하게 결론으로 이끌어낼 수 있는 선택지는 어떤 것인가?

A 다이어트 콜라의 밀도가 보통 콜라에 비해 낮다. 즉 보통 콜라보다 부피가 가볍다.
B 설탕이 아스파탐 인공감미료나 아세설팜 K보다 부피가 무겁다.
C 보통 콜라 캔에 비해 다이어트 콜라 캔에 공기가 더 많이 들어 있다.
D R은 붉은색 페인트를 사용함으로써 색을 칠하지 않은 알루미늄

다이어트 콜라 캔에 비해 무거워졌다.

(d) 만약 참이라면 동일한 네 개의 진술들 중에서 R은 가라앉고 D는 물에 뜨는 것에 대한 설명이 될 수 있는 것은 무엇일까?

2. 다음 짧은 구절 중 어떤 것이 논증이고 어떤 것이 설명인가?

A 빙산은 빙하가 바다에 도달하면서 거대한 덩어리로 떨어져 나가 만들어진다. 이 과정은 '칼빙(calving)' 으로 알려져 있다. 빙하는 눈으로 만들어지며, 이에 따라 담수 얼음으로 이루어져 있다. 반면 바닷물은 소금물로 이루어져 있는데, 이는 담수보다 결빙점이 훨씬 낮다. 이에 따라 빙산을 둘러싸고 있는 바다는 얼지 않고 액체 상태로 남아 있는 것이나.

B 얼음은 액체 상태의 물보다 밀도가 낮다. 이에 따라 얼음은 바닥으로 가라앉지 않고 호수와 연못의 수표면에 만들어진다.

C 일상생활에서 우리는 '무게(weight)'라는 단어를 '질량(mass)'과 동일한 것을 의미하듯이 사용한다. 예를 들어 우리는 부엌에서 음식 재료를 얼마만큼 사용할지 알기 위해 무게를 달지 그러한 재료가 큰 저울에 밑으로 힘을 행사하는 정도가 어느 정도인지를 측정하기 위해 무게를 달지 않는다. 하지만 과학에서는 양자를 구분해야 한다. 예를 들어 지구 표면에서의 밀가루 한 자루는 달 표면에서의 밀가루 한 자루와 무게가 다르다. 지구에서는 약 여섯 배 정도의 무게가 나간다. 그리고 궤도를 그리며 회전하는 우주선 안에서는 무게를 갖지 않는다고 말할 수 있다. 하지만 세 장소에서 모두 물질의 양은 동일하게 남아 있으며, 이와 같이 항상 일정하게 유지되는 양이 바로 질량이 의미하는 바다.

해답과 해설은 349-350쪽을 볼 것.

15 증거 살펴보기

당신이 결정을 내리거나 결론을 도출할 때, 당신은 이를 날조하는 것이 아니다. 당신은 증거에 바탕을 두고 결론을 이끌어낸다. 최소한 결정이나 결론이 건전하기를 바란다면 당신은 증거에 바탕을 두고 결론을 내려야 하는 것이다. 당신은 증거를 수집하고, 분석하며, 이를 비판적으로 평가한다. 이와 같은 과정을 거치고 난 후 당신은 결정을 내린다. 증거가 강력할수록 당신은 결론에 더욱 자신감을 가질 수 있다.

다음 네 장은 증거의 강도에 따라 결정을 내리고 결론을 도출하는 방법을 다루고 있다.

증거의 무게

간혹 결론을 뒷받침하는 증거가 너무 압도적이어서 의심의 여지가 없을 수가 있다. 1장에서 우리가 살펴본 지구가 둥글다는 주장을 뒷받침하는 증거는 너무 강력하기 때문에 대부분의 사람들은 이를 증거로 받아들인다. 즉 증거가 결정적이라는 것이다. 특히 오늘날에는 지구의 실제 모습을 보여주는 지구 밖에서 이루어진 직접적인 관찰, 그리고 사진 등의 '확고한' 증거가 있으며, 때문에 이에 대해서는 더 이상의 논의의 여지가 없다.

하지만 결정적인 증거를 항상 확보할 수 있는 것은 아니다. 흔히 결정 혹은 결론을 지지하는 증거는 이를 부인하는 증거와 견주어서 무게가 측정되어야 한다. 그리고 결론은 확실성이 아니라 모든 가능성을 종합적으로 고려해서 내려진다. 우리의 은하계와 우주의 어느 곳에 블랙홀이 존재한다는 증거를 예로 들어보자. 이는 지구가 둥글다는 증거만큼 의심의 여지가 없는 것은 아니다. 먼저 카메라가 블랙홀을 찍을 수 없다. 그 이유는 블랙홀이 어떤 빛도 내보내지 않기 때문이다. 하지만 천문학자들이 블랙홀이 존재한다고 추론하는 수많은 증거들이 있다. 예를 들어 블랙홀이 존재한다고 생각되는 곳 근처에서는 중력 효과(gravitational effect)가 관측된다. 물론 이것이 증거에 해당하는 것은 아니다. 그럼에도 이러한 사실로 인해 보이지는 않지만 거대한 물체가 존재할 개연성이 크다는 논증은 강력하고도 설득력 있는 논증이 된다.

공룡이 온혈동물인지 냉혈동물인지를 가늠하는 문제는 결정적인 답이 없는 또 다른 문제다. 여기서 문제는 양쪽 모두를 지지하는 증거가 있다는 점이다. 예를 들어 새와 도마뱀은 공룡에서 진화되었다고 생각된다. 하지만 새는 온혈동물이고 도마뱀은 냉혈동물이다. 공룡의 화석으로부터 수집한 증거에 대해서도 마찬가지 이야기를 할 수 있다. 어떤 증거는 온혈동물이 갖추고 있는 특징들을 시사하고 있고, 또 다른 증거는 냉혈동물의 특징들을 시사하고 있다. 이 문제에 대해서는 양 진영이 팽팽하게 대립하고 있는데, 심지어 전문가들마저도 이러한 문제에 대해 의견이 나누어진다.

균형 판단하기

판결을 내리기 위해 증거를 평가할 때 우리는 다음과 같이 자문해 보아야 한다. "결론을 지지하는 증거가 이에 반하는 증거에 비해 강력한가? 만약 그렇다면 한쪽 혹은 다른 쪽에 대한 확신을 갖기에 충분할 정도로 한쪽으로 기울어지는가?" 이는 우리가 과학적 증거, 역사적 증거, 법적 증거를 평가하건, 아니면 단순히 우리가 참이라고 알고 있거나 믿고 있는 바에 바탕을 둔 일상적인 판단을 평가하건 마찬가지다. 비록 일부 결정의 결과들이 다른 것들에 비해 더 커다란 영향을 미칠 수 있음이 분명하긴 하지만 말이다.

연습문제

만약 다음과 같은 사건을 조사하고 있다면 당신은 어떤 결론을 내리게 될 것인가?

젊은 여성 페랄타 양(P양)이 어느 날 가방을 메고 신문 가게를 걸어 나오는데, 경찰관을 동반한 가게 감시원이 들치기를 한 혐의로 그녀를 붙잡아서 고발했다. 감시원은 "나는 P양 뒤에 서 있었고, 그녀가 무엇인가를 선반 위에서 집어서 재빨리 가방에 집어넣고, 돈을 지불하지 않고 가게를 나서는 모습을 보았다"라고 말하고 있다. 경찰관이 가방을 열어보았다. 그랬더니 가방 안에는 약간의 잡화류와 가게 감시원이 도난당한 것이라고 주장하는 광택지로 제작된 한 권의 대중 잡지가 있었다. 하지만 체포당한 그녀는 혐의를 부인하고 있다. 그녀는 신문 가게에 들르기 전 자신이 잡화류를 산 잡화점에서 잡지를 샀으며, 이는 이미 가게에 들르기 전부터 가방 안에 있었던 것이라고 주장하고 있다.

이 짧은 설명 속에 P양이 잡지를 훔쳤는지의 여부에 대한 결론을 뒷받침할 수 있는 어떤 증거가 있는가? 이를 비판적으로 검토하고 당신이 이끌어낼 수 있는 결론을 도출해 보라.

위의 사례에서 주요 사실은 가방에서 잡지가 발견되었다는 점과 페랄타 양이 돈을 지불하지 않고 가게를 나섰다는 점이다. 이것 외에 우리가 확보하고 있는 것은 두 목격자, 즉 P양과 가게 감시원의 진술뿐이다. 이 중에서 하나는 고발을 당한 사람의 진술이고, 나머지 하나는 고발을 한 사람의 진술이다. 그들 간에는 서로 의견이 대립하고 있다. (그(녀)가 소송이나 논쟁에 직접 관여되어 있음에도 우리가 그 사람을 '증인'이라고 부르는 데에 주목하라.)

정황적 증거

증거를 검토할 때에는 '정황적 증거'와 '증인이 제시하는 진술 형태의 증거'를 구분하는 것이 좋다. 정황적 증거는 사실 혹은 정황으로 이루어진다. 우리가 살펴본 바와 같이 위의 글에서의 주요한 정황적 증거는 P양의 가방 안에 잡지가 있었다는 사실과 가게에 있다가 돈을 전혀 지불하지 않고 가게를 떠났다는 사실이다. 현재 사람들이 이들을 놓고 논쟁을 벌이고 있지는 않으며, 이에 따라 우리는 이들을 사실 문제(factual matters)라고 부를 수 있을 것이다.

하지만 이러한 사실들이 우리에게 알려주는 바는 무엇인가? 사실 그 자체 이상으로 많은 것들을 알려주지 않는다. 이러한 사실들은 P양이 행한 바를 어느 정도 설명하지만, 그녀가 잡지를 훔쳤음을 입증하기에는 충분치 않다. 먼저 P양은 잡지가 가방 안에 있는 이유를 납득이 가는 방식으로 설명하고 있으며, 그녀의 설명을 받아들여야 할 이유가 없듯이, 그녀의 설명을 받아들이지 말아야 할 이유도 없다.

그 자체만을 놓고 보았을 때, 위의 글에서 살펴볼 수 있는 정황적 증거는 약하다. 여기에서 P양이 훔쳤다는 감시원의 주장을 뒷받침할 수 있는 견고하거나 구체적인 사실적 증거는 찾아볼 수 없다. 예를 들어 신문가게에 사건을 기록해 놓은 감시 카메라 장비가 갖추어져 있었다면, 혹은 잡지에 전자 방범 태그가 부착되어 있어서 경보음이 울렸다면 P양은 훨씬 난처한 입장에 놓였을 것이다. 반면 P양이 잡화 상점에서 잡지와 잡화를 샀음을 입증하는 영수증이 있었다면 이는 그녀의 주장을 뒷받침하는 견고한 증거가 될 수 있었을 것이다. 하지만 안타깝게도 그와 같은 견고한 증거가 없다.

신뢰성

증인의 진술은 어떻게 생각해야 하는가? 사실이 그 자체로 알려주는 바가 그리 많지 않다는 점을 감안해도 한쪽이 다른 쪽에 비해 신뢰할 만하다고 말할 수 있는가?

신뢰성은 다양한 문제들을 고려하여 가늠하게 된다. 먼저 증인의 신뢰성을 따져볼 수 있다. 예를 들어 그녀가 얼마만큼 신뢰할 만한지, 얼마만큼 진실을 말할 가능성이 높은지 등을 고려할 수 있다. 다음으로 사실에 관한 진술의 신뢰성을 따져볼 수 있다. 예컨대 그러한 진술이 얼마만큼 믿을 만하거나 설득력이 있는지, 얼마만큼 진술이 정황 혹은 다른 증인의 진술과 부합되는지 등을 고려해 볼 수 있는 것이다.

연습문제

당신이 아직 따져보지 않았다면, 상반된 입장의 두 증인을, 그리고 그들의 진술을 얼마만큼 신뢰할 수 있는지 생각해 보라(논의해 보면 더 좋다).

이미 우리는 P양의 변론이 전적으로 신뢰할 만하다는 사실을 확인한 바 있다. 사람들은 어떤 가게에서 물건을 사고 나서 동일한 품목을 판매하는 또 다른 가게에 들른다. 사람들은 가게를 둘러보고 아무것도 사지 않고 나가버리기도 한다. 비록 그 자체가 참이 되는 것은 아니지만 P양의 이야기에서 이상하거나 받아들이기 어려운 점은 전혀 없다. 그렇다고 감시원의 고발에서 문제점이 발견되는 것도 아니다. 유감이지만 사람들이 이런저런 이유로 가게에서 물건을 훔치는 것은 분명하며, 이 때문에 많은 가게들은 감시원을 고용하고 있다. 만약 아무도 선반에서 물건을 가져가거나 물건값을 지불하지 않고 나가버리는 일이 없다면 감시원이 그곳에 있을 이유가 없을 것이다.

그렇다면 증인들에 대해서는 어떻게 생각하는가? 그들은 얼마만큼 신뢰할 만한가? 먼저 감시원부터 고려해 보자. 가게 감시원은 일반적으로 신뢰할 수 있는 증인이라고 가정하는 것이 합당하다. 만약 감시원과 같은 처지에 놓인 사람이 거짓말을 했다면 당신은 그가 그처럼 이야기를 꾸미기 위해 애쓰려 한 이유가 무엇인가를 생각해 보아야 한다. 거짓말을 할 경우 그가 확실하게 얻을 것은 아무것도 없고, 오히려 더 큰 손해를 볼 것이다. 그가 경비원이라는 점을 감안해 보았을 때, 만약 잘못된 증거를 확보했음이 확인될 경우 그는 불이익을 받게 될 것이다.

물론 P양의 이야기에 대해서는 감시원의 경우에서처럼 거짓말을 했는지, 했다면 왜 했는지 등을 따져볼 필요가 없다. 왜냐하면 그녀는 들치기로 피소되었기 때문이다. 만약 그녀가 확실하게 잡지를 훔쳤다면 그녀는 거짓말을 하려는 매우 뚜렷한 동기를 가지고 있을 것이다. 그녀의 주장에 대한 우리의 자연스러운 반응은 "그렇게 말할 줄 알았어!"다. 하지만 단순히 거짓말을 하려는 동기를 가지고 있을 수 있다고 해서 그 사람이 실제로 거짓말을 하고 있다고 추론할 수는 없다. 그리고 우리는 그녀가 잡지를 훔쳤다고 가정할 수도 없다. 왜냐하면 바로 그것이 우리가 확인하고자 하는 바이기 때문이다. 요컨대 P양이 결백하여 진실을 말하고 있다고 말할 수 없는 것과 마찬가지로 P양이 거짓말을 하고 있다고 생각할 이유 또한 없다.

다른 가능성은 이들 중 한 명이 실수를 했으리라는 것이다. 이들 중에서 실수를 했을 가능성이 낮은 것은 P양이다. 그녀가 자신의 가방에 무엇인가를 넣었는지의 여부를 파악하지 못했을 가능성은 거의 없다! 하지만 감시원의 경우에는 정확히 어떤 일이 있었는지를 보는 데에 영향을 줄 수 있는 수많은 요인들이 있다. 예컨대 상점이 손님들로 북적였을 수가 있고, 시야가 가려졌을 수도 있다. 감시인의 직접적인 진술에 따르면 그는 쇼핑하는 사람 뒤에 있었다. 이러한 사실만으로도 P양이 정확히 무엇을 했는지를 파악하기 어려웠다고 말할 수가 있다. 왜냐하면 그러한 상황에서는 P양의 동작과 얼굴 표정을 볼 수 없었을 것이기 때문이다.

바로 이러한 이유로 우리는 감시인이 제시하는 증거 중에서 가장 의심스러운 부분, 즉 감시인의 '슬쩍' 그리고 '신속하게'라는 단어의 사용에 주목하게 된다. 언급한 바와 같이 P양은 증인에게 등을 보이고 있는 상황이었다. 그런데 증인이 잡지를 가방에 넣은 사실뿐만 아니라 그녀의 행동 방식까지도 그렇게 정확하게 파악할 수 있었을까? 만약 정확하다면 이는 매우 중요한 증거에 해당한다. 왜냐하면 이는 용의자가 무엇인가를 남모르게 하려 하고 있었음을 시사하기 때문이다. 하지만 이는 감시인의 매우 주관적인 판단이 아닐까? 감시인이 실제로 사실을 이야기하고 있는지 확신할 수 있는가? 감시인이 추정을 하고 있는 것은 아닌가?

감시인이 본 것은 얼마 되지 않고 순전히 의심에 근거하여 P양을 고발했을 수 있다. 심지어 우리는 경찰관이 가방을 열어서 잡지를 찾아내기 전까지 감시인이 가방 안에 무엇이 들었는지 알았다고 확신할 수도 없다. 감시인은 그저 진술을 통해 P양이 '무엇인가'를 가져갔다고 말하고 있을 따름이다. 감시인은 그녀가 범죄를 저지르는 듯한 방식으로 선반에서 무엇인가를 '슬쩍했다'는 것에 대해 확신하고 있다. 하지만 감시인은 그녀가 구체적으로 무엇을 슬쩍했는지에 대해 확실하게 말하지 못하고 있는

데, 이러한 사실은 감시인의 설명에 어느 정도 의문을 가질 수밖에 없게 한다. 감시인이 실제로 본 것은 얼마만큼이며, 그가 보았다고 생각하는 것은 얼마만큼인가?

합당한 의심

P양에 대한 소송을 맡은 재판관이 합당한 의심의 여지없이 그녀가 유죄라고 생각할 가능성은 매우 낮다. 한마디로 '확고한' 증거가 없기 때문이다. '합당한 의심의 여지없음'은 형사 법원에서 누군가에게 유죄 판결을 내릴 때 요구되는 일상적인 증거 기준이다. 하지만 P양의 유죄를 입증하는 근거가 불충분하다고 해서 그녀가 잡지를 훔치지 않았다고 말할 수는 없다. 이것이 P양이 잡지를 훔치지 않았을 가능성이 높은 것을 의미하는 것도 아니다. 모든 상황을 종합해 보았을 때 우리는 그녀가 잡지를 훔쳤는지의 여부를 말할 수 없다.

우리는 P양이 다른 곳에서 잡지를 샀다고 생각할 수 있으며, 감시원이 실수를 했다고 생각할 수도 있다. 심지어 우리는 가능성은 크지 않지만 감시원이 의도적으로 거짓말을 했다고 생각할 수도 있다. P양의 유죄 여부를 합당하게 의심해 볼 수 있는 이유도 바로 이러한 가능성들 때문이다.

하지만 이처럼 의문을 제기할 때 그러한 의문들은 합당해야 한다. P양은 이 사건에서 설득력 있는 주장을 하고 있기 때문에 유죄를 면하게 될 것이다. 그런데 만약 그녀가 어떻게 자신의 가방 속에 잡지가 들어갔는지 몰랐다고 항변하지 않고, 누군가가 자신이 등을 돌리고 있을 때 잡지를 가방 안에 넣었음이 분명하다고 항변을 했다면 그녀의 변론은 훨씬 설득력이 떨어졌을 것이다. 그 이유는 그런 일은 일반적으로 일어나지 않기 때문이다. 그런 일이 일어날 이유가 무엇인가?

확증(corroboration)

확증은 일치가 이루어지는 것을 의미한다. 이는 증거를 평가할 때 매우 중요한 역할을 한다. 만약 두 가지 증거가 모두 동일한 결론을 시사할 경우, 증거의 무게는 배가될 수 있을 것이다. 이는 논증을 크게 강화시킬 수 있다. 예를 들어 만약 둘 혹은 그 이상의 증인이 동일한 이야기, 혹은 동일한 결론을 시사하는 이야기를 들려준다면 이야기가 참일 가능성은 크게 높아진다.

만약 P양이 잡지를 구입했다고 주장하는 상점에 근무하는 점원이 P양의 주장을 뒷받침해 준다면 그녀의 이야기에 대한 확증이 이루어질 것이다. 두 번째 가게에 가기 전에 카페에서 잡지를 읽고 있는 것을 봤다고 주장하는 증인 또한 마찬가지다.

확증을 하고자 할 때 관련 증인이 중립적인 사람임을 확인하는 것이 중요하다는 사실은 말할 것도 없다. 한 사람이 다른 사람의 친한 친구라는 사실이 밝혀질 경우 증거에 대한 의문이 제기된다. 그들이 단지 서로에 대한 우정 때문에 그렇게 말할 수 있기 때문이다. 또한 예컨대 증인이 다른 사람에게서 사건에 대한 이야기를 듣지 않고 독자적으로 관련 이야기를 제시하고 있음을 확인하는 것 또한 중요하다.

요약

- 이 장에서 우리는 증거를 둘러싼 몇 가지 중요한 이슈들을 개괄했다. 우리는 정황적 증거를 목격자의 진술과 비교해 보았고, 신뢰성, 설득력 그리고 합당한 의심을 논의했으며, 확증의 강화 효과를 살펴보았다.

최종과제

화이트 씨라고 부를 어떤 사람이 어느 토요일 오후에 또 다른 사람인 그린 씨를 방문했는지를 확인하는 조사가 이루어지는 상황을 상상해 보자. 그린 씨는 화이트 씨가 자신의 집에 찾아와서 자신을 폭행했다고 고소했다. 증인인 그린 씨 집의 아래층에 사는 쇼트 부인은 사건이 있던 토요일에 화이트와 인상착의가 비슷한 사람이 차를 몰고 와서 그 집 앞에서 내리는 모습을 보았다고 말하고 있다. 그 후 그녀는 가게에 가기 위해 밖에 나왔는데, 이때 또다시 차를 목격했고, 자동차 앞 유리에 주차 위반 딱지가 붙어 있음을 본 것으로 기억했다.

화이트는 자신이 그린의 집 근처에 얼씬하지도 않았다고 말하면서 두 번째 목격자 — 식당 주인 — 를 내세웠다. 그는 화이트가 사건이 있던 토요일에 자신의 식당에 있었으며, 그곳에 오후 내내 있었다고 증언을 했다. 그리고 그의 차 — 흰색 푸조 — 가 하루 종일 식당 주차장에 있었다고 증언했다. 화이트와 식당 주인은 오랜 친구이자 동업자이다.

일요일 저녁, 그린의 집 건너편에 살고 있지만 그를 알지 못하고 화이트나 식당 주인도 모르는 롱 씨가 나타났다. 그는 토요일에 자신의 집 밖에 흰색 푸조가 주차되어 있는 모습을 목격했다고 진술했다. 그는 시간에 대해서는 확신하지 못했다. 일요 신문에는 화이트가 친구의 결혼식에서 동일한 흰색 차를 몰고 나가는 최근 사진과 더불어 그가 체포되었다는 기사가 실렸다.

1. 쇼트 부인이 제시한 증거는 얼마만큼 강한가? 이를 그린에 대한 고소를 확증하는 증거로 삼을 수 있는가?
2. 증인으로서의 식당 주인은 어느 정도까지 신뢰할 수 있는가?
3. 롱의 증거에는 어떤 문제가 있는가?
4. 만약 당신이 이 사건을 조사하고 있다면 보강 증거를 어디에서 구하려 할 것인가?

해답과 해설은 350-352쪽을 볼 것.

16 증거에 관한 추가적인 이야기

다음의 시나리오를 검토하면서 증거라는 주제에 대한 탐구를 계속 이어가도록 하자.

대학을 방문한 한 정치인이 대규모 학생 시위대들의 영접(?)을 받았다. 그 정치인이 차에서 내리는 순간 군중 속에서 날아온 날계란이 그의 옆머리를 때리면서 깨졌고, 두 번째 날아온 계란은 차를 맞혔다. 20세의 사회학과 학생인 아론 비트라니는 이 일이 있고 얼마 뒤 체포되었다. 그는 계란이 날아온 군중 쪽에 서 있었다. 그는 쇼핑백을 들고 있었는데, 거기에는 물건들과 함께 네 개의 계란이 든 계란 상자가 담겨 있었다. 계란 상자는 여섯 개의 계란이 들어가는 것이었는데, 그중 두 자리가 비어

있었다. 경찰은 계란 상자에 있는 계란과 차량에 남아 있는 계란 껍데기 조각을 사진으로 찍었다. 정치인의 차에 남아 있는 깨진 계란 껍데기를 조사한 결과 상자 안에 있는 네 개의 계란과 크기와 색깔이 동일하다는 사실이 밝혀졌다. 심지어 계란에 찍힌 상표마저도 동일했다. 경찰은 학생을 체포했

고, 심문을 하기 위해 유치장에 감금했다.

연습문제

위의 것은 어떤 종류의 증거인가? 이 증거는 얼마나 강하며, 만약 가능하다면 어떤 결론을 이로부터 이끌어낼 수 있는가?
당신은 아른이 어디에 해당한다고 생각하는가?

A 유죄 — 전혀 합당한 의심의 여지가 없다.
B 유죄 — 가능성이 높다.
C 유죄가 아니다.

여기에서의 증거는 전적으로 우리가 정황적이라고 부르는 유형의 것이다. 그럼에도 이는 아른에게 상당히 불리한 증거인 것처럼 여겨진다. 앞 장에서 살펴보았던 페랄타 양과 마찬가지로 그 또한 변론의 여지가 있지만 이 경우에는 증거가 그에게 훨씬 불리하다.

아른의 경우는 확보되어 있는 다수의 증거가 증거를 강화하고 있다. 서로 다른 여러 유형의 증거들이 있고, 이들은 서로를 확증해 주고 있다. 던져진 계란의 수, 껍데기의 색깔, 상표의 동일함, 군중 속에서의 아른의 위치 등. 이들은 서로 조화를 이루는 증거들이며, 모두가 뚜렷하게 하나의 결론을 시사하고 있다.

설령 다수의 증거가 증거를 강화하고 있다고 해도 정황적 증거가 완벽하게 결정적인 경우는 좀처럼 없다. 물론 그러한 증거가 한쪽 입장을 지지하는 데 크게 도움이 될 수는 있다. 하지만 증거들이 모든 합당한 의심을 제거할 만큼 충분한 것은 아니다. 심지어 언뜻 보기에 설득력이 있는 이 글에서의 증거 또한 마찬가지다. 계란이 아른의 가방에서 발견된 상자에서 꺼내어져서 투척되었음을 뒷받침하는 의심의 여지가 없는 증거는 없다. 아른이 계란을 던졌다는 어떤 증거가 있는 것도 아니다. 말할 수 있는 것이라고는 두 개의 계란이 투척되었고, 계란이 들어가 있어야 할 계란 상자의 두 개의 자리에 계란이 들어가 있지 않다는 점, 그리고 껍데기가 정치인의 차에 남아 있는 깨진 계란과 같은 색이며, 동일 상표라는 점 정도다. 이러한 정황들은 아른이 계란을 던졌다는 혐의에 크게 부합되지만 이들이 확실성에 근접하다는 평가를 받기엔 전혀 충분하지 못하다.

B가 가장 무난한 답이다.

아른의 변론

심문을 받을 때 아른은 자신이 다른 세 명의 학생들과 하숙집에서 살고 있으며, 그날은 자신이 물건을 사러 갈 차례였다고 진술했다. 아른에 따르면 그는 네 명이 각각 하나씩 먹을 수 있도록 네 개의 계란을 샀다. 그는 인근의 시장에서 포장하지 않은 계란을 샀고, 이를 안전하게 운반하기 위해 자신이 가지고 있는 상자를 가지고 갔다. 그 이유는 그것이 가장 싼 가격에 계란을 살 수 있는 방법이기 때문이었다.

연습문제

아른의 진술은 그럴듯한가? 아니면 억지인가? 이것으로 아른이 혐의를 벗어나는가? 이를 결정하고자 할 경우 추가적인 증거가 필요하다. 이를 어디에서 얻을 수 있을 것인가?

아른은 그럴듯한 이야기를 들려주고 있다. 이야기는 모순되는 부분이 거의 없다. 한때 학생이었거나 학생들을 알고 있는 사람이라면 누구나 학생들이 항상 돈을 아끼기 위한 방법을 찾는다는 사실을 확인할 수 있으며, 상자를 가져가서 포장이 안 된 계란을 더 싸게 살 수 있다면 학생들은 그렇게 할 것이다. 더욱이 하숙집에 사는 학생들이 네 명뿐이라면 여섯 개의 계란이 모두 담긴 상자 대신 네 개의 계란을 사는 것은 전적으로 합당하다. 그렇지 않을 경우 두 개의 계란이 남을 것이기 때문이다.

이러한 정황이 아른의 무죄를 입증하는 것은 아니다. 하지만 이로 인해 아른에게 상황이 유리하게 전개될 수 있다. 하지만 문제는 그의 가방 속의 계란들이 현장에서 촬영된, 깨어진 것들과 일치한다는 것이다. 만약 당신이 이 사건을 조사한다면, 특히 아른을 옹호해 주고자 한다면, 당신은 어디에서 추가적인 증거를 구할 것인가?

증거를 구할 수 있는 방법은 많이 있다. 가장 확실한 방법은 아른에게 달걀을 어디서 샀냐고 묻는 방법일 수가 있다. 하숙집에 네 명의 학생이 실제로 살고 있는지를 확인해 보는 것도 좋은 방법일 것이다. 실제로 이와 같은 질문을 했고, 다음과 같은 두 개의 새로운 증거가 발견되었다고 가정해 보자.

증거 C: 시장 가판대 주인의 증언: "학생들은 대부분 포장하지 않은 계란을 사고, 항상 가장 싸게 사고자 하죠. 나는 학생들이 상자를 가져오면 할인을 해줍니다. 한마디로 그렇게 하면 내가 수고를 덜기 때문이죠. 나는 오늘 그런 방식으로 수백 개의 계란을 팔았습니다."

가장 가격이 싼 가판대에 놓인 계란의 상표명은 아른의 가방에서 발견된 계란의 것과 동일했다. 시장의 다른 가판대에 놓인 수많은 계란들에 붙어 있는 상표명도 마찬가지였다.

증거 D: 아른이 구치소에 있는 동안 아른과 함께 사는 두 명의 학생들은 개별적으로 질문을 받았는데, 이하는 그들의 답변이다.
질문: 오늘의 식사 당번은 누구였죠? 답변: 아른이요.
질문: 아른이 어디에 있는지 알고 있나요? 답변: 시장에 갔어요.

연습문제

위의 증거는 아른이 정치가에게 계란을 던진 죄를 범했다는 논증에 어떤 영향을 주는가?
이로 인해 당신의 결론이 바뀌는가?

문득 정황적 증거가 매우 약하게 느껴진다. 증거는 아른에 대한 혐의와도 부합되지만 그 못지않게 아른의 진술과도 부합된다. 정황적 증거와 관련해 항상 기억해야 할 사항은 설령 증거에 대한 해명이 이루어진다고 하더라도, 그리고 설명이 설득력이 없지 않다고 하더라도, 이로부터 어떤 안전한 결론을 노출해 낼 수 없다는 점이다. 이 경우 증거는 확신을 정당화할 정도로 충분히 견고하지 않다고 평가할 수 있다. 왜냐하면 다른 수많은 학생들이나 사람들도 동일한 상표의 계란을 샀을 수 있기 때문이다. 이제 아른은 더 이상 유력한 용의자가 아닌, 수많은 혐의자 중의 하나가 되었다. 실제로 이제 남아 있는 것이라고는 아른이 계란이 날아온 곳의 근처에 서 있었다는 증거밖에 없다. 하지만 이는 그 자체로 견고한 증거는 아니다.

후기

아른 비트라니는 그 당시 가용한 증거를 제시함으로써 아무런 죄과를 치르지 않고 석방되었다.

불행하게도 그의 모습이 TV 취재 기자의 카메라에 찍혔다. 찍힌 내용에는 그가 계란 상자 앞쪽에 담겨 있던 두 개의 계란 가운데 한 개를 차를 향해 던지고 목청껏 소리를 지르면서 욕을 하는 모습이 담겨 있었고, 이 장면을 수백만 명이 9시 뉴스로 시청했다. 비트라니는 즉각 다시 체포되었다.

직접 혹은 간접

당신은 앞의 사례에서 가판대 주인의 진술이 인용 부호로 묶여 있었음을 간파했어야 한다. 인용 부호로 처리가 되었다는 점은 그러한 주장이 그녀가 실제로 한 말이었으며, 주인의 진술이 다른 사람이 전해 주었거나 해석한 것이 아니라 직접적으로 확인되었음을 나타낸다. 증인들이 제시하는 증거가 직접적인 것이 아닐 경우, 그것이 과장되거나 어느 정도 덧붙여지거나 생략되었을 가능성이 항상 있기 마련이다. 바로 이러한 이유로 제2의 혹은 제3의 증거는 일반적으로 직접적인 설명에 비해 신뢰성이 떨어진다. 그리고 법정에서는 흔히 증인의 직접적인 증거만이 채택된다.

다음의 시나리오에서는 한 대학 학장이 코린 블레이크(Corinne Blake)라는 학생의 커닝 혐의를 조사하고 있다. 여러 주장이 제기되었으나 코린은 이를 모두 부정하고 있다.

A 코린은 인터넷에서 논문을 그대로 복사했다.
B 그녀는 시험장에 메모지를 가지고 들어갔다.
C 그녀는 대학원생에게 보수를 주고 과제물을 해달라는 부탁을 했다.

학장 앞에 놓인 증거 또한 세 가지이며, 이들은 모두 편지다.

(a) 한 학생이 학장에게 보낸 편지에서 학생은 한 친구에게 코린이 인터넷에서 논문을 그대로 베껴서 지도 교수에게 제출했다고 말하는 것을 들었으며, 코린과 그 친구가 이런 말을 하면서 크게 웃었다고 말하고 있다.

(b) 또 다른 학생의 편지에는 그녀가 시험 시간에 코린의 뒤에 앉았으며, 코린이 책상 밑에 노트를 펴놓고 각각의 문제에 답하기 전에 읽는 모습을 보았다는 이야기가 씌어 있었다.

(c) 강사가 빼앗은 쪽지에는 다음과 같이 씌어 있었다. "코린아. 네가 돈을 주고 논문을 써달라고 부탁한다는 것이 믿기지 않는구나. 네가 어떤 친구인지 알 것 같다. 우리들의 우정은 이것으로 끝이다. 답장 쓰지 마라." 서명과 필체는 C에서 언급된 바 있는 대학원생의 것과 동일하다.

연습문제

당신이 생각하는 신뢰도에 따라 위의 세 가지 증거에 순위를 매겨보라. 그리고 그렇게 평가한 이유를 말해 보라.

첫 번째 것이 가장 미약한 증거로 순위가 매겨져야 한다. 이는 흔히 '소문' 이라고 일컬어지는 유형의 증거다. 만약 코린이 논문을 다운받는 장면을 편지를 쓴 학생이 봤다면 이는 또 다른 문제다. 이는 직접 목격한 장면에 대한 설명이 되었을 것이다. 하지만 엿들은 대화에 대한 제보는 설령 이야기한 내용을 충실하게 옮겼다고 하더라도 코린이 실제로 논문을 다운받았고, 그것을 제출했는지를 판단하는 확실한 증거가 될 수 없다. 그녀가 농담을 했을 수도 있고, 잘난 척하기 위해 그랬을 수도 있다. 양자 모두 그녀가 어리석다는 사실을 보여줄 수는 있지만 그렇다고 그것이 그녀가 커닝을 했음을 보여주는 것은 아니다. 게다가 그와 같은 제보가 그녀가 말한 바를 정확히 옮긴 것임에 틀림없다고 누가 말할 수 있을 것인가?

두 번째 그리고 세 번째 경우는 분명 훨씬 신뢰할 만하다. 시험에 관한 편지는 직접적인 목격에 관한 설명으로 간주된다. 만약 서술한 내용이 사실이라면 이는 B 주장에 상당한 신뢰감을 준다. 하지만 우리는 진술한 학생에 대해 아무것도 아는 바가 없다. 우리는 그녀가 코린과 어떤 관계인지(만약 관계가 있다면)에 대해 전혀 모르는 것이다. 만약 그녀가 코린을 곤경에 처하게 할 동기가 있었음이 밝혀질 경우 그녀의 증거는 중요한 것으로 간주될 수 없을 것이다. 반면 그녀가 코린을 거의 모른다면, 그리고 그녀가 코린과 거의 접촉한 적이 없었다면 증거는 더욱 중요한 것으로 간주될 것이다. 그 이유는 그것이 참이 아니라고 생각할 별다른 그럴듯한 이유가 없기 때문이다.

코린에게 보내진 쪽지는 아마도 코린에게 가장 불리한 증거가 될 것임에 분명하다. 왜냐하면 쪽지가 코린이 과제물을 해달라고 부탁한 것으로 추정되는 사람이 쓰고 서명한 것이기 때문이다. 이 쪽지는 우연히 가로챈 것이고, 이에 따라 학교 당국에 알리고자 할 의도가 있었던 것이 아니기 때문에 더욱 확고한 증거가 될 수 있다. 대학원생이 코린과 말다툼을 벌였기 때문에 악의를 품고 강사의 손에 들어가도록 했을 가능성도 있다. 하지만 그러한 주장은 다소 억지처럼 느껴진다. 그럼에도 악의에 의해 쪽지가 넘어가게 되었을 가능성을 배제하기에 앞서, 우리는 강사가 어떻게 쪽지를 손에 넣게 되었는지에 대한 정황을 파악할 필요가 있다.

종합해 보자면 세 가지 증거는, 특히 증인이 서로 만나지 않았음이 밝혀질 경우 코린이 커닝을 했다는 견고한 증거가 될 수 있지만, 증거 중에서 그 자체로 완전히 결정적인 것은 없다. 그녀에 대한 음모가 있지 않고서야 세 가지 부정행위를 저질렀다는 혐의가 모두 잘못일 가능성은 극히 희박하다. 이는 일어날 것 같지 않은 우연의 일치다.

신뢰도

옳건 그르건, 우리는 증거를 평가할 때 증인의 신분, 자격, 인품 등을 감안하기도 한다. 만약 코린이 시험 시간에 노트를 보는 것을 봤다고 신고한 증인이 또 다른 학생이 아니라 정식 시험 감독관이었다면 증거를 더욱 신뢰하려는 경향이 있었을 것이다. 이는 반드시 감독관이 학생들에 비해 더 정직하기 때문도 아니고, 그들의 감독이 더욱 정확하기 때문도 아니다. 이는 그들이 책임이 무거운 직책을 맡고 있고, 그리하여 믿고 신뢰할 수 있다고 생각할 수 있기 때문이다. 또한 학생들은 일반적으로 이런저런 방식으로 영향을 받을 어떤 개인적인 문제가 있을 수 있음에 반해, 감독관은 중립적인 입장을 취할 것으로 기대된다.

흔히 전문가의 의견인지의 여부 또한 증거에 대한 신뢰성을 평가하는 요소다. 이를 확인해 본다는 차원에서 또 하나의 증거 (d)를 검토해 보자. 이는 코린 블레이크가 커닝을 했는지의 여부를 조사하는 과정에서 제시된 증거다. 코린에 대한 고발이 있었고, 이 때문에 시험이 끝난 후 교육 심리학자를 불러서 그녀와 대화를 나누게 했다고 가정해 보자. 심리학자의 보고에는 다음과 같은 진술이 포함되어 있었다.

> (d) "블레이크 양은 동요를 하는 듯했고, 불안해 보였다. 본인이 의식하지 못하는 특징과 몸짓은 무엇인가를 감추고 있는 사람에게서 살펴볼 수 있는 것들이었다. 일부 시험 문제에 대한 답을 다시 제시해 보라고 요구했을 때 그녀는 앞뒤가 맞지 않는 답을 많이 했는데, 이는 시험 답안이 보여주는 것에 비해 그녀가 시험 문제에 대해 아는 바가 적다는 것을 보여준다. 나는 어떤 다른 도움 없이 그녀가 그와 같은 답안을 쓸 수 있었다고 생각하지 않는다."

연습문제

이러한 진술을 얼마만큼 신뢰할 수 있을까? 이것이 코린에게 얼마만큼 불리하게 작용할까?

만약 교육 심리학자의 평가가 옳다면 코린에게 불리할 것임은 의심의 여지가 없다. 먼저 그녀가 불안해 보인다는 언급이 나온다. 둘째, 그녀가 무엇인가를 감추는 듯하다는 언급을 살펴볼 수 있다. 셋째, 그녀가 시험 시간에 제출한 답안을 쓸 수 없는 것처럼 보인다는 언급이 나온다. 이는 그녀가 커닝을 했다는 주장에 신빙성을 더해 주고 있다. 이는 설득력 있는 증거이며, 이러한 내용을 읽은 사람이라면 누구나 틀림없이 이에 영향을 받을 것이다. 그 이유는 무엇보다도 이러한 증거들이 유사한 경우를 경험해 본 것으로 추정되는 전문가가 제시한 의견이기 때문이다.

하지만 인용문 자체를 비판적으로 검토해 볼 경우, 우리는 인상과 의견 이상의 무엇을 발견하기가 힘들다. 두 번째 문장 "본인이 의식하지 못하는 특징과 몸짓은 무엇인가를 감추고 있는 사람에게서 살펴볼 수 있는 것들이었다"를 보라. 말투에 감정이 섞이지 않고 객관적으로 느껴질지 모르겠지만, 이는 심리학자에게 코린이 무엇인가를 감추고 있는 듯이 보인다는 정도의 말에 불과하다. 이와 유사하게, 질문에 대한 대답은 그저 "시험 답안이 보여주는 것에 비해 그녀가 시험 문제에 대해 아는 바가 적다는 것을 보여준다"는 것이 핵심이다. 위의 구절은 의견 쪽의 무게가 무겁고 사실 쪽의 무게가 가볍다. 그럼에도 이는 공인된 전문가의 의견이기 때문에 매우 설득력이 있는 것처럼 보인다.

이처럼 증인의 신뢰성 — 그들의 직위, 직업, 관심, 자격 등 — 은 흔히 증거처럼 활용된다. 이는 일반적으로 신뢰할 수 없는 사람이 내리는 판단에 비해 신뢰할 만한 사람이 내리는 판단이 좀 더 진지하게 고려되어야 한다는 것을 함축하기도 한다. 이와 유사하게 사람들의 신분이나 훌륭한 인품 또한 그들이 증인으로 더욱 신뢰할 만하다는 증거로 제시되는 경우가 있다.

이러한 주장이 항상 부당한 것은 아니다. 전문가는 분명 일반 대중들에 비해 자신들의 전문 분야에 대해 더 많은 것들을 알고 있으며, 우리는 이를 고려하지 않으면 안 된다. 책임감을 가져야 하는 직업에 종사하는 사람들은 범죄자나 부적응자에 비해 분명 신뢰할 만한 경향이 있다. 설령 그들이 명예를 소중히 여겨 부정직하다는 비난을 받음으로써 체면을 구기고 싶어 하지 않는 것이 그와 같은 태도를 갖는 유일한 이유라 해도 말이다.

하지만 우리가 이러한 요소에 지나칠 정도로 커다란 비중을 두어선 안 된다. 어떤 지위에 있는 사람이라고 해도 실수를 범할 수 있으며, 어떤 이유가 있을 때 분명 거짓말을 할 수가 있다. 또한 낮은 지위에 있는 사람들도 얼마든지 높은 수준의 정직함과 훌륭한 판단 능력을 갖출 수 있다.

요약

- 정황적 증거가 그 자체로 결정적인 경우는 거의 없다.
- 증인에게서 얻을 수 있는 가장 신뢰할 만한 증거는 직접 혹은 눈으로 목격한 것에 대한 설명이다. 소문을 통한 증거는 신뢰할 수가 없다.
- 증인의 자질이나 명성 등은 중요하지만, 이것이 그들이 제시하는 증거의 신뢰성을 보장하는 것은 아니다.

최종과제

1. 다음을 읽고 아래 질문에 답하라.

세 사람의 젊은 관광객들이 갑작스레 번개가 치고 폭우가 쏟아지는 동안 종업원과 다툰 후 고의적으로 카페의 유리문을 깨뜨린 혐의로 피소되었다. 한 관광객은 구슬 커튼으로 가려져 있었기 때문에 문이 닫혀 있었는지를 보지 못했으며, 이에 따라 문에 부딪히게 되었다고 주장한다. 그는 자신이 부상을 당한 것에 대해 카페가 책임을 져야 한다고 말했다.

카페 주인인 에밀리오는 경찰에 진술서를 제출했다. 진술서에서 그는 그 시간에 자신이 위층에 있었으며 소란스러운 소리를 듣고는 밑으로 뛰어 내려왔다고 말했다. 그의 진술에 따르면 계산서 때문에 커다란 언쟁이 벌어졌다고 종업원이 말했다. 에밀리오는 다음과 같이 말했다. "그들은 문을 발로 차고 주먹으로 때려서 결국 박살을 냈습니다." 문이 닫혀 있었는지를 묻자 에밀리오는 "그렇습니다. 폭풍이 불고 있었죠"라고 답했다. 커튼이 내려져 있었는지를 묻자 그는 "물론입니다"라고 대답했다. 종업원은 그 자리에 없어서 질문을 받지 않았다. 에밀리오는 관광객에게 유리문 파손에 대한 보상을 요구하고 있다.

에밀리오의 진술을 얼마만큼 신뢰할 수 있는가?

2. 둘 중의 하나를 선택해서 직접 해보라.

(1) 신문이나 잡지를 뒤져서 발생한 것으로 추정되는 사건에 대한 증거를 제시하고 있는 기사를 찾아보라. 그것이 반드시 범죄가 아니어도 좋다. 누군가가 — 좋건 나쁘건 — 행했다고 일컬어지는 것이면 된다. 하지만 다소 의심의 여지가 있는 것을 선택하라.

증거를 나열해 보고, 그것이 보도된 사건의 진실을 입증할 수 있는지 판단해 보라.

(3) 스스로 각본을 만들어보라. 오직 알려진 사실에 대한 개요만을 제시하고, 실제로 어떤 일이 벌어졌는지를 판단하는 데 조사자에게 도움이 될 만하다고 생각하는 몇 가지 증거들을 서술해 보라.

해답과 해설은 353쪽을 볼 것.

17 사례 연구: 누가 진실을 말하고 있는가?

아래의 그림은 회사 일층에 있는 경영 관리실 평면도다. 금고에서 갈색 봉투에 든 돈이 사라져 조사가 진행 중이다.

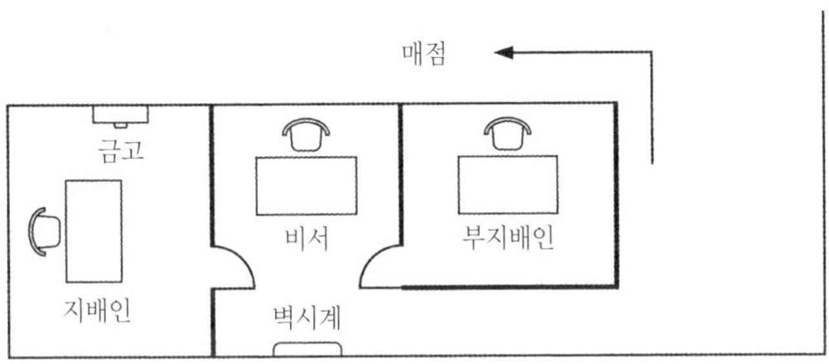

일반적인 사실

경영 관리실에는 세 사람이 근무하고 있다.

- 지배인(만 부인)
- 부지배인(뎁 씨)
- 비서(리타)

오직 지배인만이 금고 비밀번호를 안다.

비서의 증언

"지배인님께 9시 30분에 모닝커피를 갖다 드렸어요. 이때 금고가 열려 있었고, 갈색 꾸러미가 그 안에 있음을 볼 수 있었죠. 10시에 우편물을 지배인님께 갖다 드렸는데, 그때까지 금고가 열려 있었습니다.

이윽고 지배인님은 사무실을 나와 복도를 똑바로 걸어가셨습니다. 지배인님은 약 20분 동안 사무실을 비웠죠. 부지배인 뎁 씨는 자기 사무실에서 나와 그날 아침 두 번 지배인의 사무실을 방문했습니다. 한 번은 9시 45분쯤이고, 지배인님이 안 계실 동안 한 번 더 방문했죠. 시간은 정확하게 기억하지 못하겠네요."

지배인의 증언

"저는 20여 분 동안 사무실을 비웠고, 금고를 잠그지 않았습니다. 흔히 낮에는 금고를 잠그지 않으며, 지금까지 한 번도 무엇인가를 분실한 적이 없었습니다. 부지배인 방문이 열려 있었고, 제가 사무실을 나갈 때 부지배인은 방에 없었으며, 돌아왔을 때까지도 자리에 없었습니다. 이는 비교적 확실한 사실입니다. 돈이 없어졌다는 사실을 알게 된 것은 제가 돌아왔을 때였습니다."

부지배인의 증언

"저는 지배인님 사무실을 단 한 번 방문했을 뿐이며, 지배인님은 책상에 앉아 계셨습니다. 10시경 저와 논의할 문제가 있던 운전기사가 와서 매점에 갔습니다. 논의할 문제는 그와 또 다른 고용원 사이에 있었던 논쟁에 관한 것이었습니다. 이 문제를 해결하는 데 30분이 걸렸죠."

운전기사의 증언

"저는 뎁 씨와 매점에 10시경 함께 있었습니다. 우리는 꽤 오랜 시간 이야기를 나누었죠. 그 시간은 기억하지 못하겠습니다. 우리는 사적인 문제를 해결하고 있었습니다."

연습문제

지난 두 장에서의 논의에 이어 위에서 제시되고 있는 증언을 평가해 보라. 누가(만약 있다면) 진실을 말하고 있지 않은지 생각해 보라.

여기서 우리는 두 가지 상반된 이야기를 접하고 있다. 비서인 리타는 부지배인이 지배인의 사무실에 두 번, 즉 한 번은 그녀가 있을 때, 또 한 번은 그녀가 자리를 비웠을 때 들어갔다고 주장하고 있다. 부지배인 뎁 씨는 자신이 지배인의 사무실에 한 번 들어갔던 사실은 인정하지만 나머지 한 번은 부인하고 있다. 그는 자신이 지배인 사무실에 들어간 것으로 추정되는 시간에 운전기사와 매점에서 이야기를 나누고 있었다. 이러한 일들이 일어나고 있는 어느 순간에 금고에서 돈이 사라졌다. 만약 비서의 진술이 참이라면 가장 의심을 받아야 할 사람은 뎁이다.

먼저 증인들에 대한 고찰에서 시작해 보도록 하자. 경영 관리실에서 근무를 하고 있는 세 사람은 지배인, 부지배인, 그리고 비서다. 운전기사 또한 증인이다. 회사에서의 서열 또한 아마도 그 순서일 것이다. 이 경우 증언에 대한 신뢰성 또한 동일한 순서로 매겨져야 하는 것일까? 다시 말해 지배인의 증언이 부지배인의 증언에 비해, 부지배인의 증언이 비서의 증언에 비해 신뢰할 만하고, 모든 증언 중에서 운전기사의 것을 가장 불신해야 하는 것일까?

한마디로 '아니다.' 물론 어떤 경우에는 각자의 자질이나 경험을 이유로 아래 직원보다는 지배인의 증언을 신뢰해야 할 더 많은 이유가 있을 수 있다. 하지만 여기서 우리의 관심사는 판단이 아니라 정직함과 정확성이다. 당신은 지배인이 비서에 비해 더 많은 것을 잃게 되리라고 주장할 수 있다. 하지만 이로 인해 비서가 더욱 정직하지 못할 가능성이 높다고 가정하는 것은 정당하지 못하다. 비서의 증언이 정확하지 않을 가능성이 더 크다고 가정하는 것 또한 정당하지 못하다. 증거를 조심스레 들여다볼 경우 당신은 가장 정확한 정보를 제공한 것이 비서이며, 지배인이 가장 애매하고 정확하지 못하다는 사실을 파악할 수 있을 것이다. 그리고 지배인이 금고를 잠그지 않고 방치했다는 사실을 간과해서는 안 된다. 이는 지배인이 정신을 놓고 있었거나 주의 깊지 못했음을 시사하는 것이다.

그렇다면 진술은 어떠한가? 이들이 모두 동등하게 그럴듯하다고 느껴지는가? 언뜻 보았을 때에는 그렇다. 뎁이 지배인 사무실에 들어간 사실, 그리고 운전기사에게 이야기하러 갔다는 사실에서 이상하게 느껴지는 것은 없다. 이들은 모두 정상적이며 새삼스러울 것이 없는 근무 관행들이다. 그래서 이들을 이상하다고 생각해야 할 뚜렷한 이유는 없다. 우리가 이들에 대해 의문을 가져야 하는 경우는 이들이 서로 상반될 때에 한한다. 그런데 바로 그런 상황에 있기 때문에 우리는 이들에 대해 의문을 가져야 하는 것이다.

확증

뎁의 진술이 리타의 진술에 비해 설득력이 있다고 생각되는 이유는 그의 진술이 운전기사와 지배인을 통해 어느 정도 확증이 되기 때문이다. 리타는 자기의 입장을 확증해 줄 증인이나 상황이 전혀 없다. 하지만 증거가 확증되었다고 해서 그것이 백 퍼센트 건고하다고 말할 수는 없다. 지배인은 부지배인 방문이 열려 있었고, 자신이 방을 나설 때 그의 사무실이 비어 있었음이 "어느 정도 확실하다"고 말하고 있다.

운전기사 또한 다소 모호한 의견을 제시하고 있다. "나는 10시경 … 뎁 씨와 함께 있었습니다. 우리는 꽤 오랜 시간 이야기를 나누었죠." 이러한 막연한 이야기로 미루어 보았을 때, 우리는 두 사람의 만남이 지배인인 만 부인이 돌아오기 전에 뎁이 자신의 사무실로 돌아갈 수 있을 정도로 일찍 끝났을 수 있다고 생각해 볼 수 있다. 따라서 비록 두 명의 다른 증인늘의 증거가 확증됨으로써 뎁이 진실을 말했을 가능성이 높아졌다고 하더라도, 뎁의 사건에 대한 설명이 모든 의혹으로부터 벗어나는 것은 전혀 아니다.

가정 추론: "만약 ~하다면"

지금까지의 이야기는 페랄타 양과 상점 감시원의 공방과 매우 유사한데, 다시 말해 어떤 진실에 대해 서로 다른 견해를 취하고 있는 경우와 매우 유사하다. 하지만 여기에는 한 걸음 더 나아간 내용이 포함되어 있다. 즉 여기에는 가정 추론이라 불리는 유용한 기술이 포함되어 있는 것이다. 가정 추론은 일반적으로 "가정한다면" 혹은 "만약 ~하다면"과 같은 구절로 시작한다.

예를 들어 비서가 옳다고 가정해 보자. 다시 말해 지배인이 없을 때 뎁이 분명 지배인의 사무실에 들어갔고, 돈이 사라진 시기도 바로 이때라는 주장이 옳다고 가정해 보자. 이로부터 이끌어낼 수 있는 바는 무엇인가? 물론 이러한 사실이 뎁에게 돈을 훔칠 기회가 있었음을 의미할 수 있다. 또한 비서의 주장이 옳다면 이는 지배인이 없는 동안 자신이 줄곧 사무실에 없었다는 뎁의 말이 거짓말임을 의미하기도 한다(이상하게도 그가 그날 아침에 어디에 있었는지를 잊어버리지 않은 이상). 그리고 뎁이 무엇인가 감출 것이 있지 않은 이상 그가 왜 거짓말을 하려 했는지 이해하기가 쉽지 않다. 하지만 실제로 비서가 책상에 앉아 있는 상황에서 그가 지배인의 사무실로 걸어 들어가 돈을 훔쳐 나왔을까? 그리고 그렇게 하고 나서는 그저 자신을 믿지, 비서를 믿지 않으리라고 생각하면서 돈을 훔친 사실을 부정했을까?

만약 비서가 옳다면 이는 지배인이 두 번에 걸쳐 부지배인의 방을 지나치면서 그 방이 비어 있었다는 착각을 했다는 뜻도 된다. 그리고 이는 운전기사의 진술이 의심스럽다는 의미도 된다. 달리 말해 비서의 진술을 믿기 위해서는 우리가 세 사람의 진술을 모두 불신해야만 한다. 그런데 세 사람이 모두 잘못을 범한다는 것은 가능성이 희박한 우연의 일치일 것이다. 그들 모두가 거짓말을 하고 있다고 생각하려 할 경우 우리에게는 어떤 신비한 설명이 필요하게 될 것이다.

이렇게 보았을 때 비록 비서의 이야기가 그 자체로는 신뢰하기에 충분한 듯이 보일지 몰라도, 위에서와 같이 비판적 검토를 해볼 경우 비서의 이야기는 어떤 있을 법하지 않은 결과가 초래된다는 사실이 밝혀진다. 결과란 어떤 다른 것에서 이끌어져 나오는 무엇이다. 만약 어떤 주장 혹은 어떤 사건들로부터 곤혹스런 결과가 초래된다면 우리는 그러한 주장을 어느 정도 의심해 볼 필요가 있다.

만약 우리가 부지배인의 설명을 받아들인다면 어떤가? 무엇보다도 이는 다른 두 사람의 증인이 말한 바와 일관성이 있으며, 설령 그들의 진술이 다소 모호하고 확실하지 않다고 하더라도 뎁에게 유리하게 작용한다. 하지만 이는 리타가 거짓말을 하고 있음을 의미한다. 이는 돈이 없어진

시기에 약 20분 동안 리타가 홀로 경영 관리실에 있었음을 의미하기도 한다. 이렇게 보자면 비서와 뎁 중에서 아무도 보지 못하는 상황에서 돈을 훔치고 숨기기가 훨씬 용이했을 사람은 비서일 것이다. 만약 그녀가 돈을 훔쳤다면 그녀 역시 다른 사람에게 혐의를 뒤집어씌우고자 했을 것이다.

두 가정을 비교해 볼 경우 뎁의 이야기가 리타에 비해 훨씬 믿을 만한 결과를 산출한다. 물론 이것이 비서가 도둑이고 거짓말을 했음이 틀림없음을 의미하는 것은 아니다. 하지만 양자를 비교해 볼 경우 그녀의 이야기는 받아들이기 어렵다.

부지배인이 운전기사와 돈을 훔칠 계획을 짰다고 가정해 보자. 그리하여 지배인이 사무실을 떠나길 기다리고 있다가 비서의 진술처럼 그곳에 들어가 돈을 훔친 후 빠져나와 운전기사에게 주고, 기사에게 자신들이 계속 매점에 있었다고 말하도록 일러둔다. 그러고는 자신이 사무실에 있지 않았다고 지배인이 생각하도록 문을 열어놓고 그녀가 지나갈 때 문 뒤에 숨어 있는다. 이 모든 것이 가능한가? 그렇다. 가능하다. 하지만 그럴 가능성은 거의 없다. 먼저 지배인이 언제 외출할 것인지를 뎁이 어떻게 알 수 있는가? 이러한 사실을 비서가 그를 보았다는 주장을 신뢰할 수 없다는 사실과 아울러 고려해 보았을 때, 부지배인이 돈을 훔쳤을 가능성은 우리가 진지하게 생각해 볼 필요가 없을 정도로 매우 낮다.

일어날 가능성을 따져보았을 때, 사건에 대한 비서의 의견은 뎁에 비해 훨씬 신뢰성이 떨어진다. 그리고 그렇게 결론 내리는 것이 가장 합리적이다.

요약

- 두 가지 설명이 상충할 때 각각의 설명이 어떤 결과를 산출할 것인가를 고찰해 보는 것은 훌륭한 전략이다. 만약 결과를 믿기 힘들다면, 혹은 다른 사실들과 잘 조화되지 않는다면, 그러한 설명 자체에 의문을 품어야 한다.

최종과제

이하의 사람들 중 한 사람 혹은 그 이상을 도둑으로 간주하는 짧고 합당한 논증을 제시해 보라.

- 지배인
- 부지배인
- 비서
- 운전기사

18 사례 연구: 충돌 코스

오늘 두 카레이서 — 에드 파(Ed Farr)와 레이 크로위(Ray Crowe) — 가 얼마 전 있었던 수파 카스(Supa-Cars) 시즌 마지막 경주에서 호우가 내리는 가운데 충돌하여 트랙에서 튕겨져 나갔다. 두 레이서 모두 다치지는 않았으나 사고로 인해 두 경주 차량이 경주를 할 수 없게 되었고, 크로위는 2년 연속 세계 챔피언이 될 수 있는 기회를 놓치게 되었다. 경기 전 두 레이서 간의 차이는 고작 1점이었다. 만약 파가 크로위보다 앞선 채 경주를 끝냈다면 그는 1등을 차지하고 타이틀을 획득하게 되었을 것이다.

파의 팀 감독은 파가 추월하려 했을 때 크로위가 '슬라이드'라고 알려진 악명 높은 급커브 길에서 고의적으로 차선을 바꾸어 파를 트랙 밖으로 밀어냈다고 주장하면서 강력하게 반발했다. 그녀는 "이는 놀랄 일이 아닙니다. 에드가 경주를 하지 못하게 될 경우 크로위는 자신이 우승할 것임을 알고 있었습니다. 물론 그는 의도적으로 그렇게 한 것이죠"라고 덧붙였다.

TV 카메라 팀은 망가진 차에서 크로위가 걸어서 빠져나오는 모습을 찍었다. 그는 자신의 헬멧을 벗으면서 웃음 짓고 있는 것처럼 보였다. 그는 보도진에게 "여러분들이 이를 모두 내 탓으로 돌리지 않길 바랍니다. 나는 그저 주행선을 유지했을 따름이며 전혀 규칙에 어긋나지 않았습니다"라고 말한다. 이어서 그는 "이는 모두 에드의 실수입니다. 그는 우리 모두를 죽게 할 수도 있었죠. 그 장소에서 추월을 하려는 것은 미친 짓이에요. 그가 모든 것을 책임져야 합니다"라고 덧붙였다.

놀랄 것도 없이 에드 파는 말이 달랐다. "만약 크로위가 자신의 주행선을 유지했다면 나는 그를 충분히 추월할 수 있었습니다. 그는 내가 비슷한 위치에 오길 기다렸다가 내 쪽으로 차를 몰았습니다." 그 당시 두 차의 바로 뒤를 따르던 오늘의 우승자 발리드 아크람(Waleed Akram)는 다음과 같이 말했다. "그것이 자동차 경주입니다. 레이가 한 포인트 앞서 있었고, 그는 이를 지키려 했을 뿐이죠. 만약 반대의 입장이었다면 에드 또한 마찬가지의 행동을 했을 것입니다. 모든 사람들이 이런 일이 일어날 것이라고 짐작하고 있었죠." 크로위가 방향을 바꾸는 것을 보았냐는 질문에 대해 그는 "정확히 방향을 바꾼 것은 아니었을 수 있지만 그가 충돌을 피할 수는 있었습니다. 어찌 되었건 기회가 주어질 경우 그가 에드의 경기를 방해하려는 것은 당연합니다. 그가 그런 일을 한 것이 처음도 아니고요."

높은 곳에 위치한 카메라에 차들이 충돌하기 바로 직전, 또 바로 충돌 당시의 위치가 찍혔다. 이는 그림에 나타나 있다.

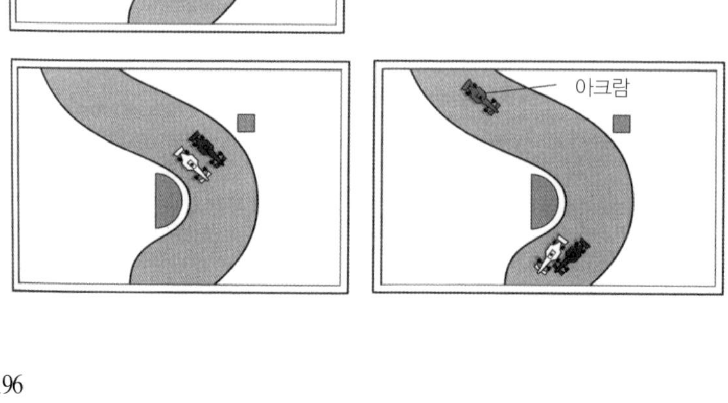

• 차선을 지키라는 말은 할당된 주로(走路)를 지키라는 것이며, 방향을 바꾸거나 다른 운전자의 운행을 가로질러 막지 말라는 의미다.

• 카레이스 규칙에는 앞의 레이서가 자신의 진로를 선택하여 유지하는 것은 허용하지만 의도적인 충돌을 야기하는 것은 허용하지 않는다고 되어 있다.

• S자 커브: 도로나 경주로의 이중 굴곡으로 S자 모양이다.

현장에서 경기를 지켜보던 경기 위원은 다음과 같이 보고했다. "자동차들이 커브 길을 지날 때 많은 물보라가 튀었습니다. 파는 안쪽으로 치고 들어오고자 했죠. 두 차량 간에 접촉이 있었을 때 파는 거의 커브 길을 지나가고 있었습니다. 이들은 모두 질주하다가 반대편 가장자리에 처박혔죠. 말하기 다소 어렵지만 내게는 이것이 그저 우연한 사고인 것처럼 보였습니다."

거드런 브레히트(Gudrun Brecht) 기자는 자신이 경주가 벌어지기 이틀 전에 있었던 파티에 참석을 했는데, 거기서 크로위가 공공연하게 "우승을 하기 위해서는 무슨 일이든 서슴지 않을 것이다"라고 떠벌리는 것을 들었다고 보고하면서 논쟁에 합세하였다. 그녀는 "나는 크로위를 잘 안다. 그는 수단과 방법을 가리지 않고 승리를 하겠다는 결의를 숨기지 않았다"고 쓰고 있다.

크로위는 지난 시즌 두 번이나 비슷한 논쟁에 휘말린 적이 있었지만, 두 경우 모두 혐의가 없는 것으로 판결이 났다.

경기 종료 후 레이 크로위가 고의적으로 경쟁자의 차량에 충돌했다는 주장을 확인하기 위해 조사단이 소집되었다.

연습문제

크로위가 사고를 냈다는 비난을 뒷받침하기 위해 팀 감독은 어떤 논증을 하고 있는가?
크로위에 반박하는 증거로서의 그녀의 진술은 얼마만큼 강한가?

감독의 논증은 자신이 파악하고 있는 크로위의 동기에 바탕을 두고 있다. "에드가 경주를 하지 못하게 될 경우 크로위는 자신이 우승할 것임을 알고 있었습니다"라고 말할 때 그녀는 하나의 사실을 지적하고 있는 것이다. 하지만 그녀는 이로부터 너무 많은 것을 추론해 내고 있다. 게다가 그녀는 편견을 가지고 있는 듯하고 화가 난 것처럼 보인다. 그녀는 에드 파의 감독으로, 경주 결과에 이권이 걸려 있다. 우리는 결정이 저쪽이 아니라 이쪽으로 나게 될 경우 누군가가 재정적 혹은 여타의 방식으로 이익을 얻게 될 때 그 사람이 결과와 관련한 이권을 갖는다고 말한다. 레이 크로위, 에드 파, 그리고 감독은 모두 경주 결과와 관련한 이권을 분명 갖는다. 다른 증인들은 이권을 가질 수도 있고, 그렇지 않을 수도 있다. 하지만 그들이 이권을 갖는다고 생각할 별다른 이유는 없다.

우리는 감독이 실제로 사건을 직접 목격했는지에 대해 알지 못한다. 그러나 설령 그녀가 목격했다고 하더라도, 두 운전자 중 한 명의 행동이 의도적이었다고 말하기가 매우 어렵다. 그녀는 마음이 드러나는 '물론'이라는 단어를 사용함으로써 크로위가 자신에게 유리할 것이기 때문에 의도를 가지고 그렇게 했다고 가정하고 있음을 보여주고 있다.

하지만 이것 자체는 그다지 강력한 증거가 아니다. 누군가가 이런저런 행동을 함으로써 무엇인가를 얻게 된다는 사실이 그 또는 그녀가 그러한 행동을 하리라는 것을 의미하지는 않는다. 하지만 다른 증거와 함께 고려할 경우, 동기는 분명 논증에 어느 정도 무게를 더한다. 이러한 생각은 다음과 같이 나타내볼 수 있을 것이다. "만약 크로위에게 동기가 없었다면 그가 충돌을 의도적으로 야기했다고 생각할 이유가 훨씬 줄어들 것이다."

연습문제

증인으로서의 아크람은 어느 정도 신뢰할 수 있을까? 활용할 수 있는 다른 정보나 증거에 비추어 보았을 때 그가 말한 바를 어떻게 파악해야 할 것인가? 그의 진술이 조사 결과에 어떤 영향을 미칠 것인가?

아크람은 자신이 목격자라고 주장한다. 그러나 경기 위원이 말하고 있는 바를 감안했을 때, 그리고 충돌이 일어났을 때의 아크람의 트랙상의 위치를 감안해 보았을 때, 그가 많은 것을 보았으리라고 생각하기가 쉽지 않다. 파의 감독과 마찬가지로, 무슨 일이 있었는가에 대한 아크람의 평가는 크로위의 동기에 어느 정도 바탕을 두고 있지만 다른 한편으로는 그의 과거의 이력에 바탕을 두고 있기도 하다. 그는 크로위가 의도적으로 그러한 행동을 했다고 보는 것이 '합당하다'고 말한다.

유감스럽게도 이것이 실제로 합당하지는 않다. 아크람은 크로위가 적극적으로 '방향을 바꾸었다'고 말할 수 없지만 그럼에도 크로위가 충돌이 일어나는 것을 방치했다고 말하려 하고 있다. 우리는 전문적인 레이서로서의 아크람이 그러한 주장을 할 만큼 전문적인 안목을 갖추었다고 말할 수 있고, 그만큼 그를 신뢰할 수 있을 것이다. 다시 말해 우리는 그가 사고를 회피할 수 있는지의 여부를 대부분의 사람들에 비해 더 잘 알고 있다고 말할 수 있을 것이다. 하지만 이것이 크로위가 의도적으로 사고를 일으켰다는 말은 아니다. 사고의 원인은 단순한 부주의일 수도 있고, 앞이 잘 보이지 않아서 일어났을 수도 있다. 실제로 아크람은 그러한 판단을 객관적으로 내릴 위치에 있지 않다.

연습문제

거드런 브레히트가 제시한 증거를 얼마만큼 신뢰할 수 있는가?

그 증거는 전혀 신뢰할 수가 없다. 이는 '소문'을 통해 얻은 증거의 전형적인 사례다. 그녀는 그가 우승하기 위해 필요하다면 무엇이든 할 것이라고 '그가' 떠들어대는 것을 '들었다.' 우리는 이것이 그가 한 말을 그대로 옮긴 것인지 아니면 이를 표현하는 기자의 호사스러운 방식인지를 파악할 수 있는 방법이 없다. 게다가 설령 그것이 크로위의 말을 정확하게 옮긴 것이라고 하더라도, 이는 크로위가 얼마만큼 실제로 실행에 옮길 계획을 했는지에 대해 알려주지 않는다. 어쩌면 그가 실제로 말하고자 한 것은 "최선을 다하겠지만 그럼에도 우승을 하기 위해 자신의 목숨과 다른 사람들의 목숨을 거는 것에 대해서는 선을 긋겠다"는 것이었을 수가 있다.

거드런은 다음과 같이 말하기도 한다. "나는 크로위를 잘 안다." 그녀는 그를 좋아하는지의 여부를 말하지 않고 있지만, 그녀의 진술로 미루어 보건대, 그를 싫어하고 있을 가능성이 높다. 만약 그녀가 그를 좋아한다면, 크로위가 부정을 저지를 태세가 되어 있음을 그처럼 강하게 시사하려 하지 않았을 것이다. 때문에 우리는 증인으로서의 그녀를 덜 신뢰하게 되는데, 그 이유는 그녀가 이미 편견을 가지고 있을 수 있기 때문이다. 스포츠 란의 가십거리로는 그녀가 말하는 것이 어느 정도 흥미가 있을지 모르겠지만 이것이 공식적인 조사에서 크로위가 유죄라는 유력한 증거로 채택되어서는 안 된다.

연습문제

카메라 팀은 충돌 지점으로부터 크로위가 걸어 나오는 장면을 촬영했는데, 이때 보여준 크로위의 행동과 짧은 말에서 어떤 결론을 이끌어낼 수 있는가?

크로위가 의도적으로 충돌했음을 부정했다는 사실은 그다지 중요하지 않다. 이는 명백한 이유들로 인해 그러하다. 만약 우승을 하기 위해 파와 충돌을 했다면 그는 너무나도 당연하게 고의적으로 충돌했음을 부정할 것이다. 한편 그가 매우 신속하게 고의적인 사고임을 부정했으며, 심지어 이에 대한 질문이 제기되기도 전에 그렇게 했다는 사실이 언급될 수 있다. 하지만 이 또한 그가 자신이 유죄인지의 여부와 무관하게, 특히 자신의 명성을 고려해 보았을 때 매체로부터의 적대적인 반응이 있을 것을 예상해서 그렇게 했을 수 있다.

그가 헬멧을 벗었을 때 보인 듯했던 미소는 만족의 미소일 수도, 안도의 미소일 수도 있다. 심지어 이는 TV 기자가 매우 신속하게 카메라를 들이대는 것에 대한 빈정대는 웃음이었을 수도 있다. 미소를 포함한 여러 얼굴 표정들은 흔히 매체에 포착되고, 이에 대한 판단이 내려지지만, 그럼에도 크로위가 보인 미소를 죄책감의 표시라고 해석하는 것은 잘못일 것이다.

파에 대한 선제공격 형식을 취하고 있는 크로위 자신의 변명만을 놓고 본다면, 그가 말하는 바는 어느 정도 일리가 있다. 사건을 공중에서 촬영한 세 장의 사진 외에 우리가 조사를 해볼 내용들은 많지 않다. 다음 질문은 이와 같은 사진에 초점을 맞추고 있다.

연습문제

공중에서 찍은 사진으로부터 논쟁을 벌이고 있는 양측 중 한쪽을 지지해 줄 수 있는 어떤 증거를 발견할 수 있는가?

증인들이 제시한 거의 대부분의 증거와는 달리, 적어도 사진은 사실을 보여주고 있다. "카메라는 결코 거짓말을 하지 않는다"는 격언은 흔히 도전을 받는데, 그 이유는 오늘날 거의 누구나가 사진을 위조하거나 조작할 수 있기 때문이다. 하지만 여전히 카메라 자체가 거짓말을 하지 않는다는 것은 사실이다. 위조는 찍은 사진을 이용하여 나중에 할 수 있는 것이다. 어찌 되었건, 우리는 이러한 사진들이 조작되지 않았다고 가정할 것이다.

이러한 질문에 접근하는 한 가지 방법은 크로위가 S자 커브를 지날 때 선택했을 것이라 생각하는 차선을 사진 위에 그려보는 것이다. 일반적으로 카레이서들은 커브 지점에서 최단거리 진로를 택하여 곧장 운전하길 선호한다. 하지만 다른 차들이 진로에 있을 경우에는 이를 피해 가기 위해 크게 돌지 않으면 안 된다. 원칙이 이와 같다면, 당신은 크로위가 정상적인 차선을 정확하게 지켰다고 생각하는가? 아니면 파가 동일한 위치에 이르렀을 때 파 쪽으로 운전을 하여 충돌을 야기하였다고 생각하는가?

두 운전자가 말한 것과 경기 위원이 본 것, 그리고 사진의 강한 설득력에 관한 글을 다시 읽어보고, 누구의 이야기가 가장 신뢰할 만한지를 판단해 보라. 여기에 정답이란 없다. 당신 스스로 결론을 내려야 한다. 그리고 당신이 증거라고 생각하는 것을 이용하여 자신의 결론을 뒷받침해 보라.

요약

- 흔히 사진, 그리고 행동은 말보다 더 분명하게(혹은 더 신뢰할 만하게) 뜻을 전한다. 이것이 이 장에서 말하는 바의 핵심이다. 이야기에 관여된 대부분의 목격자들은 자신들의 견해, 아마도 그 사건에 대한 편견이 섞인 견해를 표현하는 데에 그치고 있다.

최종과제

증거에 근거해서 보았을 때, 레이 크로위가 의도적으로 에드 파와 충돌하였다고 결론 내릴 수 있는가? 당신의 답변을 지지하기 위한 간단하면서도 합당한 논증을 제시해 보라.

19 긴 논증 소개

이제 우리는 논증으로 되돌아왔다. 하지만 이곳에서 다룰 논증은 지금까지 살펴보았던 것들에 비해 길고 정교한 논증이다. 당신이 신문, 잡지, 인터넷 등에서 발견하게 되는 '실제' 논증들 중에서 이전 장에서 소개한 사례들처럼 깔끔하거나 정연한 것들, 혹은 짧은 것들은 드물다. 이러한 논증들에는 단지 하나가 아닌 여러 가닥의 추론이 포함되어 있을 수 있다. 또한 이들에는 상당히 많은 배경 정보가 포함되어 있을 수 있으며, 곧장 결론에 이르지 않고 우회적인 방식으로 결론에 이를 수도 있다. 이들은 여러 추론들에 대응하기 위해 반대 논증을 제시할 수도 있다. 이들은 가정을 하고, 추론상의 오류 등을 범하기도 한다.

이 장의 목표는 길고 복잡한 논증 속에서 살펴볼 수 있는 이와 같은 다양한 특징들을 인식하고, 이에 대응하는 방식을 학습하는 것이다.

연습문제

아래 구절을 읽고 주요 결론이 무엇인지를 찾아보아라. 이어서 기사에 대한 면밀한 비판적 검토를 요하는 질문들이 제기될 것이다.

추적의 스릴

혼잡한 도시에서 경찰관들이 도난 차량을 추적함으로써 충돌 사고가 발생하는 경우가 전국적으로 늘어나고 있다. 유감스럽게도 이러한 고속 추적이 이루어질 경우 사람이 죽는 경우가 적지 않은데, 단지 차량 절도범뿐만 아니라 무고한 구경꾼이나 다른 운전자들까지도 목숨을 잃는 경우가 비일비재하다. 경찰의 이와 같은 차량 추적은 금지되어야 한다. 만약 경찰이 나서서 누군가가 죽게 되었고, 여기에 사용된 살상 무기가 총이었다면 격렬하고도 정당한 항의가 뒤따를 것이다. 하지만 무기가 차량일 경우에는 불가항력적인 사고로 용인되는 것처럼 보인다.

경찰은 자신들이 일반 대중을 불필요한 위험에 노출시키지 않는다고 말한다. 이렇게 말하는 이유는 지나칠 정도로 속도가 빨라질 경우 안전을 감안해 추적을 중단하는 것이 경찰의 방침이기 때문이다. 이러한 주장은 추적의 어리석음을 부각시키는 것에 불과하다. 경찰이 방침을 고수할 경우 차량 절도범은 도망가버릴 것이고, 그렇지 않고 방침을 무시할 경우 부상자나 사망자가 발생할 것이다. 이러한 방침은 분명 비효율적일 뿐만 아니라 — 만약 이러한 방침이 없었다면 충돌 사고가 일어나지 않을 것이다 — 비효율적인 이유를 이해하기가 쉽기도 하다.

경찰은 추적을 하면서 스릴을 느낄 것이다. 그 이유는 그것이 일상을 벗어나는 방법이며, 자신들이 실제로 죄인을 잡는다고 느낄 수 있는 기회이기 때문이다. 일단 아드레날린이 분비되면 속도가 안전한지에 대한 그들의 판단은 신뢰할 수 없게 된다. 차량 추적은 관련된 모든 사람들에게 커다란 재미를 제공할 수 있다.

추가적으로 언급해야 할 것은 차량 추적을 수행할 수 있다고 신뢰를 받는 경찰관은 경험이 풍부한 운전자로, 고속으로도 안전하게 운전할 수 있는 특별한 훈련을 받은 자들이라는 점이다. 하지만 차량 절도범은 거의 대부분 운전 경험이 없는 젊은이들이다. 경찰 운전자가 자신이 모는 차량의 속도가 안전하지 못하다고 판단할 즈음이면 추적당하는 운전자는 이미 자신의 능력을 훨씬 넘어서는 속도로 차를 몰고 있다.

경찰은 자신들이 차량 절도범을 추적하지 못하게 될 경우 "더욱 많은 사람들이 이러한 범죄를 더욱 빈번하게 저지르게 될 것"이라 말할 것이다. 일단 실제로 그렇게 된다고 가정해 보자. 그것이 그렇게 무시무시한 상황인가? 차량 절도를 방지하는 일보다 중요한 것은 생명을 구하는 일이며, 경찰은 차를 훔쳐 자극을 즐기려는 따분해하는 불우 젊은이들을 잡으려고 노력하기보다는 중죄인을 잡으려고 노력하는 편이 훨씬 유익할 것이다. 아무튼 차량 도난을 방지할 수 있는 다른 방법들이 있다. 예를 들어 차량 전면의 도로에 던져서 차량을 안전하게 멈추게 하는 장치가 개발되었다. 한 가지만 더 지적한다면 추적이 실패하기도 한다는 것이다. 예를 들어 차량 절도범이 경찰을 따돌리는 데 성공하고, 차량을 버리고 달아나기도 한다.

결론은 첫 번째 문단에 있고, 당신은 이를 찾아내는 데 전혀 어려움을 느끼지 않았을 것이다. "경찰의 이와 같은 차량 추적은 금지되어야 한다." 결론 앞의 두 문장들은 도입부에 해당하며 전후 맥락에 대한 설명을 하고 있다. 결론에 이어지는 두 문장들은 논증의 출발을 이루고 있으며, 이에 대해서는 조금 있다 다시 다루도록 하겠다.

연습문제

차량 추적이 금지되어야 한다는 결론을 뒷받침하기 위해 위의 글이 제시하고 있는 주요한 이유 세 가지 혹은 네 가지를 찾아보라.

당신이 결론을 뒷받침하기 위해 제시한 주요 근거는 다음 중 일부 혹은 모두일 것이다.

• 차량 추적으로 인해 차량 절도범이나 무고한 구경꾼이 사망하는 경우가 있었다.

- 속도가 안전한지의 여부에 대한 경찰 운전자의 판단은 신뢰할 수 없다.
- 경찰 운전자가 자신이 모는 차량의 속도가 안전하지 못하다고 판단할 즈음이면 추적당하는 운전자는 이미 자신의 능력을 훨씬 넘어서는 속도로 차를 몰고 있다.
- 생명을 구하는 일이 차량 도난을 방지하는 것보다 중요하다.
- 경찰은 중죄인을 잡으려고 노력하는 편이 훨씬 유익할 것이다.
- 차량 도난을 방지하는 다른 (안전한) 방법이 있다.
- 차량 추적이 성공하지 못하는 경우가 있다.

이와 같은 이유들은 그저 예시문에서 간추린 것임에 주목하라. 이러한 목록들은 논증이 어떻게 구성되어 있는지, 전체적인 논증 안에서 위의 이유들이 어떻게 한꺼번에 묶어져서 하위 논증을 구성하고 있는지를 보여주고 있지 않다.

또한 상기 목록이 예시문에서 제기되고 있는 모든 주장들을 보여주고 있는 것도 아니다. 예를 들어 이러한 목록에는 차량 추적이 재밋거리가 될 수 있다는 주장(세 번째 문단)이 포함되어 있지 않다. 왜냐하면 이는 주요한 이유 중의 하나가 아니기 때문이다. 실제로 그렇다. 물론 그와 같은 주장이 안전을 위협할 정도로 경찰이 지나치게 빠른 속도로 운전을 하는 이유, 즉 그들이 이를 즐기기 때문에 그렇게 운전을 한다는 것을 설명하는 데에 도움을 주고 있으며, 이를 통해 논증에 기여하고 있기는 하다. 하지만 그러한 주장 자체가 차량 추적이 금지되어야 한다고 생각할 이유를 제공하는 것은 아니다. 이렇게 보았을 때 우리는 차량 추적이 재밋거리라는 주장을 '직접적으로 주요 결론을 도출하는 이유'라기보다는 '중간 결론을 도출하는 간접적인 이유'로 분류해야 할 것이다.

이와 유사하게 위의 글의 마지막 문장은 차량 추적이 어떤 의미에서 성공하지 못하기도 하는가를 설명한다. 그리고 여기서 주요 전제는 차량 추적이 간혹 성공을 거두지 못한다(이는 위험할 뿐만 아니라 시간 낭비이기도 하다)는 주장이며, 이에 따라 목록에 포함된다.

마지막으로 이유나 결론은 아니지만 그럼에도 글 속에서 다른 기능을 하는 주장들이 있다. 두 번째 문단의 첫 번째 문장은 이의 좋은 사례다. 이는 직접적이건 간접적이건 결론을 전혀 지지해 주지 못하고 있다. 그 역할은 반대 입장의 사람들(이 경우에는 경찰)이 제기하려는 반대 의견을 제시하는 것이다. 그 반대란 그들, 즉 경찰이 차량의 속도가 너무 빨라져서 안전상의 문제가 있을 경우 추적을 금지하는 방침을 세워놓았고, 이에 따라 대중들을 불필요한 위험에 처하게 만들지 않는다는 주장이다. 저자는 이러한 방침이 비효율적이면서 어리석은 것이라고 말하면서 예시문의 중간 세 문단을 사용하여 이러한 주장을 뒷받침하고 있다. 다음 두 질문은 논증의 이 부분에 초점을 맞추고 있다.

연습문제

저자는 어떤 근거를 들어 경찰의 방침이 "차량 추적의 어리석음을 부각" 시킨다고 말하고 있는가?

방침이 '비효율적'인 이유와 관련해 위의 글이 제시하고 있는 두 가지 설명은 무엇인가?

저자는 경찰의 방침을 비판하기 위해 매우 영민한 추론 방법을 사용하고 있다. 즉, 저자는 초래될 수 있는 결과들을 고려하고 있는 것이다. 첫째, 저자는 경찰이 방침을 고수할 경우 어떤 일이 벌어질 것인가를 고려하고 있다. 이어서 저자는 방침을 무시할 경우 어떤 일이 벌어질 것인가를 고려한다. 저자는 그러한 방침을 고수할 경우 절도범들이 포기하기 전에 경찰들이 포기해야 할 것이기 때문에 결국 절도범들이 도망쳐버릴 것이라고 말한다. 반면 방침을 무시할 경우 과거에 그랬듯이 사고가 계속해서 일어날 것이라고 말한다. 그런데 과거에 사고가 일어났고, 때문에 그러한 방침은 경찰의 주장과는 달리 실효성이 없음이 분명하다.

질문은 정책이 실효성이 없음을 지지하기 위해 제시되고 있는 설명들을 드러내 밝히라고 요구하고 있다. 이러한 설명은 두 가지가 제시되고 있다. 첫 번째는 추적이 흥분을 고취한다고 경찰관들이 생각하며, 이러한 생각이 안전에 관한 그들의 판단에 영향을 준다는 것이었다. 두 번째는 경찰 운전자의 경우는 고속으로도 안전하게 운전할 수 있는 능력을 갖추고 있을 가능성이 큼에 반해, 추적당하는 운전자는 운전 경험이 별로 없으며, 이에 따라 경찰관이 차량 절도범에게 안전하다고 판단되는 속도를 과대평가하리라는 것이었다.

저자는 경찰의 방침이 비효율적이기만 한 것이 아니라 "비효율적이라고 생각하는 이유를 이해하기가 쉽기도 하다"고 결론짓고 있다.

이러한 추리는 얼마만큼 성공적인가? (이는 위의 질문이 아닌 다음 질문과 관련된다.) 모든 논증과 마찬가지로, 이러한 추리의 성공 여부는 언급된 바에만 좌우되는 것이 아니라 무엇을 가정하고 있으며, 논증이 의존하고 있는 가정이 정당한지에 따라 달라진다.

연습문제

위의 구절에서는 언급되지 않았지만 두 번째 문단에서 제기하고 있는 주장과 관련해 저자가 전제하고 있는 듯한 가정들이 있는가?

있다. 가장 중요한 것은 경찰관들이 안전 때문에 과속을 하지 않을 경우에는 절도범을 잡을 수 없으리라는 가정이다. 저자는 만약 경찰이 방침을 고수할 경우 절도범들은 달아나버릴 것이고, 정책을 고수하지 않을 경우 사고가 일어날 것이라고 주장한다. 이렇게 주장하면서 저자는 제3

의 가능성을 간과하고 있다. 즉 일부 경찰관 운전자들은 안전속도 제한을 유지하는 데 아주 능숙하며, 이에 따라 일부 절도범들을 계속 추적할 수 있다는 사실을 간과하고 있는 것이다. 저자는 이를 소위 '승산 없는 상황'으로 묘사하고 있는데, 실제로 그러한가? 통계적 증거가 제시되지 않는 이상 저자가 어떤 근거에서 그러한 방침이 결국 실패로 돌아갈 수밖에 없다고 예측하는지 파악하기란 어렵다.

비록 확실성이 훨씬 떨어지기는 하지만 저자는 또 다른 가정을 하고 있다. 이는 "도난 차량에 대한 추적이 이루어지지 않는다면 운전자가 위험한 방식으로 운전하지 않을 것"이라는 가정이다. 저자는 차량 절도범을 추적함으로써 대중들이 얻게 될 이익은 전혀 없고, 오직 위험만이 증가될 뿐이라고 독자들을 설득하고자 한다. 그런데 저자의 가정은 오직 혹은 대체로 차량 절도범이 추적을 당할 경우에만 대중이 위험에 노출될 것임을 함축하고 있다. 그런데 절도범들을 추적하지 않고 운전하고 다니도록 내버려둘 경우 차량을 훔치려는 자들이 추적당하지도, 체포되지도 않는다는 생각을 갖게 되고, 이로 인해 실제로 그 정도만큼 — 혹은 그 이상으로 — 사고가 일어나지 않으리라고 확신할 수 있는가? 다시 한 번 저자는 확실한 증거가 없는 근거를 바탕으로 예측을 하고 있다. 물론 저자의 예측이 옳을 수 있다. 즉 경찰의 방침이 비효율적임이 입증될 수 있는 것이다. 하지만 이상에서와 같은 두 가지 주요한, 그리고 의문의 여지가 있는 가정을 하지 않고서는 저자가 제시하고 있는 근거들로부터 저자의 예측을 이끌어낼 수 없다.

'선택지 제한'

우리가 위의 논의에서 드러내 보여준 것은 매우 흔히 범하는 추리상의 실수다. 이는 '선택지 제한'으로 불리기도 한다. 그 이유는 이러한 오류가 실제보다 고려해야 할 가능성들이 적다고 주장하거나 그러한 주장을 함축하고 있기 때문이다. 이러한 주장은 구체적인 사례를 살펴볼 경우 이해하기가 용이해질 것이다.

> (1) 사업을 하게 될 경우 우리는 윤리적 경영과 이윤 추구 중에서 하나를 채택하게 된다. 허브코(Herbco)는 윤리적 기업임을 자처하고 있는데, 많은 수익을 얻고자 할 경우 당신은 다른 회사에 투자해야 할 것이다.

전제가 두 가지밖에 없음을 받아들일 경우, 위의 주장은 언뜻 건전한 충고처럼 들린다. 만약 윤리와 이윤 중에 하나를 선택해야 하는 것이 분명 사실이라면 — 실제로 그러한 경우가 많다 — 윤리적 기업에 투자하는 것은 아주 훌륭한 계획이라 할 수 없음이 분명하다. 당신의 목적이 단지 돈을 많이 벌어들이는 데에만 있다면 말이다.

하지만 '추적의 스릴'을 쓴 사람과 마찬가지로, 여기에서 화자는 선택지를 단 두 개로 한정하면서 다른 선택지가 없다고 가정하고 있다. 물론 당신이 첫 번째 전제에서 말하고 있는 것처럼 윤리와 수익 중에서 하나를 선택할 수 있다. 하지만 만약 이들이 유일한 선택지가 아니라면 당신이 반드시 그들 중에서 하나를 선택할 이유는 없다. 논증 (1)은 결론을 이끌어내면서 분명 윤리와 이윤 중에서 하나를 선택해야 하며, 다른 선택의 여지가 없다고 가정하고 있다. 하지만 여기서 우리가 둘 중 하나를 선택해야 하는 것은 아니다. 허브코는 윤리적으로 운영되면서 동시에 수익을 낼 수 있다. 윤리적 기업이 생산한 제품 구입이 갑자기 크게 유행하게 되는 경우는 그 예다.

경찰 운전자가 취할 수 있는 선택지를 고려할 때에도 동일한 방식으로 제한이 이루어지고 있다. 즉 저자는 '경찰 운전자가 규칙을 준수함으로써 절도범이 달아나게 되는 경우'와 '위험하게 운전을 함으로써 절도범을 체포하는 경우' 중의 하나만을 선택해야 한다고 가정하고 있는 것이다. 규칙을 준수하면서 절도범을 체포할 수 있는 가능성은 심지어 고려되고 있지도 않다.

물론 당신은 저자가 선택지를 제한하고 있음을 깨닫고 나서도 저자에게 동의할 수 있다. 예컨대 저자와 마찬가지로 당신 또한 규칙을 부분적으로 준수할 수 있는 방법이 없다고 생각할 수 있으며, 때문에 방침에 따름으로써 나타날 수 있는 결과가 실제로 오직 두 경우밖에 없다는 생각이 들 수 있다. 다시 말해 규칙을 준수하거나 준수하지 않는 두 가지 선택지밖에 없다고 생각할 수 있는 것이다. 그리하여 당신이 규칙을 준수할 경우 절도범이 도망가도록 방치할 수밖에 없고, 이는 방침이 실효성이 없음을 보여주는 것이며, 규칙을 준수하지 않을 경우 대중들이 위험에 처하게 된다고 생각할 수 있다. 논증이 어떤 가정에 의존한다고 해서 반드시 그러한 논증이 건전하지 못한 것은 아니다. 당신이 그러한 가정을 정당하다고 생각할 경우, 당신은 논증과 그 결론을 받아들일 수 있다.

이렇게 보았을 때, 우리가 글에 대해 동의할 수도, 부인할 수도 있는 여지가 여전히 남아 있고, 이에 대해서는 더욱 심층적으로 논의를 해보아야 할 것이다. 다음 질문에서 다루는 내용은 추가 논증의 일부다.

연습문제

다음은 어떤 사람이 '추적의 스릴'을 읽고 제기한 문제점이다. "일부 차량 절도범은 심각한 범죄를 저지르고 난 후 도망치기 위해 차량을 훔친다."
만약 참이라면, 이러한 진술은 논증을 강화하는가, 약화하는가(혹은 어떤 것에도 해당하지 않는가)? 당신의 이유를 제시해 보라.

만약 누군가가 논증에 대한 반응으로 이러한 말을 했다면 여기에 논증을 반대하고자 하는 의도가 담겨 있다고 생각하는 것이 자연스러울 것이다. 이를 논증을 지지하는 말로 해석하기란 어려우며, 심지어 중립적인 언급이라고 보기도 어렵다. 이는 저자의 다음과 같은 주장, 즉 "차량 절도를 방지하는 것보다 중요한 것은 생명을 구하는 일이며, 경찰은 차를 훔쳐 자극을 즐기려는 따분해하는 불우 젊은이들을 잡으려고 노력하기보다는 중죄인을 잡으려고 노력하는 편이 훨씬 유익할 것이다"라는 주장에서 착안해 낸 것임에 거의 확실하다.

위의 지적은 우리가 앞에서 살펴봤던 질문에서 논의했던 것과 매우 유사한 오류를 '추적의 스릴'의 저자가 범하고 있음을 시사한다. 저자는 경찰의 근무 시간을 '중대한 범죄인' (이것이 무엇을 뜻하건)을 체포하는 데 활용하거나 '따분해하는 젊은이'들을 추적하는 데 활용하는 것 사이에서 양자택일해야 한다고 가정하고 있다. 또한 저자는 이 중에서 후자가 중대한 범죄가 아니라고 추가적인 가정을 하고 있기도 하다. 다시 한 번 여기서 우리는 이 상황이 두 가지 중에 오직 한 가지만을 선택해야 하는 경우인지를 물을 필요가 있다. 이에 이의를 제기한다는 것은 이 상황이 양자택일의 경우가 아님을 함축한다. 즉 이는 차량을 훔친 사람이 중대한 범죄인인 상황이 있을 수 있음을 시사하는 것이다. 무장 강도가 훔친 차량을 도주용으로 사용하는 것은 그 예다.

이러한 가능성이 있다는 사실은 차량 추적이 전적으로 금지되어서는 안 된다는 결론을 지지하기 위해 사용될 수 있다. 때문에 이는 논증을 어느 정도 약화시킴이 분명하다. 하지만 이는 대응하기에 특별히 어려운 도전은 아니다. 이에 대응할 수 있는 방법은 다양하다. 그 한 가지 방법은 논증이 대체로 차량 절도만을 범죄의 대상으로 삼는 상당수의 경우에 초점이 맞추어져 있다고 말하는 것이다. 살인이나 무장 강도와 같은 더욱 중대한 범죄와 연결된 차량 절도는 드물고 예외적인 경우이며, 이에 대해서는 저자의 일반적인 결론을 바꾸지 않고서도 예외로 처리할 수가 있다. 더욱 강력한 또 다른 대응 방법은 "어떤 범죄가 얼마만큼 중대한지는 중요치 않으며, 범인을 잡는 것은 무고한 구경꾼들의 목숨에 대한 위협을 정당화할 수 있을 만큼 충분히 훌륭한 이유가 절대로 될 수 없다"고 말하는 것이다. 마지막으로 저자는 자신이 내세운 끝에서 두 번째 전제에 호소할 수 있다. 즉 "차량 도난을 방지할 수 있는 다른 방법들이 있기 때문에 도난 차량을 추적할 필요가 없다"는 주장에 호소할 수 있는 것이다.

종합해 보면 이와 같은 대응들은 진술의 힘을 약화시킨다. 이렇게 보았을 때 진술에 대한 최선의 평가는 "만약 진술이 논증을 약화시킨다면, 이는 경미하게 약화시킬 따름이다"라고 말하는 것이다.

유비

우리가 검토해 볼 이 논증의 마지막 특징은 첫 번째 구절에서 살펴볼 수 있다. 이는 유비 추론이라고 불린다. 적절하게 사용할 경우 이는 매우 강력한 도구가 된다. 하지만 이는 그릇된 방식 혹은 오해를 불러일으키는 방식으로도 흔히 사용되며, 이 경우에는 장점이 아닌 추리상의 결점이 만들어진다.

유비는 일종의 비교다. 예를 들어 당신이 훌륭한 지도자가 된다는 것이 무엇이며, 훌륭한 지도자가 자신을 선택한 국민들에게 어떻게 행동해야 하는가에 대한 주장을 하고 있다고 가정해 보자. 이러한 상황에서 흔히 사용되는 비유는 민족 국가를 가족에 비유하는 것이다. 그리하여 지도자가 된다는 것이 한 가정의 가장이 되는 경우와 유사하다고 말하는 것이다. 이와 같은 대략적인 유비를 받아들일 경우 이로부터 일정한 결론을 도출할 수 있다. 이로부터 도출할 수 있는 한 가지 뚜렷한 결론은 마치 부모가 자녀들을 돌보아야 할 의무가 있듯이 지도자는 국민들에 대한 권위만을 갖는 것이 아니라 국민들을 보살필 의무가 있다는 것이다. 만약 당신이 권위적이면서 자녀를 돌보지 않는 부모를 나쁜 부모라고 말할 수 있다면(대부분의 사람들은 그렇게 할 것이다) 당신은 유비를 통해 철저하게 권위적이기만 한 지도자를 나쁜 지도자라고 말할 수 있다. 소위 유비로부터의 논증은 바로 이와 같은 유형의 추론을 뜻한다. 이는 유비가 적절한지의 여부에 따라 설득력이 결정된다. 그리고 이는 비판자로서의 당신이 결정해야 할 문제다.

그런데 '적절한' 유비란 무엇을 말하는가? 비교되고 있는 두 가지 것들이 정확히 동일한 것은 분명 아니며, 만약 같다면 굳이 비교를 할 필요가 없을 것이다. 유비의 역할은 두 가지 것들이 어떤 적절한 측면에서 같음을 보이는 것이다. 위의 유비에서는 지도자가 가장에 비유되고 있다. 물론 국민들이 지도자 자신의 자식이나 친척이 아니라는 측면에서 양자는 차이가 있으며, '가족'의 규모에서도 차이가 있다. 하지만 당신은 유비를 사용한 논증을 함으로써 사실상 이러한 차이가 별다른 문제가 아니라고 말하고 있는 것이다. 둘은 동일한 종류의 의무와 책임을 갖는다는 점에서 충분히 서로 유사하다.

아마도 대부분의 사람들은 국가-가족 유비에 동의하고자 할 것이다. 이에 동의하지 않는다는 것이 곧 "지도자가 국민을 시민이 아닌 노예로 취급하는 것을 긍정한다는 것"을 의미한다면 특히 그러하다. 하지만 "유비에 대략적으로 동의한다"는 것이 "어떤 사람이 이로부터 도출하는 어떤 결론이건 받아들여야 한다"는 것을 의미하지는 않는다. 만약 누군가가 훌륭한 지도자는 모든 국민을 자식처럼 대해야 한다고 주장한다면, 이는 지나친 유비라고 말할 수 있을 것이다. 달리 말해 양자는 적절한 유비가 될 수 없으리라는 것이다. 그와 같은 극단적인 결론을 옹호하기 위해서는 부모가 된다는 것과 수상 혹은 대통령이 된다는 것 간의 간극이 너무 크다.

이렇게 보았을 때 어떤 유비의 적절성은 단지 유사성이나 차이가 아니라 어떻게 유비가 사용되고 있는지에 좌우된다.

연습문제

우리는 '추적의 스릴'의 첫 번째 구절에서 유비를 살펴볼 수 있다. 그것이 비교하고 있는 두 가지는 무엇이며, 그러한 유비는 논증을 성공적으로 지지하고 있는가? 그것이 논증을 지지하거나 지지하지 않는다고 생각하는 이유를 설명해 보라.

저자는 '경찰이 도난 차량을 추적함으로써 야기된 사망'과 '경찰이 총을 사용함으로써 야기된 사망'을 비교하고 있다.

유비가 논증을 제대로 지지하기 위해서는 실제로 유사한, 그것도 적절한 방식으로 유사한 것들을 비교해야 한다. 또한 경찰이 총을 발사하여 누군가가 사망했을 경우 거기에 대한 항의가 이루어진다는 것 역시 참이어야 한다. 저자는 유비를 할 때 '정당하다'라는 단어를 사용함으로써 항의가 이루어져야 한다고 가정하고 있다.

양자는 상당히 유사하다. 총과 차량 추적 때문에 사망 사고가 일어난다. 그리고 일이 잘못될 경우 양자 모두 죄인과 혐의자 외에 무고한 구경꾼들까지도 사망한다. 흔히 차량은 잠재적인 흉기라는 이야기를 하는데, 이는 여기서 저자가 유비를 통해 말하려는 바의 핵심이다. 그런데 이것이 적절한 비교인가? 결론에 국한해서 말하자면 그렇다. 이는 매우 적절해 보인다. 총기 사고를 용인해서는 안 되지만 운전 사고에 대해서는 잘 모르겠다고 어깨를 으쓱하는 태도를 취해야 하는 이유는 무엇인가? 단지 사용된 '무기'가 다르다는 이유 때문인가?

하지만 양자 간에는 유사하지 않은 점들도 있으며, 이들을 모두 무시할 수는 없다. 예를 들어 총은 무기로 고안된 것이지만 차량은 그렇지 않다. 또한 경찰관이 총을 쏘는 것은 누군가를 죽이거나 부상을 입힐 의도로 그렇게 하는 것임에 반해, 추적 차량의 운전자는 의도하지 않게 추적당하는 사람을 죽음에 이르게 할 뿐이다. 물론 경찰 직무 집행의 결과로 인한 사고사라고 해서 유가족의 슬픔이 경감되는 것은 아니며, 그러한 사고라고 해서 이를 사회가 용인하는 것 또한 아니다. 그럼에도 양자 간의 차이는 저자가 불만을 갖는 사람들이 왜 그러한 태도를 취하는지를 설명해 준다. 즉 "(무기가) 차량일 경우에는 사람들이 불가항력적인 사고로 용인하는" 태도를 취하는 이유가 무엇인지를 설명해 주는 것이다. 이러한 차이는 그들의 태도를 어느 정도 정당화할 수 있기까지 하다. 무기와 차량은 분명 다르다.

유비가 논증을 성공적으로 지지하고 있는가? 완전하게 지지하고 있지는 않다. 비록 양자 간의 유사성이 매우 두드러지긴 하지만 이는 중요한 차이들 때문에 약화된다. 총은 무기임에 반해 차량은 단지 간접적으로 무기가 될 따름이다. 또한 이러한 유비에 지나칠 정도로 비중을 둘 경우 경계선을 긋기도 애매해진다. 당신은 비극적인 사고가 초래될 수 있다면 어떠한 장비 — 경찰봉, 시위 진압용 방패, 물호스, 최루 가스 — 를 사용하는 경찰권 집행도 금해야 한다고 생각하는가? 만약 경찰이 사용하는 '잠재적인 흉기'를 모두 빼앗아버린다면 어떻게 우리가 경찰까지도 해칠 수 있는 범죄인으로부터 대중을 보호해 달라고 경찰에게 요구할 수 있겠는가? 이는 진정한 딜레마이며, 간혹 초래되는 비극적인 결과를 가지고 모든 행동을 판단함으로써 해결할 수 있는 딜레마가 결코 아니다.

요약

- '추적의 스릴'은 나쁜 논증이 아니다. 이는 논쟁의 여지가 많은, 해결히기 쉽지 않은 주제를 해결하고자 하고 있으며, 많은 사람들이 공감할 수 있는 결론을 이끌어내고 있다. 하지만 이것만이 유일한 답은 아니다. 이 장에서 우리는 추리에서 확인할 수 있는 장점들과 몇 가지 단점들을 살펴보았으며, 이를 통해 추리의 결론을 받아들일 만한지에 대한 판단(적절한 정보에 근거하면서도 신중한)이 가능한지를 파악하고자 했다.

최종과제

1. 세 번째 단락에서 우리는 관여하는 모든 사람들에게 차량 추적이 재밋거리가 될 수 있음을 살펴보았다. 다섯 번째 단락에서는 차량 절도범들이 무엇인가 자극을 원하는, 매우 따분해하는 젊은이들임이 은연중에 드러났다. 이러한 주장들을 발전시켜 경찰 추적 금지가 차량 도난을 증가시킬 것이라는 일부 경찰관들의 논증에 대응할 수 있는 방법은 무엇일까?
2. 유비에 바탕을 둔 사례를 찾아보라. 혹은 당신이 직접 하나를 만들어 보라. 그리고 앞에서와 마찬가지로 이를 비판적으로 검토해 보라. 그리고 유비가 본래의 역할을 제대로 수행하고 있는지를 판단해 보라.

해답과 해설은 353쪽을 볼 것.

20 분석 기술의 적용

앞 장에서 당신은 비교적 긴 텍스트를 읽고 이를 구석구석 비판적으로 확인해 보는 질문에 답해 보았다. 이들 중 일부는 분석에 관한 것이었고, 일부는 평가에 관한 것, 또 일부는 반대와 추가 논증에 관한 것이었다.

이 장과 다음 두 장에서 우리는 또 다른 기사를 집중적으로 살펴볼 것이다. 여기에서 우리는 분석에서 출발하여 위의 기술들을 순서대로 적용해 볼 것이다. 아래의 기사는 유명인이 된 범죄인을 다루고 있는 논증이다. 이를 두 번 읽어보라. 한 번은 전반적인 의미를 파악하기 위해, 나머지 한 번은 더욱 상세한 내용들을 파악하기 위해 읽어보라. 그러고 나서 기사 다음에 나오는 첫 번째 질문에 답해 보라.

엄격해져야 할 때

유죄 판결을 받은 범인은 자신들이 저지른 범죄를 이용해 이득을 취해서는 안 된다. 이는 전 세계 거의 어느 곳에서나 확립되어 있는 법 원칙이다. 심지어 그들이 복역을 마친 이후에도 마찬가지다. 마약 거래자나 무장 강도 등의 범죄자들이 마약 판매나 은행 강도짓을 해서 모은 돈으로 출감 후에 안락한 생활을 할 수 있게 되어서는 안 된다.

하지만 법이 제대로 적용되고 있는지에 대해서는 의문의 여지가 있다. 위의 원칙은 점차 늘어나고 있는, 출옥 후 유명 인사가 되는 악명 높은 범죄자들에게도 적용되지 않으면 안 된다. TV 캐스터, 영화배우 혹은 베스트셀러 작가가 된 전과자들은 새롭게 번지르르한 직업을 얻어 종종 거금을 벌어들인다. 만약 삐뚤어진 과거사가 아니었다면 그들은 절대 그러한 직업을 얻지 못했을 것이다.

유명 인사가 된 범죄인과 계약을 체결하는 제작자, 대리인과 출판업자들은 범죄인들이 이전의 범죄를 직접적으로 이용해 돈을 벌어들이는 것이 아니며, 이는 그들의 새로운 재능, 그리고 그들이 매혹시킨 독자로부터 받게 된 정당한 보수라고 항변한다. 하지만 이러한 주장은 받아들일 수 없다. 첫째, 제작자들이나 그 외의 관계자들은 벌어들인 돈을 상당 부분 가져간다. 때문에 그들은 그와 같은 이야기를 할 수밖에 없다. 둘째, 악명 높은 악한은 독자를 매혹시킬 재능이 따로 필요 없다. 그들은 나쁜 평판만으로도 충분하다. 그러므로 그들은 직접적이든 간접적이든 여전히 범죄를 이용해 이익을 얻는다고 말할 수 있다.

한때 감옥에 갔던 사람일지라도 깨끗한 경력으로 새로 출발할 권리를 줘야 한다는 반론이 흔히 제기된다. 즉 그들이 유명 인사가 되지 못하게 막는 것은 불공정하고, 그들의 권리를 침해한다는 것이다. 이는 생각이 정리되지 않은 진보주의자들이 보여주는 전형적인 입장이다. 그들은 범죄자 때문에 피해를 입은 사람의 입장은 전혀 고려하지 않고 흉악범이나 살인자의 권리를 기꺼이 옹호하는 사람들이다. 그들은 범죄 피해자 역시 다수의 권리들을 가지고 있다는 점을 망각하고 있다. 그러한 권리들 중 하나는 자신들을 대상으로 강도짓을 했거나 폭행을 가한, 또는 가족 중의 누군가를 살해한 바로 그 사람이 유명 인사의 지위를 누리면서 거금의 수입으로 거들먹거리는 꼴을 보지 않을 권리다. 여기에 한 가지를 덧붙인다면 범죄 피해자는 TV 대담 프로그램 사회자나 범죄 영화의 인기 배우가 될 수가 없다. 왜냐하면 범죄 피해자라는 입장이 그다지 매력적으로 보이지 않기 때문이다.

"범죄를 수단으로 어떤 혜택도 누릴 수 없다"는 원칙이 적어도 의미를 갖기 위해서는 과거의 범죄를 활용해 부자가 된 사람들의 모든 수입

(그것이 직접적으로 획득한 것이든, 간접적으로 획득한 것이든)을 몰수하지 않으면 안 된다. 요컨대 그 어떤 사람에게도 흉악한 악한이 되라고 강요하는 경우는 없다. 이는 개인의 선택이다. 일단 개인들이 범죄의 길을 선택하게 될 경우, 적지 않은 부를 획득하는 문은 영원히 닫혀야 할 것이다. 이는 그들이 치러야 할 대가다. 범죄를 저지르고자 하는 사람이 사악함으로는 결코 어떤 방식으로도 돈을 벌 수 없다는 사실을 알게 될 경우 그들은 범죄자가 되기 전에 일단 재고해 보게 될 것이다.

연습문제

위의 글의 주요 결론은 무엇인가?

이와 같은 논증은 당신에게 익숙한 것들에 비해 길고 복잡하다. 하지만 이를 해체해서 정리하는 전략은 우리에게 익숙한 것들에서와 거의 다를 바가 없다. 즉 주요 결론이 될 가능성이 있는 후보를 찾아내고 — 이는 아마도 어떤 권고나 예측 혹은 판결일 것이다 — 논증의 다른 부분들이 그러한 주장을 제기하는 근거가 되는지의 여부를 자문해 보는 것이다. 만약 근거가 되지 않는다면 또 다른 후보를 찾아본다.

'엄격해져야 할 때'라는 글의 의도는 상당히 뚜렷하다. 이는 범죄를 통해 어떤 이득도 취할 수 없다는 법 원칙을 과거의 범죄를 통해 유명 인사가 된 사람들에게까지도 확대 적용해야 한다고 주장하고 있다. 그리고 글은 도덕적 견지에서 범죄인 유명 인사의 수입을 몰수해야 한다고 주장한다. 이 두 가지 주장은 저자가 말하고자 하는 핵심을 요약하고 있다. 만약 당신이 둘 중의 하나를 결정적인 의견으로 선택해야 한다면, 아마도 두 번째의 "수입을 몰수해야 한다"는 권고를 선택해야 할 것이다. 그 이유는 그것이 법률이 확대 적용되어야 한다는 더욱 일반적인 주장으로부터 이끌어져 나오고 있기 때문이다.

당신이 세 번째 문단의 마지막 문장, 즉 범죄로부터 직접적으로 이익을 얻건 간접적으로 이익을 얻건 아무런 실질적인 차이가 없다는 주장에 관심을 가졌을 수 있다. 이는 '그러므로'가 시사하고 있듯이 분명 결론이며, 세 번째 문단에서의 추론으로부터 도출된다. 하지만 이러한 결론은 단지 논증의 한 단계에 지나지 않으며, 최종적인 단계가 아니다. 따라서 이는 주요 결론이 아닌 중간 결론이다.

위의 글의 주요 결론은 다음과 같이 정리하는 것이 최선이다. "'범죄를 수단으로 어떤 이익도 얻을 수 없다' 는 원칙이 적어도 의미를 갖기 위해서는 과거의 범죄를 활용해 부자가 된 사람들의 모든 수입(그것이 직접적으로 획득한 것이든, 간접적으로 획득한 것이든)을 몰수하지 않으면 안 된다."(혹은 당신 스스로 쓴 동일한 의미의 문장)

연습문제

위의 구절에서는 두 가지 반론 혹은 반대 논증이 제시되고 있다. 어떤 것인가? 저자가 이들을 제시하는 이유는 무엇인가? 저자는 이들을 어떻게 처리하고 있는가?

반대 논증은 세 번째, 그리고 네 번째 구절에 포함되어 있다. 이들은 '항변' 그리고 '반대(했다)'라는 단어가 사용되고 있다는 사실을 통해서, 그리고 이들이 저자의 결론에 도전하고 있다는 분명한 사실을 통해서 확인이 가능하다.

저자가 자기 자신의 결론에 도전하고 있는 이유는 무엇인가? 그것이 논증을 약화시키지 않는가? 아니다. 이는 논증을 강화시킨다. 왜냐하면 이는 저자가 반론에 대한 대응 방법이 있음을 보여주기 때문이다. 당신이 논쟁을 하고 있고, 당신이 말할 차례가 된 경우를 상상해 보라. 당신은 상대가 반대 의견을 제시하기도 전에 그러한 의견을 거론하면서 이에 대응할 수 있다. 이러한 대응을 반대에 대한 사전 고려 — 반대가 제시되기 전에 미리 이에 대응하는 것 — 라고 부르기도 한다.

제작자들이나 그 외의 관련된 사람들이 제기했다고 추정되고 있는 '첫 번째 항변'을 살펴보자. 그들의 반론은 전과자가 연기, 저술, 출연 등을 통해 번 돈이 재능 덕이며, 마약 거래나 은행 습격 등과 같이 범죄를 통해 직접적으로 획득한 돈이 아니라, 범죄와의 간접적인 관련으로 벌어들인 돈이라는 것이다. 이에 대한 저자의 대응은 놀라울 것도 없이 이러한 입장을 받아들일 수 없다는 것이다. 이에 대해 저자는 두 가지 이유를 제시하고 있다. 첫째, 제작자들은 그와 같은 이야기를 할 수밖에 없다. 왜냐하면 그들은 벌어들인 수익금을 함께 나누는 사람들이기 때문이다. 둘째, 악한들은 재능을 가지고 있지 않기 때문이다. 그들에게 필요한 것이라고는 범죄와 관련한 명성밖에 없다. 이러한 이유로부터 저자는 직접적이건 간접적이건 이는 여전히 범죄로부터 얻은 수입이라고 결론짓는다.

당신은 이미 이 문단이 그 자체로 완전한 논증임을 파악했을 수도 있다. 즉 논증 내의 논증임을 파악했을 수 있다는 것이다. 다음은 이 문단을 해체하여 정리한 것이다.

무엇에 대한 논증인지를 보여주는 단서: 반대 논증

하지만…

R1 제작자들은 자신들이 수익의 일부를 가져가기 때문에 그와 같이 말할 것이다.

R2 악한들은 아무런 재능이 없다. 그들의 나쁜 평판만으로도 충분하다.

(따라서)

IC 간접적인 수입은 여전히 범죄를 활용해 벌어들인 수익이다.

따라서

C 이(반대 논증)는 받아들일 수가 없다.

두 번째 반론은 전과자가 새로운 출발을 할 권리가 있다는 것이었다. 이는 '생각이 정리되지 않은' 논증이며, 피해자의 권리나 감정을 무시하는 것으로 파악되어 일축되고 있다. 논증은 범죄자가 범죄로부터 혜택을 받게 되는 데 반해, 피해자는 그러한 기회를 갖지 못한다는 점에서 불공정하다는 사실을 지적하기도 한다.

이러한 대응들은 범죄로부터 얻는 모든 수입을 몰수해야 한다는 주요 결론으로 곧바로 이어진다.

연습문제

반론에 대한 대응 외에 결론을 지지하기 위해 어떤 다른 이유들이 제시되고 있는가?

마지막 문단은 결론을 직접적으로 지지하는 추가적인 이유들을 덧붙이고 있다. 그것들은 다음과 같다. (1) 범죄자들은 선택을 한다. (2) 만약 범죄를 선택한다면 그들에게는 상당한 부를 누릴 수 있는 문이 닫혀야 할 것이다. 그리고 (3) 만약 범죄자가 되려는 사람이 범죄를 통해 절대로 돈을 벌 수 없다는 사실을 안다면, 그들은 범죄자가 되고자 하는 것을 재고해 보게 될 것이다.

첫 번째 문단에 대해 어떻게 생각하는가? 이는 어떻게 분류하는 것이 좋으며, 그 기능은 무엇인가? 첫 번째 문단은 확립되어 있는 법 원칙, 즉 범죄를 통해 돈을 벌어서는 안 된다는 원칙이 있다고 주장하고 있다, 이와 동시에 이는 그 누구도 인정할 수 없는 돈을 버는 방식의 두 사례, 즉 마약 거래나 은행 강도를 통해 돈을 버는 사례를 제시하고 있다. 그렇다면 첫 번째 문단의 내용은 이유들의 목록에 포함되어야 하는가? 아니면 이들은 단지 도입 문장에 불과한 것인가?

당신은 원칙이 없다면 사실상 논증이 큰 의미가 없을 것이라는 이유에서, 그리고 범죄를 통해 얻게 되는 이익은 몰수되어야 한다는 결론을 지지한다는 근거에서 이 부분의 논증을 전제(이유)로 해석했을 수 있다.

하지만 좀 더 면밀하게 조사해 보면 이는 저자가 목표하는 바에 대한 최선의, 그리고 가장 확실한 해석이 아님을 알 수 있다. 왜냐하면 사실상 저자가 마약 거래나 은행 강도와 같은 범죄에 관한 논증을 하고 있는 것이 아니기 때문이다. 범죄자가 유죄 선고를 받을 경우 범죄로부터 얻은 수입은 몰수되어야 하며, 이는 어느 정도 당연한 것으로 받아들여지고 있다. 이를 지지하는 어떤 이유들도 제시되지 않고 있고, 그러한 것들이 필요하지도 않다. 저자의 실질적인 논증은 두 번째 문단의 처음에 나오는 '하지만'이라는 단어로부터 시작한다. 만약 이를 실제 논증으로 파악한다면 첫 번째 문단은 추리의 일부보다는 도입으로 보이게 될 것이다. 논증의 형식은 다음과 같이 나타낼 수 있다.

도입

범죄자는 범죄로부터 이익을 취해선 안 된다.

하지만 …

법이 제대로 적용되고 있지 않다.

따라서 …

과거의 범죄를 통해 벌어들인 수입을 모두 몰수해야 한다.

구조를 지도화하기

위의 도표는 논증의 개괄적인 윤곽만을 제시하고 있을 따름이다. 이는 마치 주요한 표지만 나와 있는 도로 지도와 유사하다. 이는 한 단계로부터 다음 단계로 이어지는 어떤 추리도 제시하지 않고 있다.

'지도 작성'은 알아두면 좋은 방법이다. 왜냐하면 이는 어떤 논증에서의 단계들을 나타내는 또 다른 매우 유용한 방법이기 때문이다. 당신이 한 장소에서 또 다른 장소로 가는 방법을 물을 경우 사람들은 흔히 여러 개의 방향만을 알려줄 것이다. 예를 들어 "신호등까지 곧장 가서 우회전을 하세요. 몇 개의 꺾어지는 길을 따라 그 길을 계속 걸어가세요. 그러다가 왼쪽의 커다란 호텔을 지나치게 될 겁니다. 환상 교차로의 세 번째 출구를 지나서 곧장 나오는 갈림길에서 왼쪽으로 가세요…" 이 모두가 매우 혼란스러울 수 있다. 그리하여 갈래길을 놓치거나 잘못된 길로 접어들기가 매우 쉽다. 이렇게 되면 당신은 조만간 길을 잃게 된다.

간단한 지도는 이에 비해 훨씬 많은 도움이 된다. 이는 당신이 찾아갈 곳을 개괄적으로 보여주며, 어떻게 길들이 연결되는지, 어떻게 서로, 그리고 주변부와 상호 연관되어 있는지를 알려준다.

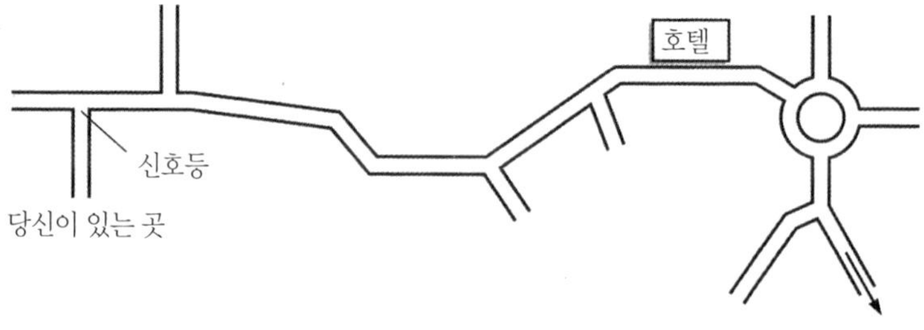

> **연습문제**
>
> 서로 다른 추론의 부분들이 어떻게 결론으로 이어지는지를 보여주는, '엄격해져야 할 때'에 관한 당신이 생각하는 좀 더 상세한 논증 지도를 작성해 보라.

과제가 논증의 구성 방식에 대한 당신의 견해를 제시하라는 것이었음에 주목하라. 이러한 요구가 글에 대한 모든 분석이 다 옳다는 것을 의미하는 것은 아니다. 그럼에도 이는 독자들에게 해석의 여지가 어느 정도 있음을 의미한다. 다음은 논증 지도에 대한 하나의 제안이다. 결론에 이르는 다소 다른 경로를 채택했거나 주장을 약간 다르게 요약했다고 하더라도 걱정할 것은 없다. 당신이 논증의 방향과 그 결론을 적절히 이해하기만 한다면 연습문제는 소기의 목적을 달성한 것이다.

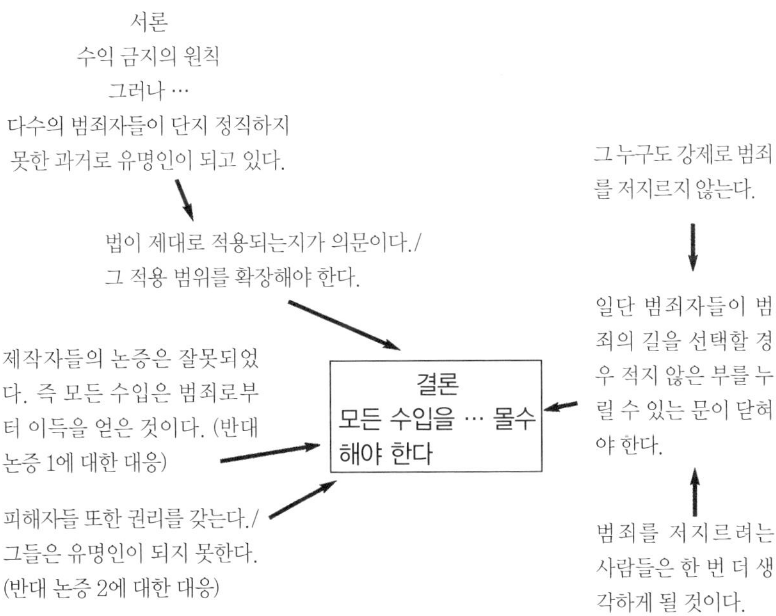

요약

- 긴 논증은 대체로 짧은 것과 동일한 방식으로 분석이 가능하다.
- 긴 논증은 추리의 일부로 하위 논증들을 갖추고 있을 수 있다.
- 반대 논증을 제시해 놓고 이를 논파하는 방법은 매우 일반적으로 활용되는 추리 방식이다.

최종과제

이 장에서 논의한 방법들을 일부 사용해서 이하의 논증 구조를 지도화해 보라.

부정행위는 안 된다고 말하라

국제 스포츠 경기를 관장하는 운영 조직은 경기력 향상 약물(PED) 사용을 금지하고 규율을 어긴 선수들에 대해서는 일절 관용을 베풀지 않는 정책을 채택해야 한다. 운동선수들이 체력과 스태미너를 증진시키기 위해 사용하는 물질들 중 다수가 건강을 크게 해치는데, 이를 입증하는 의학적 근거는 충분하고도 남음이 있다. 이러한 사실은 과거의 많은 선수들이 이미 여실히 보여준 바 있다. 약물 사용을 허용한다거나 눈감아줄 경우 선수들은 멀리 보았을 때 비운을 맞이하게 될 수 있다.

젊은이들은 본래 모험을 즐겨 하며, 흔히 자신들의 미래를 숙고해 보지 않는다. 이러한 사실, 그리고 최고의 자리에 오름으로써 얻을 수 있는 막대한 보상에 대한 기대감으로 인해 그들은 흔히 의학적 권고를 무시하게 되며, 오직 금메달, 엄청난 후원 계약, 혹은 조국을 위해 싸우는 영광만을 생각하게 된다. 스포츠에 대한 규제를 가하는 사람들은 이들에게 관심을 가져야 할 의무가 있다. 그들이 스스로에게 가하는 해악을 수수방관한다는 것은 매우 무책임하다고 할 수 있다.

하지만 스포츠에서 약물 사용을 허용해서는 안 되는 또 다른 이유가 있다. 스포츠의 목적은 누가 최고인가를 가려내는 것이다. 진정한 최고를 가려내기 위한 유일한 방법은 모든 경쟁자들이 공정한 경쟁을 치르게 하거나 그들에게 승리를 위한 동등한 기회를 제공하는 것이다. 만약 어떤 경쟁자가 남몰래 부정을 저질렀다면 누가 최고인지를 말할 수 없다. 스포츠에서 약물을 추방할 경우 우리는 적어도 누가 진정한 챔피언인가를 알 수 있게 된다.

간혹 약물 복용이 완전히 적법한 다른 관행들, 예컨대 특별 식이요법에 따르면서 건강 보조제를 섭취하는(이 또한 선수들의 경기력을 높일 수 있는데) 등의 관행에 비해 특별히 많은 도움이 되는 것은 아니라는 주장이 제기되곤 한다. 최신 하이테크 장비와 의복, 컴퓨터를 도입한 훈련 프로그램, 생리적 · 심리적 요법 등도 경기력에 영향을 줄 수 있다. 이는 부정이 아닌가?

아니다. 어떤 음식을 먹는 것과 약물을 복용하는 것은 전혀 다르다. 왜냐하면 음식과는 달리 약물은 금지된 물질이기 때문이다. 어떤 선수라도 원한다면 특별 식이요법을 취하거나 최신 장비나 훈련 기구를 이용할 수 있다. 하지만 약물을 복용하는 방법을 통해 이익을 취하는 선수들은 규칙을 거리낌 없이 어기는 자들이다. 어찌 되었건 약물을 복용하는 것이 에너지를 제공하는 음식을 먹는 것과 다를 바가 없다고 말할 경우 결국 당신은 운동선수가 등에 제트 엔진을 달고 경주하는 것을 허용하지 않을 수 없게 될 것이다.

한 가지 덧붙인다면 최고의 선수들이 약물을 복용하지 않을 경우 그들을 롤 모델로 삼고 있는 젊은이들이 그들을 따를 가능성이 훨씬 높아지게 될 것이다. 그러한 젊은이들을 위해서라도 부정행위에 대한 압력을 절대 완화해서는 안 된다.

해답과 해설은 354-356쪽을 볼 것.

21 비판적 평가

앞의 장에서 당신은 한 논증의 구조를 지도화하는 것에 대해 공부했다. 이 장에서 당신은 동일한 논증을 장점과 단점, 성공과 실패라는 관점에서 살펴보게 될 것이다. 달리 말해 이를 비판적으로 평가해 본다는 것이다.

219-221쪽에 나오는 전체 논의를 다시 한 번 읽으면서 결론과 지지하는 이유들을 떠올려보라. 필요하다면 227쪽에 나오는 구조에 대한 분석 또한 다시 살펴보라. 일단 이를 확실하게 숙지했다면 다음과 같은 질문들을 검토해 볼 수 있을 것이다. 이는 훌륭한 논증인가? 말이 되는가? 추론이 결론을 지지하는 데 성공하고 있는가?

이제 앞의 논증을 분석하고 지도화했던 당신의 노력이 그 의미를 찾을 때가 왔다. 당신은 논증을 일일이 검토할 수 있도록 작업을 통해 논증을 다룰 수 있는 몇 개의 조각으로 쪼개 놓았다. 당신은 정확한 기능을 파악할 수 있도록 글의 여러 부분들을 적절한 자리에 배치하기도 했다. 이러한 작업 덕분에 우리는 도입부에 해당하는 첫 번째 단락을 지나쳐버리고, 두 번째 단락의 논증이 실제로 출발하는 곳으로 곧장 이동할 수 있게 되었다.

두 번째 단락은 적용 범위가 제한적인 관련 법이 유명인 전과자(마약 거래자, 은행 강도 등)에게도 적용되어야 한다는 중간 결론을 이끌어내고 있다.

연습문제

이러한 결론을 지지하기 위해 두 번째 단락에서 제시하고 있는 이유들은 무엇인가? 이들은 설득력이 있는가?

제시된 이유들은 그러한 유명인들이 돈을 많이 버는 경우가 흔히 있고, 그들이 과거에 범죄를 저지르지 않았다면 그처럼 돈을 벌지 못했으리라는 것이다. 만약 당신이 두 가지 진술이 모두 참임을 받아들인다면 그러한 진술들은 법의 제한된 적용 범위를 확장할 필요가 있다는 주장을 분명 뒷받침한다. 이들은 유명인 전과자들의 소득을 몰수해야 한다는 (다섯 번째 문단의) 주요 결론으로 가는 길을 확실하게 마련해 준다. 이렇게 말하는 이유는 만약 일부 사람들이 범법자였기 때문에 이득을 얻는 것이 사실이라면 — 그리고 범법자라는 것 외에 다른 이유가 없다면 — 서론에서 언급한 원칙이 (아마 틀림없이) 무너질 것이기 때문이다.

여기서 중요한 문제는 이러한 이유들, 특히 두 번째 이유가 받아들일 만한지의 여부다. 첫 번째 주장은 상당히 확실하게 받아들일 만하다. 왜냐하면 사회자 등이 된 전과자들이 많은 돈을 번다는 것은 잘 알려진 사실이기 때문이다. 만약 누군가가 그 진실을 의심한다고 하더라도 이는 쉽게 확인할 수 있고, 이를 입증하는 유명인들을 제시할 수 있다. 하지만 저자가 두 번째 이유, 즉 이들 유명인들이 "자신들의 부정한 과거가 아니었다면 그와 같은 직업을 결코 얻지 못했을 것이다"에 대해 어떤 근거를 가지고 있는가? 분명 아무것도 언급된 바가 없다. 이는 뒷받침이 이루어지지 않은 주장으로, 독자들이 믿어주리라고 저자가 기대하고 있는 주장이다.

가정

9장을 떠올려볼 경우 당신은 설령 모든 논증은 아니라고 해도 많은 논증들이 언급되고 있는 이유들뿐만 아니라 가정들에 의거하고 있음을 기억해 낼 수 있을 것이다. 두 번째 문단에서의 결론을 이끌어내면서 저자는 어떤 가정, 예컨대 과거 범죄인이었던 유명인들은 만약 범죄자가 아니었다면 유명하게 되거나 성공할 수 없었을 것이며, 이를 위해 필요한 재능을 갖추지 않았으리라고 가정하고 있다. 이렇게 가정하지 않을 경우 당신은 결론을 받아들일 수 없다. 하지만 독자들이 굳이 가정을 거부해야 할 이유가 없듯이, 이를 받아들여야 할 이유 또한 없다. 이는 논증의 잠재적인 약점이다.

결점

심지어 이러한 가정을 해야 하는 것 자체가 논증의 결점 혹은 추론 오류라고까지 말할 수 있다. 당신이 이를 보증되지 않은 가정이라고 생각할 경우에는 특히 그러하다(보증되지 않은 주장 혹은 가정이란 지지가 결여된 것을 말한다). 11장에서 우리는 "두 가지가 모두 참이며, 이에 따라 한쪽이 다른 쪽의 원인이다"라는 가정이 흔히 범하는 추론상의 오류임을 살펴본 바 있다. 여기서 저자가 이와 같은 실수를 범하고 있는 것은 아닌가? 저자가 유명인이 한때 범죄자였고, 이것이 그들이 명성을 얻게 된 원인임에 분명하며, 그 결과 부를 획득하게 되었다고 말하고 있는 것은 아닌가?

만약 이것이 저자가 말하는 바라고 당신이 생각한다면, 이를 논증의 결점으로 규정하는 것이 옳을 것이다. 어떤 논증이 보증되지 않은 가정에 의존하고 있을 경우, 이를 결함이 있다거나 건전하지 않다거나 혹은

'논증에 구멍이 있다'고 말하는 것은 적절하다.

만약 여기서 사용되고 있는 일부 용어들이 낯설게 느껴진다면 9장, 10장, 11장을 다시 한 번 살펴보고 기억을 떠올리길 바란다.

구멍 메우기

하지만 저자는 바보가 아니며, 두 번째 문단에서의 잠재적인 약점을 너무나도 잘 알고 있다. 이것이 다음 문단에서 저자가 자신의 가정(들)에 이의를 제기하는 반대 논증을 '미리 고려' 하고 있는 이유다. 이의 사실상의 목적은 저자가 자신의 약점을 인정하려는 것이 아니라 개선하려는 것이다. 달리 말해, 저자는 반대 논증이 열어놓은 구멍을 메우고자 하는 것이다.

논증에 대해 제기된 반론은 유명 인사가 직접적인 범죄를 통해 돈을 버는 것이 아니라 '다른 곳으로 전용한 재능'을 이용하여 돈을 번다는 것이다. 이에 대한 저자의 대응은 첫째, 그러한 반론을 제기하는 제작자들과 그 외 관련된 사람들이 이권을 공유하며, 이에 따라 '그렇게 이야기하리라는' 것이다. 둘째, 악한들이 아무런 재능을 가지고 있지 않다는 것이다. 다시 말해 범죄와 관련한 평판만으로도 충분하다는 것이다. 이러한 대응을 통해 저자는 범죄자가 유명인이 됨으로써 번 돈은 그것이 직접적이건 간접적이건 여전히 범죄를 통해 이익을 본 것이라고 결론 내린다.

연습문제

저자의 대응이 얼마만큼 성공했다고 생각하는가? 그것이 '구멍을 메우거나' 반대 의견을 일소(一掃)하는가, 아니면 그렇지 않은가? 그 이유는 무엇인가?

저자의 대응은 반론을 일소하지 못한다. 이는 저자의 가정을 뒷받침해

주는 어떤 훌륭한 이유도 되지 못하고 있다. 먼저 두 번째 대응부터 검토해 보도록 하자. 이는 문제가 되는 전과자들이 재능을 갖추지 못했다고 그저 주장하고 있을 따름이다. 이것이 반론에 대한 대응처럼 보일 수 있지만, 조심스레 살펴볼 경우 당신은 여기에서 추가적인 추리가 이루어지고 있지 않음을 알게 될 것이다. 이는 그저 앞에서의 가정을 약간 다른 방식으로 반복하고 있을 따름이다. 저자는 범죄자들이 재능을 갖추지 못했다는 증거를 여전히 제시하지 못하고 있다.

첫 번째 대응이라고 상황이 나은 것은 아니다. 사실상 이는 비방 이상이 아니다. 저자는 제작자들과 다른 관련인들이 모두 이익을 얻고자 하는 동기를 가지고 있으며, 이에 따라 그들이 '몫'을 챙기기 위해서라면 어떤 이야기라도 할 것이라고 우리가 믿기를 바라고 있다. 저자는 전과자들이 악명과 더불어 재능을 갖추고 있을 수 있다는 주장에 답하고 있지 않다. 저자는 여기에서 새로운 가정을 하기도 한다. 즉 저자는 전과자들이 재능을 갖추었다고 주장하는 사람들이 오직 제작자나 이권이 걸려 있는 사람들뿐이라고 가정하고 있기도 한 것이다. 현실 속에서는 반대 논증에도 동의할, 아무런 이권이 걸려 있지 않은 사람들이 다수 있을 수 있다.

인신공격

이와 같은 논증 방식은 매우 흔한 유형의 결점으로, 기억하고 경계해야 할 필요가 있다. 이는 논증보다는 문자 그대로 '사람을 향해 있는' 논증이라는 뜻의 라틴어 이름 — *ad hominem* — 을 가지고 있다. 설령 논증을 하는 사람이 신뢰할 수 없거나 사악하거나 거짓말을 잘하거나 어리석다고 하더라도, 혹은 평판에 흠을 내기 위해 반대자가 밝히고자 하는 다른 어떤 특징을 갖추고 있더라도, 논증 자체는 완전히 건전하고 효과적일 수 있다. 때문에 사람을 향해 있는 논증은 결점을 가지고 있는 것이다.

만약 유명인이 되는 데 성공한 사람이 재능 또한 분명 갖추고 있다면 반대 논증은 강력한 것이 된다. 이는 그와 같이 주장하는 일부 사람들이 그러한 주장이 참이길 바라는 이기적인 이유들을 가지고 있는지와 무관하게 그러하다. 당신은 단지 논증을 제시하는 사람을 불신함으로써 논증을 일소해 버릴 수 없다. 그럼에도 이러한 전략이 아주 흔히 활용된다는 것은 흥미로운 사실이다.

당신은 "만약 어떤 관점을 뒷받침하는 유일한 출처가 다른 곳이 아닌 신뢰할 수 없는 곳이라면, 이를 의심의 눈으로 바라봐야 한다"라고 합당하게 말할 수 있다. 하지만 이는 저자가 위의 사례에서 그러듯이, 어떤 사람들은 "그렇게 말할 것이다. 그렇지 않은가!"라고 말하면서 받아들일 수 없다고 말하는 것과는 매우 다른 문제다.

연습문제

또 다른 반대 논증과 이에 대한 대응이 네 번째 문단에서 이어지고 있다. 추론이 포함하고 있는 어떤 가정들, 그리고/혹은 결함을 밝히면서 이 문단에서의 추론을 비판적으로 평가하라.

아마도 당신은 이 문단에 또 다른 인신공격 논증이 있음을 곧바로 찾아냈을 것이다. 범법자의 권리에 대한 관심이 "생각이 정리되지 않은 진보주의자들이 보여주는 전형"이라는 주장은 분명 논증보다는 사람을 향해 있는 비판이다. 하지만 계속해서 저자는 그러한 범법자의 권리에 대한 관심이 잘못인 이유가 무엇인지를 이야기하고 있는데, 이렇게 함으로써 논증은 훨씬 강력해진다. 그리하여 설령 당신이 문단의 인신공격 부분을 무시한다고 하더라도, 당신은 비판에 대응하는 두세 개의 이유들을 여전히 검토해 보아야 한다. 이들 또한 (만약 참이라면) 저자 자신의 논증을 뒷받침하고 있다. 이들은 다음과 같은 주장들이다.

- 피해자들 또한 권리를 가지고 있으며, 그중 하나는 자신들에게 피해를 준 사람들이 부와 명성을 누리는 것을 보지 않을 권리다.
- 피해자들은 전과자들처럼 (명성을 얻을) 동등한 기회가 없다.

이는 강력하고 설득력 있는 논점이다. 당신은 폭력범이나 강도가 이후 TV 쇼를 진행하거나 신문에 베스트셀러 자서전을 연재하거나 영화를 찍어 흥행에 성공한 모습을 보게 될 경우, 그 피해자가 얼마나 모욕감을 느낄 것인지에 대해 쉽게 상상해 볼 수 있을 것이다. 피해자가 다음과 같이 생각해도 그리 잘못은 아니다. "저러한 명성은 어느 정도 나의 희생으로 얻어진 것이다. 범죄자는 돈을 벌고 나는 전혀 벌지 못한다. 더욱 화가 나는 것은 아무도 나의 부상이나 손실에 대해 사실상 관심이 없고, 오직 그의 사악함에만 관심이 있기 때문에 내가 유명인이 될 수 없다는 점이다."

설령 이러한 주장이 설득력이 있다고 해도, 이러한 추론을 건전하다고 말할 수 있는가? 강한 어조의 배후에 숨겨진 어떤 가정이 있는 것은 아닌가? 아마 틀림없이 그렇다고 말할 수 있을 것이다. 먼저 당신은 피해자가 가지고 있다고 저자가 주장하는 유형의 '권리'를 피해자들이 실제로 갖는다고 가정해야 할 것이다. 사람들은 타인으로부터 피해를 입지 않을 권리가 있다. 하지만 그러한 권리는 법정에서 선고를 내릴 때 다루어진다. 일단 그러한 범법자들이 복역을 마쳤을 경우, 피해자들에게 범법자들이 잘되는 것을 절대로 보지 않을 계속되는 권리가 있는가? 다음 장에서 추가적인 논의를 통해 확인하게 될 것이지만 아마도 분명 아닐 것이다.

이 단락에서 저자가 우리에게 받아들이길 요구하는 바는 "범법자들의 새롭게 출발할 권리를 인정하는 것은 과거에 피해를 당한 사람들에게 공정하지 못하다"는 것이다. 이는 피해자들과 범법자들이 모두 권리를 가지고 있을 경우 피해자들의 권리가 우선되어야 한다는 가정이다. 이러한 가정이 없을 경우 결론을 뒷받침할 별다른 근거가 없다. 왜냐하면 반대 논증에서 주장되고 있는 바와 같이 만약 전과자가 다른 사람들과 동등한 권리를 가진다면, 어떻게 피해자가 범죄자에 우선되는 특별한 권리를 갖는다고 저자가 주장할 수 있는지를 파악하기가 어려워지기 때문이다. 이는 논증이 가지고 있는 잠재적인 약점인데, 이는 22장에서 다시 살펴보게 될 것이다.

결론

드디어 마지막 단락에 도달했다. 이는 결론과 짧은 추가 논증으로 이루어져 있다. 그중 하나는 사람들이 범법자가 되는 길을 선택하는 것은 자유이며, 그들이 이러한 선택을 할 경우 미래에 (상당한) 부를 축적하지 못하도록 조치를 취해야 한다는 것이다. 다른 하나는 범죄자가 되고자 마음먹은 사람들이 이러한 방식으로 철저하게 법률의 보호를 받지 못하게 된다는 사실을 알게 될 경우 범행을 재고해 보게 되리라는 것이다.

연습문제

마지막 단락에서의 추리를 논증의 이전 단계에서처럼 비판적으로 검토해 보라.

아마도 이는 논증에서 가장 강력한 부분일 것이다. 이는 범죄인이 되는 것에 대한 책임을 확고하게 개인에게 지우고 있으며, 매우 합당하게도 그러한 개인이 돈을 버는 것에 제약을 받게 되었을 때 그 누구도 원망할 수 없고 자신을 책망해야 한다고 주장한다. 논증에 반대하는 사람은 범법자들이 경고를 받지 않았다고 말할 수 없다. 논증은 이러한 조치가 범죄를 저지르겠다는 생각을 단념하게 할 수 있다는 주장을 통해 한층 강화된다. 아마도 이는 범법자에 대한 제재를 지지하는 최선의 논증일 것이다.

하지만 여기에도 의문의 여지가 있는 가정들이 있다. 그 하나는 범죄에 대한 유혹을 느끼는 젊은이들이 미래에 합법적인 방식으로 부유하고 유명하게 된다는 것에 대해 관심이나 가질 것이냐는 점이다. 설령 그들이 이에 대해 생각해 본다고 해도, 범죄를 저지르지 말아야겠다는 생각이나 할 것인가? 아마도 그렇지 않을 것이다. 또 다른 의심스런 가정은 사람들이 모두 자신들의 삶을 자유롭게 선택한다는 것이다. 즉 그 어떤 사람도 양육이나 타인의 영향에 의해, 혹은 더 나은 삶을 몰라서 나쁜 방향으로 나아가게 되지는 않는다는 것이다. 진정으로 자유롭게 선택할 수 있다고 가정하지 않는 이상, 그 어떤 사람에게도 제2의 기회가 주어져서는 안 된다고 말하는 것은 가혹한 처사일 것이다.

설득의 힘: 말투의 활용

위의 내용을 무심하게, 그리고 무비판적으로 읽을 경우 당신은 논증에 설득당하기 쉬울 것이다. 당신의 첫 번째 반응은 다음과 같을 것이다. "맞아. 많은 범법자들이 자신들의 과오를 통해 이익을 얻고, 이로 인해 유명하게 되었음이 분명해. 이는 옳거나 공정한 것이 아니야." 하지만 우리가 살펴본 바와 같이 논증은 처음 보았을 때와는 달리 건전하거나 결정적이라고 할 수 없다. 이를 비판적으로 검토해 볼 경우 당신은 여기에 숨겨진 가정들, 심지어 추리상의 결함이 여럿 있음을 알게 된다.

이 논증의 설득력은 저자가 자신의 입장을 강조하기 위해서 사용하는 언어와 어느 정도 관련이 있다. "번지르르한 새로운 직업"과 "삐뚤어진 과거사"라는 두 번째 문단에서 사용되고 있는 두 표현들을 보라. 두 경우 모두 싸구려이고 역겹다는 인상을 촉발하는 데 도움을 준다. 다음 구절에서 우리는 "악명 높은 악한들에게는 재능이 필요하지 않다"는 주장을 살펴볼 수 있는데, 이는 유명인으로 변신한 전과자들에게서 만들어진 부정적인 인상을 강화시키고 있다.

물론 이는 적절한 인상일 수 있고, 적어도 당신이 전적으로 동감하는 느낌일 수 있다. 실제로 저자가 염두에 두고 있는 다수의 유명인들이 전적으로 불쾌하고 재능이 없는 사람일 수 있다. 하지만 이러한 사실을 받아들인다고 해도 당신은 선택된 언어가 논증에 반응하는 방식에 크게 영향을 줄 수 있다는 점을 간과해서는 안 된다. 즉 정서나 공감에 비해 추론이 부차적인 위치로 전락해 버릴 위험이 항존하고 있다는 것이다. 실제로 이러한 일이 일어난다면 당신은 비판적으로 대응하지 않은 것이다.

네 번째 문단에서 우리는 논증에 반대하려는 사람들이 어떻게 "생각이 정리되지 않은 사람"으로 간주되어 무시되었는가를 살펴보았다. 저자에 따르면 그들은 "피해를 입은 사람의 입장은 전혀 고려하지 않고 흉악범이나 살인자의 권리를 옹호할 준비가 되어 있는 사람들이다." 이어서 우리는 이러한 흉악범과 살인자들이 "거금의 수입으로 거들먹거리는" 이미지를 접하게 된다. 그가 사용하고 있는 언어는 저자가 어느 편에 서 있는지에 대한 의심의 여지를 주지 않는다. 하지만 그 이상으로 저자는 계략적으로 우리를 일종의 올가미로 이끌어간다. 여기서 우리는 나쁜 녀석들을 옹호하거나 무고한 피해자를 지지하는 것 사이에서 선택을 해야 하는 듯한 느낌을 갖게 된다.

이러한 논증을 비판적으로 검토해 볼 경우, 우리는 이 논증이 논의와 관련되어 있는 서로 다른 집단의 사람들을 서술할 때 강한 편향성을 드러내고 있다는 사실을 알 수 있다. 범죄로부터 진정으로 등을 돌린, 배우나 저술가로서의 실질적인 재능이 있는, 그리고 자신들이 야기한 해악에 사죄하기 위해 자신들이 할 수 있는 바를 행하는 전과자들이 있을 수 있다. 저자가 자신들의 "번지르르한 새로운 직업"에 대해 거들먹거리는 사람들과 그러한 사람들을 동일한 범주에 포함시키고 있는 것은 아닌가? 우리는 이를 알 수 없다. 그 이유는 저자가 편의상 — 그리고 의심의 여지없이 의도적으로 — 그들에 대해서는 언급을 하고 있지 않기 때문이다.

결정 시기

그렇다면 이러한 논증은 전체적으로 훌륭한 논증인가, 그렇지 않은 논증인가? 최종 판단은 당신의 몫이다. 아마도 당신은 이것이 상당히 설득력 있는 논증이지만 장점 못지않게 단점 또한 가지고 있다는 데에 동의할 것이다. 그리고 이 논증이 적어도 문제가 되는 주장들과 가정들을 어느 정도 포함하고 있다는 데에도 동의할 것이다. 이들이 논증을 거부하기에 충분한지의 여부는 당신이 결정해야 한다. 당신은 최종과제에서 이를 직접 해보게 될 것이다.

유의할 점은 이러한 결정이 단지 저자의 의견 혹은 결론에 동의하는지의 여부만을 말하는 것이 아니라는 점이다. 예컨대 당신은 매우 합당하게 결론은 옳지만 논증이 빈약하다고 생각할 수 있다. 이와 달리, 당신은 논증이 강력하고 설득력 있지만 당신 스스로가 생각한 여러 이유들 때문에 결론에 동의하지 않을 수 있다.

해악으로부터의 논증

이제 앞 장의 최종과제인 '부정행위는 안 된다고 말하라'에서 당신이 분석한 논증을 검토해 보도록 하자. 글의 첫 번째 두 문단에는 매우 흔한 논증이 포함되어 있다. 이는 다음과 같은 형식의 논증이다. "이러저러한 것은 해롭거나 혹은 해로울 수 있다. 따라서 이는 금지되어야 한다."

연습문제

226쪽에 나오는 구절의 첫 번째 문단과 두 번째 문단을 다시 한 번 읽어보고, 거기에서 주요 결론을 지지하기 위해 제시된 이유들을 상기해보도록 하라. 주요 결론을 지지하는 논증에 숨겨져 있는 가정은 무엇인가? 당신은 이것이 보증될 수 있는 가정이라고 생각하는가?

첫 번째 두 문단에서의 논증은 다음과 같다.

- 의학적 증거와 과거의 경험은 경기력 향상 약물(PED)이 유해하다는 사실을 시사한다.
- 젊은 선수들은 무모하다.
- 자해를 방관하는 것은 무책임한 일일 것이다.

(따라서)

IC: 조직은 선수를 '보호할 의무'를 갖는다.

따라서

MC: 조직이 PED를 금하는 것은 옳다.

이는 합당한 논증인 것처럼 보인다. 만약 당신이 전제가 참임을 받아들인다면 — 그리고 받아들이지 말아야 할 이유가 없다 — 이때 PED를 엄격하게 금지하는 것이 우리가 따라야 할 현명한 정책인 것처럼 보인다. 하지만 '현명한'이 반드시 '옳음'을 의미하는 것은 아니며, 여기서 우리는 논증의 중요한 전제를 만나게 된다. 즉 PED가 위험하기 때문에 운동선수들에게 스스로 선택할 권리가 없다는 전제, 바꾸어 말해 조직이 선수들을 위한 선택을 할 권리가 있다는 전제를 만나게 되는 것이다.

금지의 필요성을 제기하기 위한 해악(혹은 위험성 혹은 위험)으로부터의 논증은 흔히 다음과 같은 유형의 가정의 지지를 받는다. "책임자들은 성인 남녀에게 자신들의 신체에 행해도 되는 일과 행해서는 안 될 일을 알려줄 권한이 있다." 이것이 보증된 가정인가? 대체로 보았을 때 아니다. 물론 당국이 우리 자신의 선과 안전을 위해 규칙을 부과하기도 하는 것은 분명하다. 많은 나라들은 안전 헬멧 없이 오토바이를 타지 못하도록 하고 있으며, 안전벨트를 하지 않고 차를 운전하지 못하도록 하고 있다. 하지만 위험하긴 해도 우리가 원하면 할 수 있는 권리를 갖는다는 이유로 금하지 않고 있는 활동들이 많이 있다. 등산, 스카이다이빙 등은 그 예다. 흔히 어떤 것을 금하고자 할 경우 스스로에게 해가 된다는 것 외의 다른 논증들이 필요하다. 다른 사람들에게도 해악이 확장된다는 것은 그 예다. 예를 들어 공공장소에서의 금연을 옹호하는 가장 강력한 논증은 흡연자뿐만 아니라 비흡연자들까지도 피해를 입게 된다는 것이다. 만약 그러한 논증이 흡연자에게 흡연이 피해를 준다는 것에 그치는 논증이라면, 이는 그것이 가지고 있는 힘을 갖추지 못할 것이다.

이렇게 보았을 때 첫 번째 두 문단에 포함되어 있는 논증은 다소 불안정해 보이는데, 이는 그것이 주장하고 있는 바 때문이 아니라 그것이 가정하고 있는 바 때문이다. 하지만 저자는 이를 적절히 인지하고 있는 것처럼 보인다. 왜냐하면 저자의 논증은 여기서 끝나지 않기 때문이다. 논증은 계속해서 다음과 같이 말하고 있다(세 번째 문단). "하지만 (PED를 묵인할 수 없는) 또 다른 이유가 있다."

공정성으로부터의 논증

두 번째 주요한 추리는 PED의 복용이 공정하지 못한 것, 다시 말해 사실상 속이는 것이며, 그리하여 PED의 복용은 건강을 해치기 때문만이 아니라 속이는 것이라는 이유로 금지되어야 한다는 논증이다. 세 번째 문단은 만약 약물을 스포츠계에서 추방할 수 있다면 우리가 (다시 한 번) '진정한 챔피언'을 가려낼 수 있게 될 것이라고 결론 맺고 있다.

여기에는 또 다른 가정이 숨겨져 있다. 즉 PED 외의 어떤 다른 방식으로 불공정한 이익을 취하는 방법은 없다는 가정이 숨겨져 있는 것이다. 이와 같은 지적에 대응하기 위해 저자는 완전히 적법하지만 속이는 것이라 할 수 있는 관행들이 실제로 있다는 반대 논증을 제시하고 이에 대응을 한다. 저자는 PED는 금지된 것이기 때문에 차원이 다르다고 대응하고 있다.

연습문제

반대 논증에 대한 저자의 대응을 평가해 보라. 이는 건전한 추리인가, 아니면 어떤 결점을 발견할 수 있는가?

매우 신중하게 살펴보아야 할 심각한 결점이 세 가지 있다. 이들은 '허수아비', '미끄러운 경사길' 그리고 '선결 문제 요구'로 알려져 있는 결점이다. 이들 중 두 가지는 다섯 번째 문단의 마지막 문장과 관련된다.

> "어찌 되었건 약물을 복용하는 것이 에너지를 제공하는 음식을 먹는 것과 다를 바가 없다고 말할 경우 결국 당신은 운동선수가 등에 제트 엔진을 달고 경주하는 것을 허용하지 않을 수 없게 될 것이다."

허수아비

'허수아비' 논증은 그 어떤 사람도 주장하거나 지지하지 않을 정도까지 의도적으로 반대 논변을 약하게 만드는 것을 말한다. 이러한 논증은 목표를 맞추는 연습, 구체적으로 짚으로 인간의 모습을 만들어 활 쏘는 연습을 했던 관행으로부터 '허수아비'라는 이상한 이름을 얻게 되었다.

저자는 여기서 상대 논변을 허수아비로 만들고 있다. 당신이 '허수아비'라는 명칭을 알고 있는지의 여부와 상관없이, 당신은 약물을 취하는 것이 '좋다'거나 음식을 먹는 것과 아무런 차이가 없다는 주장이 반대 논증에 포함되지 않았음을 파악했어야 한다. 반대 논증은 이에 비해 훨씬 미묘하다. 이는 그저 이익을 얻기 위해 허용된 방식들과 금지된 것들을 구분하기가 어렵다는 점을 지적하고 있을 따름이다. 이것이 반대하는 사람이 PED가 허용되어야 한다고 생각한다는 것을 뜻하는 것은 아니며, 단지 문제가 생각보다 그리 간단하지 않다는 것을 의미할 따름이다.

이처럼 저자는 실제로 존재하지 않는 반대자에 대해 반론을 제기하고 있다. 언뜻 보았을 때 이러한 반론을 통해 저자가 점수를 올린 것처럼 보이지만, 이것이 실제로 합산되지는 않는다. 왜냐하면 이는 미미하게 점수를 올린 것에 불과하기 때문이다. 당신은 논증들을 읽어보다가 이러한 결함을 흔히 발견할 것이다. 당신이 눈치 채지 못할 경우 이는 설득력을 발휘한다. 그리고 만약 의도적으로 취해진 조치라면 이는 속임수다!

미끄러운 경사길

논증에서 '허수아비' 결점이 발견되지 않았다고 하더라도, 동일한 문장에는 또 다른 결점이 발견된다. 이 또한 이상한 이름을 가지고 있다. 이는 흔히 '미끄러운 경사길'이라 불린다. 이러한 이름은 일단 당신이 경사길에 서 있으면 바닥에 이르기까지 멈춰 설 수 없게 되는 것에 착안해서 붙여졌다. 저자에 따르면 일부 PED가 일부 건강 보조제와 매우 유사하다고 말할 경우, 운동선수들이 "자신의 이익을 위해 하는 바는 모두 옳다"고 말하는 것을 멈출 수 있는 것은 전혀 없다.

이는 말할 것도 없이 당치 않은 말이다. '특별한 식단 혹은 훈련 기술'과 '어떤 약물을 복용하는 것'의 차이는 실제로 크지 않다. 심지어 전문가들마저도 소위 '식품 보충제'와 실제 약물의 선을 긋는 데 다소 어려움을 겪는다. 바로 이것이 당신이 PED를 금지하는 데 찬성한다고 해도 반대 논증을 진지하게 검토해 봐야 하는 이유다. 운동선수들이 제트 추진기를 사용할 수 있다는 생각은 완전히 다른 수준의 이야기며, 다른 쪽 극단으로 치닫지 않으면서도 얼마든지 한쪽을 옹호할 수 있다.

선결 문제 요구

세 번째 결점은 다섯 번째 문단 두 번째 문장에서 언급되고 있는 저자의 다음과 같은 생각에서 발견된다. "PED는 다른 방법으로 성적을 향상시키는 것과 다르다. 그 이유는 PED는 금지된 것이며, 이로 인해 이를 복용하는 것은 곧 속이는 것과 다를 바 없기 때문이다." 그런데 여기서 주요 결론은 약물 복용이 금지되어야 한다는 것이다. 당신은 단지 무엇인가가 이미 금지되었다는 이유로 그것이 금지되어야 한다고 말할 수 없다. 이는 타당하지 못하다. 이러한 오류는 '선결 문제 요구'라고 알려져 있다. 만약 논증을 다음과 같이 단순화할 경우 당신은 왜 이를 선결 문제 요구라고 부르는지 파악할 수 있을 것이다.

PED를 금하는 것은 옳다(결론).

그 이유는?

왜냐하면 PED를 사용하는 것은 속임수이기 때문이다.

그것이 속임수인 이유는?

왜냐하면 PED가 금지되어 있기 때문이다.

이러한 결점을 드러내는 또 다른 방법은 이것이 순환 추론 혹은 순환 논증임을 지적하는 것이다. 여기에서 저자는 PED에 대한 금지로부터 PED에 대한 금지를 옹호하고 있다. 당신이 여러 논증에서 발견하는 결점들은 순환 추론 혹은 선결 문제 요구에 기인하는 것들이 다수다. 간혹 이 논증에서와 같이 순환성이 뚜렷하게 드러나는 경우도 있다. 하지만 다른 경우에는 이러한 순환성이 훨씬 교묘하게 위장되어 있으며, 당신은 이를 찾아내기 위해 경계를 늦추지 말아야 한다.

전체 논증

우리는 경기력 향상 약물 금지를 옹호하는 논증에서 여러 단점, 결함 그리고 의심의 여지가 있는 가정들을 발견했다. 그런데 이것이 전체 논증을 부정해야 한다는 것을 의미하지는 않으며, 그 결론을 부정해야 함을 의미하는 것 또한 아님이 확실하다. 대부분의 사람들은 PED 복용이 전적으로 잘못되었다고 생각하며, 이를 금지하는 데에 전적으로 찬성한다. 또한 대부분의 사람들은 이를 속임수라고 생각하며, 약물이 운동선수의 건강을 해친다고 믿고 있다.

하지만 그 반대 또한 참이다. 단지 저자가 내린 논증의 주요 결론을 우리가 받아들인다고 해서 그것이 그에 대한 추리를 받아들여야 함을 의미하는 것은 아니다. 비판적 사고를 하는 사람으로서 우리는 논증에 동의하는지의 여부를 객관적으로 평가할 수 있어야 한다. 사실 저자의 입장에 동의할 경우 평가 작업이 더욱 힘들어지기 일쑤다. 왜냐하면 우리가 동일한 가정을 하고 있고, 동일한 결과를 원할 가능성이 크기 때문이다.

요약

- 비판적인 평가란 어떤 논증에서 이루어지고 있는 주장과 가정들이 신뢰가 확보된 것인지의 여부를 결정하는 것을 의미한다.
- 이는 추론상의 결점들을 드러내 밝히는 것이다.
- 이는 만약 옳다면 이유들이 결론을 지지하는 강도를 평가하는 것을 의미한다.
- 이는 논증에서 사용된 말투의 영향을 의식하는 것을 의미한다.

최종과제

1. 이 장에서 공부한 두 논증 중에서 한 가지를 선택하라. 이에 대해 이루어졌던 비판적인 평가를 요약하고, 이에 대응하여 당신 스스로의 의견을 제시해 보라. 마지막으로 논증에 대한 총평을 제시하고, 얼마만큼 논증이 그 결론(들)을 성공적으로 혹은 성공적이지 못한 방식으로 지지하고 있는지를 말해 보라.
2. 다음의 짧은 논증을 검토해 보라. 논증이 건전한가? 만약 아니라면 결점 혹은 결점들을 드러내 밝혀보라.

공룡은 거대 운석 혹은 기후의 극적인 변화와 같은 어떤 대재앙 때문에 멸종된 것이 분명하다. 이는 한때 추정했던 바와 같이, 공룡이 여러 세기 혹은 수천 년에 걸쳐 점차적으로 사라진 것이 아니라 별안간에 없어졌음을 의미할 것이다. 만약 실제로 그랬다면 공룡의 멸종 원인은 점차적인 과정이었기보다는 급작스러운 사건이었음에 틀림없다. 만약 점차적인 과정이었다면 아마도 그와 같은 극적인 결과가 일어나지 않았을 것이다.

해답과 해설은 356쪽을 볼 것.

22 더 나아간 논증

어떤 논증을 평가한다는 것은 논증 내의 주장들이 받아들일 만한지, 이들이 결론을 지지하는지의 여부에 대해 결정을 내리는 것을 의미한다. 더 나아간 논증은 여기서 조금 더 나아가는 것이다. 이는 저자의 결론을 지지할 것인지, 아니면 그에 반대할 것인지에 대한 당신 자신의 생각을 탁자 위에 올려놓고 검토해 보는 것이다.

여기서 즉각적으로 밝혀야 하는 것은 더 나아간 논증이 이미 존재하는 기존의 논증이 아니라는 것이다. 또한 이는 당신이 검토하고 있는 텍스트와 직접적으로 관련이 있어야 한다. 더 나아간 논증을 제시한다는 것은 단순히 당신 자신이 선호하는 관련 주제에 대한 어떤 논증을 제시하는 것을 말하지 않는다. 당신이 기사 '엄격해져야 할 때' — 이는 앞의 두 장에서 살펴보았던 글이다 — 를 읽고 형무소 개선이나 사형제도 폐지/재도입에 관한 글을 쓸 경우 당신은 시험에서 전혀 점수를 받지 못할 것이다. 물론 이러한 주제들을 범죄를 통해 이득을 취하는 것에 관한 논증과 연결하는 사안들이 있을 수 있다. 하지만 그것들은 중심이 되는 사안들이 아니다. 당신의 더 나아간 논증은 결론을 찬성하거나 옹호하는 것이어야 하며, 그렇지 않을 경우에는 주제에서 벗어나버리게 된다.

흔히 평가는 아주 자연스레 더 나아간 논증으로 이어지며, 어디에서 하나가 끝나고 다른 것이 시작되는지를 말하기가 곤란한 경우가 간혹 있다. 예를 들어 다음은 '엄격해져야 할 때'의 세 번째 문단에 대한 학생의 대응 내용 중 일부다.

> 저자는 악명 높은 악한들의 경우 대중들의 관심을 끄는 재능이 전혀 없어도 되며, 나쁜 평판만으로도 충분하다고 말한다. 이러한 주장이 사실일 수도 있지만 악명 높은 악한들이 어떤 재능을 전혀 갖추지 못했다고 말할 수는 없다. 즉 그들이 커다란 재능을 가지고 있을 수도 있는 것이다. 사람들은 악한들이 단지 자신들의 소기의 목적을 달성하기 위해 폭력을 사용하는 멍청한 사람들이라고 흔히 생각하는데, 악한들 중에는 자신들의 지력을 이용하여 자신들이 도달한 위치에 이를 수 있었던 자들이 있다. 커다란 범죄를 꾸미고 이를 실행하기 위해서는 두뇌와 상상력이 필요하다. TV 사회자가 되기 위해서는 머리가 좋아야 한다. 이렇게 보았을 때 어떤 사람이 범죄를 저질렀다는 이유로 유명인이 될 능력을 갖추지 못했다고 말할 수는 없다. 나는 마약을 구입하기 위해 도둑질을 했던, 개심한 마약 중독자가 쓴 책을 읽은 적이 있는데, 책은 그 어떤 작가의 글 못지않게 훌륭했다. 만약 그가 멍청했고 글을 쓸 수 없었다면 출간되어 서점에서 팔릴 수 없었을 것이다. 이렇게 보았을 때 저자의 진술은 오해의 여지가 있다.

연습문제

학생의 논문에서 발췌한 이상에서의 글을 평가라고 해야 할 것인가, 더 나아간 논증이라고 해야 할 것인가, 아니면 양자 모두라고 해야 할 것인가? 만약 양자 모두라면 어떤 부분이 평가고 어떤 부분이 더 나아간 논증인지를 밝혀라.

양쪽 모두다. 이는 저자의 추론에서 발견되는 약점과 의문시되는 가정을 드러내 밝히고 있기 때문에 비판적 평가다. 하지만 이는 단지 약점이 있다고 말하는 것 훨씬 이상을 하고 있다. 이는 어떤 사람이 범죄인인 동시에 재능을 갖출 수 없다는 저자의 가정에 도전하는 새로운 주장과 반대 사례들을 끌어들여 저자의 추론에서 살펴볼 수 있는 약점을 조명하고 있다. 학생은 저자의 주장이 오해의 여지가 있다고 결론지으면서 이에 대한 자신의 이유들을 제시하고 있다. 학생은 심지어 자신의 논점을 드러내기 위해 자신의 (읽기) 경험을 이용하기까지도 한다. 이는 글이 단지 평가가 아니라 더 나아간 논증임을 분명하게 보여주는 대목이다.

물론 학생의 글이 상대를 논박하는 결정적인 더 나아간 논증이라고 할 수는 없다. 이는 저자의 입장을 완전히 무너뜨리고 있지 않다. 이는 단지 지지 근거들 중 하나가 적절치 못함을 지적하고 있을 따름이다. 우리는 학생의 주장이 논증에 어느 정도의 충격을 가했을 뿐 논증을 무너뜨린 것은 아니라고 말할 수 있다. 이는 논증을 크게 약화시키고 있긴 하지만 그렇다고 치명상을 입힌 것은 아니다.

반대 사례

반대 사례 — 즉 주장에 문제가 있음을 보여주는 사례 — 는 논증을 공격하는 데 사용되는 매우 강력한 무기다. 위의 인용문에서 살펴본 바와 같이 재능이 있는 것이 거의 확실한 한 명의 전과자에 대한 사례만으로도 저자의 주요 전제들 중 하나가 도전을 받게 된다.

흥미롭게도 학생이 공격하고 있는 논증은 이미 예견된 반대 논증에 대한 대응이며, 이에 따라 이는 '반대-반대-논증'이다. 이로 인해 학생의 대응은 '반대-반대-반대 논증'이 된다! 이것이 혼란스럽게 들릴지도 모르겠다. 하지만 추론이 어느 쪽 편을 들고 있는지를 기억하는 단순한 방법이 있다. 즉 홀수에 해당하는 '반대'가 원래의 논증에 반대하는 것이다. 짝수에 해당하는 '반대'는 도전에 대한 답변, 즉 지지를 나타낸다.

연습문제

'엄격해져야 할 때'의 네 번째 문단을 다시 한 번 살펴보고(만약 당신이 제대로 숙지하고 있지 못하다면!) 반대 사례를 이용해 이의를 제기할 수 있는 주장을 찾아보아라. 만약 당신이 실생활에서 살펴볼 수 있는 반대 사례를 알고 있다면 이를 제시해 보라. 만약 그런 것을 알고 있지 못하다면 가능한 한 가지를 제시해 보라. 그리고 그러한 반대 사례를 간단한 더 나아간 논증으로 발전시켜 보아라.

가장 확실하게 문젯거리로 삼을 만한 문장은 문단의 마지막 문장, 즉 피해자에게는 유명인이 될 기회가 없다는 주장이다. 이는 반대 사례가 제시될 경우 쉽게 반박이 이루어질 수 있다. 그리고 당신이 실제 사례를 떠올릴 수 있었는지의 여부를 떠나 예컨대 "잘 알려진 유괴 사건이나 인질 사건의 피해자가 그 결과로 유명해질 수 있으며, 자신의 이야기를 들려줌으로써 돈을 벌 수 있다"는 주장이 전혀 현실성이 없는 주장은 분명 아니다.

이러한 예는 다음과 같은 글로 발전시킬 수 있을 것이다.

> 많은 범죄 피해자들이 자신들이 겪은 사건에 관한 이야기를 출간하거나 매체에 출연함으로써 유명 인사가 되고 많은 돈을 벌었다. 이는 공정한가? 그렇게 되었다는 이야기를 들어본 적이 없는, 사고나 불운으로 고통 받고 있는 사람들이 많이 있다. 그런데 단지 어떤 사람들에게 동등한 기회가 주어지지 않았다는 이유로 일부 사람들이 유명인이 되어 돈을 버는 것을 금하려 한다면(저자처럼) 당신은 과거를 이용해 돈을 버는 모든 사람들이 그와 같은 방법으로 돈을 벌지 못하게 해야 할 것 — 범법자와 피해자 모두 동일하게 — 이다. 그렇게 하지 않을 경우 누가 유명인의 지위를 누릴 수 있고 누가 그럴 수 없다는 판단을 어떻게 내릴 수 있겠는가?

새로운 논증

하지만 더 나아간 논증을 특별한 평가 의견을 제시하는 데에서부터 시작할 필요는 없다. 당신이 핵심 논지를 잃어버리지만 않는다면 당신은 전체 글에 대한 당신 자신의 논의를 개진해 볼 수 있다. 예를 들어 당신은 저자가 자신의 결론에 영향을 미치는 중요한 고찰을 간과했다고 생각할 수 있다. 이에 대해 문제를 제기하는 것은 합당한 형태의 더 나아간 논증이 될 것이다.

예를 들어 글에서는 유명인이 되고자 하는 범죄자의 동기에 대해 아무런 논의가 이루어지지 않고 있다. 그뿐만 아니라 그 결과에 대해서도 아무런 언급이 없다. 저자는 범죄자 혹은 제작자 등 자기 몫을 챙길 사람들의 동기를 항상 이기적이라고 가정하면서, 그 결과는 그들의 탐욕을 만족시키는 외에는 아무것도 없다고 생각하는 듯하다. 다음은 학생의 대응을 각색한 세 개의 더 나아간 논증이다. 이들은 각각 전혀 다른 방향으로 논의를 전개하고 있다.

(1) 범죄인은 이기적인 인간이다. 그들은 자신의 것이 아닌 것, 그리고 다른 사람들이 열심히 노력하여 얻은 것을 취한다. 범죄인은 법을 어기고, 탈세를 한다. 그들은 연예계에 뛰어들어 유명 인사가 되기로 결정하면 갑자기 예의 바르고 법을 잘 지키는 시민으로 급변한다. 그런데 그 누구도 그 이유를 설명해 주지 않는다. 그들이 그러한 업계에서 일하는 것은 자신들을 위해서일 따름이다. 그들은 돈을 많이 벌기 위해 필요하다면 무엇이든 할 것이다. 표범은 자신들의 몸에 나 있는 점을 바꾸지 않는다. 사기꾼과 도둑은 정직한 사람이 되지 못한다. 그들은 단지 속이기 위한 다른 방법을 찾아낼 따름이다.

(2) 일부 범죄인들은 감옥살이를 하는 동안 선량한 사람으로 변하고, 출옥해서 합법적인 직업을 구하고자 한다. 일부는 생활 수단으로 배우가 되고 작가가 된다. 영화에서 그들이 맡는 역할과 그들이 쓰는 책은 일반적으로 범죄인 혹은 감옥에 관한 내용일 것이며, 그들은 이를 현실감 있고 생생하게 보여줄 수 있는 경험을 했다. 그들은 자신들의 경험을 매우 유용한 목적에 사용할 수 있다. 이렇게 말하는 이유는 그들이 자신들의 경험을 이용해 범죄인 혹은 죄수가 된다는 것이 어떤 것인지를 다른 사람들에게 알릴 수 있기 때문이다. 그들은 소설에서처럼 매혹적이거나 낭만적인 일들을 겪은 것이 아니라 험악하고 위험한 일들을 경험했다.

(3) 젊은 사람들은 유명인들을 칭송하며 그들처럼 되고 싶어 한다. 만약 당신이 극도의 악한이나 살인자들을 유명 인사가 되도록 내버려둔다면 당신은 젊은이들이 따를 아주 나쁜 사례를 제시하는 것이다. 범죄인은 롤 모델이 된다. 또한 당신은 젊은이들에게 사악하고 폭력적이 됨으로써 부유하고 유명해질 수 있다는 생각을 전달하게 된다.

연습문제

이들 각각의 더 나아간 논증들은 어떤 논점을 제시하고 있는가? 논문에서의 논증을 지지하고 있는가, 아니면 이에 도전하고 있는가?

이들은 모두 적절하고 명민한 더 나아간 논증의 사례들이며, 아마도 사고 기술 시험을 통과할 만한 점수를 받았을 것이다. 그들이 말하는 바에 동의를 하건 하지 않건, 위의 논증들은 논쟁에 기여한 바가 크다.

비록 어느 정도 다른 접근 방식을 취하고 있지만 첫 번째 논증은 저자의 결론에 반대하는 훨씬 이상으로 이를 지지하고 있다. 논증은 범죄인들이 생활을 일신(一新)하거나 범죄를 과거지사로 돌려버리려는 어떤 입장에 대해서도 적절한 대응이 될 수 있다. 논증은 정직하지 못하게 살아가는 것이 도움이 될 경우 범죄인 중에서 유명인이 된 사람들이 계속 정직하지 못하게 살아갈 것임을 함축하고 있다. 당신이 예상하는 바와 같이, 이 학생은 과거 행적을 감안해 보았을 때, 범죄인들이 부를 누릴 자격이 없다고 결론을 내리고 있다.

두 번째 글은 범죄인들이 배우나 작가가 됨으로써 긍정적인 결과가 산출될 수 있다는 생각을 제시하고 있다. 이는 저자에 의해 채색된 관점이 아니라 고찰해 볼 만한 적절한 관점이다. 범죄 세계와 감옥에서의 삶에 대한 경험은 분명 일반 대중의 경각심을 높인다. 만약 이렇게 하는 것이 좋은 일이라면 — 글을 쓴 학생은 분명 그렇다고 생각하고 있다 — 이 때 범죄인들이 작가와 배우 등이 될 수 있도록 허용하는 것은 분명 유익하다. 다음으로는 그들이 보상받는 것이 어느 정도 정당하다는 주장이 이어질 것이다. 물론 이는 논의를 지지하기보다는 논의에 의혹을 제기하는 주장이다.

세 번째 글 또한 범죄자가 롤 모델이 되는 것을 허용함으로써 나타날 결과에 대해 고찰하고 있다. 이 또한 논증을 분명 지지하고 있다.

권리 — 그리고 잘못된 것

'엄격해져야 할 때'에서의 논증에서 가장 중요한 부분은 아마도 사람들의 권리에 관한 문제를 다루는 부분일 것이다. 우리가 논증을 검토하면서 살펴본 바와 같이, 저자는 분명 전과자들이 다른 사람들과 동등한 권리를 갖지 않는다고 가정 — 그리고 가정하고 싶어 — 하고 있다. 왜냐하면 그들이 범죄 인생을 선택했기 때문이다. 이에 대한 반대는 "일단 범죄인이 형기를 마치면 사회에 진 빚을 충분히 갚은 것이며, 인권을 완전히 복구하여 출소한다"는 견해다. 우리가 아는 바와 같이, 저자는 이러한 견해를 '정리되지 않은' 생각이라고 폄하하려 한다. 하지만 이러한 대응이 더 나아간 논증에서 당신이 범죄인에게 동정적으로 논지를 전개해 나가는 것을 막을 수는 없다. 예를 들어 다음을 보라.

> 법원의 임무는 체포된 범죄인을 처벌하는 것이다. 그들의 범죄가 사형 선고를 받을 정도로 흉악하지 않다면 그들은 형 집행 기간에 한해 인권을 박탈당한다. 출옥하면 그들은 다시 일상 시민으로 돌아오며, 다른 모든 시민들과 동등한 권리를 가져야 한다. 특히 그들이 자신들의 과오로부터 배운 바가 있어서 '올바른 길'을 걷고자 할 경우 그러하다. 이는 정리되지 않은 생각이 결코 아니다. 거꾸로 피해자에 대한 동정심을 범법자의 여생을 제재하는 논증에 사용하려는 것이야말로 정리되지 않은 생각이라 할 수 있다. 이는 공정하지 못하다. 물론 피해자의 권리라는 입장에서 보자면 피해자들에게는 분명 자신들에게 피해를 입힌 사람이 처벌당하는 것을 볼 권리가 분명 있다. 하지만 그 정도는 피해자나 언론이 아니라 법원이 결정한다.

찬반의 균형 맞추기

물론 위의 비판자와 마찬가지로, 당신 또한 저자의 추리에 동의하지 않을 수 있다. 이와 달리 당신은 현행법이 피해자의 감정을 지나칠 정도로 소홀히 취급한다는 저자의 입장에 동의할 수도 있다. 당신은 기결수가 일정한 형기만을 감옥에서 사는 데 반해, 피해자는 평생 상해나 흉터를 지니고 살아가게 된다고 주장할 수 있다. 만약 이것이 사실이라면 범죄자가 나중에 이야기를 들려주거나 책을 팔아서 돈을 많이 버는 것이 피해자를 더 모욕하는 것은 아닌가?

하지만 이 장을 마치기 전에 우리가 검토해야 할 또 다른 대응 방식이 있다. 자주 있는 일은 아니지만 우리가 어떤 어려운 문제에 대한 양측의 입장을 듣고 양쪽 모두에게 감명을 받는 경우가 간혹 있다. 또한 양쪽 모두로부터 어떤 느낌도 받을 수 없는 경우를 접하기도 한다. 예를 들어 이 장에서 살펴볼 논증에 대해 평가를 하고 신중하게 검토를 하고 난 후, 피해자를 옹호하는 사람들, 그리고 범법자를 옹호하는 사람들이 모두 일리가 있으며, 어떤 방식으로 결정하든 당신이 한쪽을 희생시킴으로써 다른 쪽이 이익을 얻게 된다고 느낄 수 있다. 달리 말해 당신이 한쪽 집단의 권리를 지지할 경우, 다른 집단의 권리에 부정적인 영향을 미칠 수 있다고 생각할 수 있다는 것이다.

이러한 일은 현실 속에서 흔히 발생하며, 이 때문에 모든 사람들이 '만족하는' 결정을 내려야 하는 사람들의 결정이 힘들어지거나 심지어 불가능해진다. 항상 어떤 것을 선택할지가 분명한 것은 아니다.

동일하게 강력한 논증들 — 혹은 동일하게 약한 논증들 — 사이에서 어떤 편도 들 수 없다고 결론을 내리는 것은 충분히 받아들일 만한 입장이다. 이러한 태도를 불편한 결정을 회피하려는 비겁한 방법으로 활용해서는 안 된다. 하지만 만약 비판적 추론이 그러한 결론으로 당신을 이끈다면, 이때 당신은 '무승부'를 선언하는 것 외에 달리 선택의 여지가 없다. 다음의 최종사례는 더 나아간 논증이 어떻게 균형적 혹은 중립적 입장을 취하는 데로 나아갈 수 있는지를 보여준다.

> 사악한 범죄인이 형무소에서 나와 범죄를 다룬 영화에 출연해 많은 돈을 벌었고, 그가 저지른 범죄 때문에 고통 받고 있는 피해자에게 아무것도 전달된 바가 없다면 이를 그에 대한 형벌이라 할 수 없다. 하지만

만약 누군가가 형기를 마쳤는데 어떤 직업을 선택할 수 있는 문이 닫혀 있음으로써 재차 처벌을 받게 되는 것 또한 공정하지 못하기란 마찬가지다. 이는 심지어 그들이 올바른 길로 가는 대신 다시 범죄를 저지르게 할 우려가 있으며, 이로 인해 다른 피해자를 양산할 수 있다. 이러한 생각에 대한 평가는 이를 누구의 입장에서 보느냐에 따라 달라질 수 있다. 내가 생각하기에 '권리'에 대해 이야기하는 것은 이러한 문제에 대한 잘못된 접근 방식이다. 우리는 개개인보다는 무엇이 사회를 위해 최선인가에 대해 생각하지 않으면 안 된다. 만약 우리 모두가 부와 명예에 대해 덜 관심을 가졌다면, 문제가 애초에 벌어지지 않았을 지도 모른다. 이는 곧 우리 모두가 어느 정도 비난받아야 함을 의미한다.

요약

- 더 나아간 논증은 평가를 하다가 이루어질 수도 있고, 완전히 새로운 추리일 수도 있다.
- 더 나아간 논증은 저자의 결론(들)을 지지하여 이루어질 수도 있고, 이에 반대하여 이루어질 수도 있다.
- 더 나아간 논증을 통해 균형적 혹은 중립적인 결론에 도달하기도 한다.

최종과제

228-229쪽의 '부정행위는 안 된다고 말하라'에서의 논증을 떠올려보라.

이 장에서 제시한 몇 가지 사례들을 따라 두 방향의 더 나아간 논증을 만들어보라. 이들은 저자의 결론을 지지하는 데 사용될 수도, 반대하는 데 사용될 수도 있다. 또한 이들이 균형을 이룸으로써 중립적인 입장을 지지할 수도 있다.

23 과학 응용

비판적 사고는 과학과 공통적인 측면이 많다. 과학자들은 관찰과 실험 자료로부터 결론을 도출한다. 그들은 실험 예측을 하고 가설을 설정한다. 그들은 증거를 평가한다. 이 책의 여러 장에서 고찰해 보았던 사유 기술 중 상당수는 역사, 정치, 스포츠 혹은 연예와 같은 비과학적 주제를 다루는 데 활용된다. 그럼에도 이는 과학적 사고의 한 형태라 할 수 있다.

이 장에서 우리는 과학적 내용이 포함되어 있으며 주제에 대한 과학적 접근 방식을 취하기도 하는 기사를 살펴볼 것이다.

다음의 기사를 한 번 훑어보라. 세세한 부분에 연연하지 말고 빠르게 읽어보고, 이에 이어지는 첫 번째의 대략적인 질문에 답해 보라. 그 다음에는 기사를 더욱 상세하게 읽어야 답할 수 있는 심층적인 질문들이 당신을 기다리고 있을 것이다.

경고의 징후

광우병(BSE)이 영국에서 최초로 발생한 것은 1987년이었다. 이러한 질병은 동물 잔해, 특히 양의 뇌를 갈아서 만든 가루를 '육골분 사료' 의 형태로 소에게 먹이는 관행 때문에 발생했다고 파악되었다. 지난 100여 년 동안 양은 '진전병(scrapie)'으로 알려진 광우병과 유사한 질병

증세를 보여왔다. 소들에게 육골분 사료를 먹이는 관행은 1988년 7월 중단되었고, 이에 따라 질병 또한 감소세를 나타냈다. 특히 사료 금지 이후에 태어난 소들에게서는 이러한 질병이 줄어들었는데, 이는 이러한 사료가 질병의 원인일 수 있음을 시사한다(아래 도표를 볼 것).

질병은 단숨에 근절되지 않았다. 이는 한편으로는 일부 암소들이 송아지에게 질병을 물려주었기 때문이고, 다른 한편으로는 일부 영농인들이 재고로 가지고 있던 사료를 계속 사용했기 때문이기도 하다.

질병이 소에서 인간으로 전염될지도 모른다는 우려가 항상 있어왔고, 그리하여 소의 의심되는 조직(특히 중앙신경계의 부분)이 인간의 먹이사슬에 침투되는 것을 막기 위해 도살장의 관행에 대한 개선 명령이 떨어졌다. 어쨌든 인간은 별다른 문제없이 수백 년 동안 양의 모든 부위를 먹어오고 있었다. 하지만 1995년 처음으로 인간에게서 BSE와 유사한 증상과 감염원[1](프리온(prion)으로 알려진 변형 단백질)을 갖는 질병의 사례(vCJD로 불리는)가 보고되었고, 가장 우려되던 바가 현실화되었다. vCJD는 인간에게서 치사율이 백 퍼센트다.

그 당시 사망자 수가 수천, 수만으로 증가할지도 모른다는 두려움이 있었으나 이는 현실화되지 않았으며, 사망자 수는 2000년에 정점에 이른 것처럼 보였다(아래 도표를 볼 것).

연도	보고된 BSE 사례 (합계)	육골분 사료 금지 이후에 태어난 동물들에서의 BSE 사례 (태어난 연도 기준)	vCJD로 인한 인간의 사망
1987	442	—	—
1988	2,469	11,978	—
1989	7,137	12,726	—
1990	14,181	5,730	—
1991	25,032	4,736	—
1992	36,682	3,459	—
1993	34,370	2,913	—
1994	23,945	2,065	—

1995	14,302	1,010	—
1996	8,016	55	10
1997	4,312	35	10
1998	3,180	17	18
1999	2,274	4	15
2000	1,135	n/a	28
2001	1,113	n/a	20
2002	877	n/a	17
2003	458	n/a	18

(n/a는 해당 없음을 의미한다.)

이것이 모든 두려움을 해소하지는 못했다. 그 이유는 vCJD의 잠복기[2]가 매우 길어서, 어떤 경우에는 20년에 이를 수 있는 것으로 파악되고 있기 때문이다. 인간에게 질병이 잠복하고 있는지를 보여주는 신뢰할 만한 실험이 이루어진 적이 없었다. 이에 따라 2003년, 보관된 인간 조직 표본(예컨대 갑상선과 맹장)을 조사하는 연구가 수행되었다. 질병 감염원을 찾아내는 것이 그 목적이었다. 12,674개의 표본 가운데 3개가 병원균을 포함하고 있음이 발견되었다. 아직도 모르는 것들이 매우 많다. 예컨대 연구를 통해 발견된 것이 거짓 양성[3]을 포함하고 있는지, 혹은 가능한 일부 사례들을 놓쳐버리고 있는지가 분명치 않다. 조사는 더욱 많은 표본을 대상으로 계속 이루어지고 있다. 하지만 이러한 조사를 전체 인구에 적용하여 추정해[4] 보았을 때, 이는 3,800명의 사람들이 자신도 모르는 사이에 vCJD를 몸속에 지니고 있음을 시사하고 있다.

〈용어 해설〉

1. **감염원**: 한 동물이나 인간으로부터 다른 동물이나 인간에게로 질병을 옮기는 어떤 것.
2. **잠복기**: 감염된 동물이나 사람이 병의 징후를 보여주거나 병을 드러내는 데까지 걸리는 시간.
3. **거짓 양성**(false positives): 실수로 발견된 양성의 결과.
4. **추정하다**(extrapolate): 당신이 알고 있는 바로부터 알지 못하는 바

를 추정하는 것. 예를 들어 작은 표본을 통해 훨씬 큰 대상을 추정하는 것.

연습문제

무엇이 이 글을 '과학적인' 것으로 판단하게 하는가? 이를 단순히 영농과 공공 보건에 관한 '일반적인 관심'을 보여주는 글이 아니라 과학적인 글로 자리매김하게 하는 특징적 구절을 두세 가지 제시해 보라.

이 글을 과학적인 것으로 판단하게 하는 특징의 구절들은 많이 있다. 확실한 근거를 한 가지 들자면 이 글이 의약품, 식품과학 그리고 농업을 종합한 주제를 다루고 있다는 것이다. 하지만 주제만으로는 과학적이라는 판단을 하기에 충분하지 않다. 질문이 시사하고 있듯이 이 주제가 훨씬 일반적인 방식으로 다루어질 수도 있다. 이 논문을 과학적으로 만드는 것은 주제에 접근하는 방식이며, 특히 사실적 증거에 의존하고 있다는 점이다.

증거는 상당 부분 도표에 포함되어 있다. 도표는 동물형과 인간형 질병 발현 빈도의 추세나 패턴을 보여주는 것을 목적으로 하고 있다. 글 또한 대체로 사실적이다. 결론을 도출하고 있지만 오직 사실로부터 도출됨을 확인할 수 있는 것만을 도출하고 있다. 훌륭한 과학적 글쓰기는 증거에 대한 평가와 분석에 많은 관심을 기울이며, 결론으로 도약하지 않으려고 최대한 노력한다. 글에서는 이러한 특징이 매우 분명하게 나타나고 있으며, 특히 마지막 구절에서 그러하다.

과학적 탐구의 기능 중 하나는 설명을 제시하거나 최소한 설명을 고려해 보는 것이다. 이 저자가 질병이 "단숨에 근절되지 않았다"(즉 금지 처분이 내려지자마자)는 관찰에 대한 가능한 설명 두 가지를 어떻게 제시하고 있는지를 주목하라. 이러한 설명들이 사실들로 제시되는 것이 아니라 견해로 제시되고 있다는 점에도 주목하라. 이는 도표에서 살펴볼 수 있는 경향을 설명하려 한다는 점에서 그럴듯한 설명이다. 하지만 이러한 말이 반드시 그러한 설명들이 옳은 설명이라는 말은 아니며, 저자는 이를 분명히 하기 위해 "이는 ~으로 생각된다"와 같은 구절을 사용하여 신중을 기하고 있다. 과학적이지 못한 해설자들은 단숨에 근절되지 않았다는 말을 잡아내서 "농부들이 사료 금지를 무시한다" 혹은 "BSE는 유전된다"와 같은 머릿기사를 쓸 것이다. 우리는 이와 같은 머릿기사를 전염병이 최고조에 달했을 때 수없이 보았고, 이들 중 상당수는 거의 혹은 전혀 과학적 근거를 가지고 있지 않았다. 그러한 머릿기사들은 증거를 신중하게 판별하지 않고 그저 신문 판매량을 늘리기 위해 사용되었던 것이다. 이와 대조적으로 글의 저자는 그와 같이 과도한 주장을 하지 않는다. 말하고자 하는 바를 표현하는 방식은 전혀 선정적이지 않다.

사용되고 있는 일부 용어들은 전문적이거나 어느 정도 전문적이며, 글의 양식 또한 상당히 형식에 맞추어져 있는데, 이러한 사실은 자료가 과학적인 글임을 보여주는 추가적인 단서다. 당신이 이 주제에 익숙하지 않다면 위에서 제시되고 있는 용어 해설이 도움이 될 수 있을 것이다. 다른 단어들과 표현들은 당신이 맥락을 통해 이해할 수 있을 것이다.

더욱 세밀한 조사

이어지는 질문은 당신에게 글을 더욱 세밀하고 빈틈없이 조사하고, 비판적으로 대응할 것을 요구하고 있다. 질문은 사고 기술과 비판적 사고 시험에 나오는 것들과 유사하다.

연습문제

1992년 이래 소의 BSE 발생은 계속 감소해 왔다. vCJD으로 인한 인간의 사망이 동일한 패턴을 따르지 않을 것 같은 두 가지 이유를 제시해 보라.

이 질문에 대한 답변의 실마리는 마지막 구절에서 제시되고 있다. 즉 vCJD의 잠복기가 20년에 이를 수 있다는 생각이다. 이러한 사실로 미루어 보았을 때 vCJD 사망률이 2000년에 정점을 찍고 낮아지기 시작했지만 이러한 경향이 계속되리라는 보장은 없다. 수많은 사람들이 감염되었을 수 있지만 아직 어떤 증세도 나타내지 않고 있을 수 있다. 만약 이것이 사실이라면 맨 오른쪽 단은 감염된 모든 사람들의 숫자가 아니라 비정상적으로 신속하게 징후를 나타낸 사람들의 숫자만을 포함하고 있는 것일 수 있다.

vCJD 사망률 감소 추세가 이어지지 않으리라는 또 다른 이유는 연구 결과가 잘못되었을 수 있기 때문이다. 저자가 지적하고 있듯이 우리가 "아직 알지 못하는 것들이 많다." 예컨대 우리가 활용할 수 있는 자료에 거짓 양성이 포함되어 있을 수 있다. 그리고 일부 사례들은 그저 간과되었을 수가 있다. 이미 언급한 바와 같이, 훌륭한 비판적 사고에서와 마찬가지로, 이처럼 증거를 신중하게 평가하는 것은 훌륭한 과학 연구에서 극히 중요하다.

연습문제

도표와 글에서 제시된 정보로부터 다음 세 가지 결론을 확실하게 이끌어낼 수 있는지를 간략하게 논하라.

A BSE 전염병이 야기된 이유는 양의 뇌가 포함된 사료를 소에게 먹였기 때문이다.

B 인간 vCJD는 광우병에 걸린 소를 먹을 경우 걸리게 된다.
C BSE는 유전될 수 있다. 다시 말해 어미 소에게서 송아지에게로 전달될 수 있다.

이러한 세 진술들은 모두 인과적 주장을 하고 있으며, 이러한 주장이 제기될 경우 즉각적으로 경고벨을 울리게 될 것이다. 8장에서 당신은 수많은 추론상의 오류가 인과관계에 대한 주장 혹은 누구를 탓하는 주장으로 인해 발생한다는 사실을 살펴본 바 있다. 두 가지가 어느 정도 상호 관련된다 — 예컨대 동일한 시간에 일어났다 — 고 해서 하나가 반드시 다른 것의 원인이라고 말할 수는 없다. 이는 우연의 일치일 수 있는 것이다.

결론 A는 상당한 지지 근거가 있다. 하지만 이것이 백 퍼센트의 확신으로 도출되는 결론일 수는 없다. 물론 동물들의 유해(遺骸)를 소에게 먹이는 관행과 BSE의 발생 간에는 상호 관련이 있다. 더욱이 관행의 중단과 발병률이 낮아지는 것 사이에는 더욱 상호 관련성이 있다. 이렇게 보았을 때, 특히 양의 '진전병'과 BSE가 유사하다는 점을 감안해 보았을 때, 사육 관행은 발병을 설명할 수 있을 것이다. 심지어 당신은 이러한 방식의 소 사육 관행이 BSE 발생에 대한 매우 설득력 있거나 개연성 있는 설명이라고 말할 수 있을 것이다. 하지만 단지 상호 관련성만으로는 그것이 옳거나 유일한 설명이라고 추론할 수는 없다. 소 사육 관행이 BSE 발생의 원인임은 당신이 확인해서 입증해야 하는 것이다.

사육 관행에 대해 많은 사람들이 느꼈거나 현재에도 느끼는 자연스러운 혐오감 때문에 결론 A로 도약하고 싶은 유혹은 커진다. 소들은 초식을 하지 육류를 먹지 않으며, 사육 관행은 자연스럽지 못하다는 이유로, 그리고 이윤에 지나칠 정도로 집착한다는 이유와 (사후약방문 격으로 알게 된) 위험성 때문에 널리 비난을 받았다. 영농인과 육류 생산업자들은 이와 같은 관행을 실행에 옮겼다는 이유로 비난을 받았다. 그리고 이러한 사실로부터 그들을 BSE의 주범으로 비난하는 데로 나아가기란 쉬운 일이었다. 물론 다른 어딘가에 영농인 등이 비난받아야 할 이미 공개된 증거가 있을 수도 있다. 하지만 그러한 증거가 이 기사에서는 제시되고 있지 않으며, 저자가 "이러한 사료가 원인일 수 있다" 이상을 말하지 않는 것은 적절한 태도다.

당신이 예상했는지 모르겠지만 A와 유사하게 B 또한 지지될 수 없으며, 이를 받아들이지 않는 과학자들이 있다. 유념해야 할 점은 설령 vCJD가 BSE이 유행한 직후 처음 출현했고, 감염원(프리온)이 동일했다고 해도 아직 알려지지 않은 BSE와 vCJD의 원인이 있을 수 있다는 것이다. 그러한 원인이 두 질병이 인과적으로 연결되어 있다는 사실 뿐만 아니라 감염원이 동일하다는 사실을 설명해 줄 수도 있다. 상호 관련성은 인과적 연결을 보여주는 매우 강력한 증거가 될 수 있지만, 그 자체만으로는 결정적인 증거라고 말하기 힘들다.

결론 C는 왜 사료 금지 조치를 통해 병을 일시에 제거하지 못하는지에 대한 저자의 주장을 부연 설명하고 있다. C가 단지 두 가지 가능한 설명 중 하나에 지나지 않으며, 다른 하나는 일부 영농인들이 금지 조치가 내려진 이후에도 재고 사료를 사용했을 수 있었다는 것임에 주목하라. 하지만 C는 결론으로 받아들일 수 있을 만큼 충분히 신중하게 말을 하고 있다. C의 문제는 그것이 너무 강하다는 것이 아니라 그다지 많은 것을 이야기하고 있지 않다는 것이다. 물론 BSE가 어미 소에서 송아지에게로 전달될 수 있지만, 마찬가지로 전달되지 않을 수도 있다. 이와 같이 하여 남아 있는 가능한 답은 하나밖에 없으며, 이는 C를 추론해 내는 것이 안전한 이유다.

C를 파악하는 또 다른 방법은 이를 가설로 보는 것이다. 만약 BSE가 어미에게서 새끼로 전달될 수 있다면 도표가 시사하듯이 이는 질병이 단숨에 근절될 수 없는 이유를 설명해 줄 것이다. 이러한 사실은 C를 하나의 가능성으로 탐구해 볼 가치가 있게 만드는데, 이를 입증하기 위해서는 이를 지지하는 추가적인 증거를 찾아내야 할 것이다.

연습문제

(a) 도표 세 번째 단의 수치(사료 금지 조치 이후 태어난 동물에서의 BSE의 사례)가 두 번째 단과 유사한 패턴을 보이지 않는 이유는 무엇인가?

(b) 세 번째 단의 마지막 네 칸에 데이터가 없다는 사실은 무엇을 설명하는가?

(a) 이는 자료를 신중하게 읽어보고 해석할 것을 요구하는 질문이다. 두 번째 단은 단순히 1987년에서 2003년에 이르기까지 매년 얼마나 많은 BSE 사례들이 발견되었는지를 보여주고 있을 따름이다. 이는 언제 동물들이 감염되었는지에 대해 아무것도 말해 주는 바가 없는데, 그 시기가 증상을 최초로 보이기 수년 전이었을 수가 있다.

반면 세 번째 단은 문제의 동물들이 언제 발병했는지를 알려주고 있지 않다. 이는 언제 이들이 태어났는지를 알려줄 뿐이다. 예를 들어 1989년에 태어난 모든 동물들 중에서 12,726마리가 이후에 BSE 증세를 나타냈다. 질병에 걸린 동물들의 수는 금지 조치가 취해지기 전에 감염되었던 동물들로 인해 조치가 취해진 이후에도 계속 상승했을 것이다. 이렇게 말하는 이유는 질병이 곧장 발현되는 것은 아니기 때문이다. 이는 세 번째 단의 수치에 영향을 주었을 것이다. 왜냐하면 어떤 동물도 금지 조치가 취해진 1987년 이전에 태어나지 않았기 때문이다.

세 번째 단의 중요성은 동물이 포함된 어떠한 의심되는 사료도 먹은 적이 없는 동물들만의 수치라는 것이다. 전체 숫자와 비교해 보았을 때 1987년 이후 BSE에 걸린 송아지들의 숫자는 거의 즉각적으로 감소하기 시작했으며, 희생된 전체 숫자에 비해 더욱 신속하게 감소했다.

만약 1988년 이후에 태어난 동물들의 사례에 대한 숫자가 즉각적으로 0(혹은 무시할 수 있는 정도의 숫자)까지 떨어졌다면, 이는 사료가 원인이었다는 결정적인 증거가 되었을 것이다. 그런데 (우리가 이미 살펴본 바와 같이) 숫자는 그렇게 떨어지지 않았는데, 이러한 사실은 어느 정도의 설명이 요구된다. 세 번째 단에서의 숫자가 가파르게 줄어들고 있다는 사실은 여전히 가설을 상당히 강력하게 지지한다.

(b) 세 번째 단의 마지막 네 줄에서는 n/a — 해당 없음 — 를 살펴볼 수 있다. 이는 그 시기에 숫자가 매우 낮은 수준에 이르러 더 이상 의미가 없기 때문일 수가 있다. 다시 말해 대략 4 아래는 실수 허용 범위를 벗어나지 않으며, 이에 따라 이러한 수치 아래는 통계적으로 거의 혹은 전혀 의미가 없다. 이런 경우가 아니라면 지난 3년 내지 4년 내에 태어난 동물들이 광우병에 걸리게 될 것인지를 말하기가 지나칠 정도로 이르며, 이 때문에 n/a를 살펴볼 수 있는 것일 수 있다. 세 번째 단은 1987년 이전에 태어난 수많은 동물들이 10년에서 15년 후 여전히 징후를 나타냈음을 보여주고 있다.

연습문제

마지막 문단에서 저자는 무엇을 예측하고 있으며, 그가 이를 결론으로 도출하는 데에 신중한 이유는 무엇인가? 이것이 받아들일 만한 결론인가?

그의 예측은 문단의 마지막에 나온다. "3,800명의 사람들이 자신도 모르는 사이에 vCJD를 몸속에 지니고 있음을 시사하고 있다." 그는 12,674명 중 3명이라는 숫자가 사실상 아주 신뢰할 만한 것이 아니며, 더욱 많은 샘플이 필요하다는 사실, 특히 자료 수집에서 실수가 있을 수 있음을 감안해서 이러한 결론을 내리고 있다. 단지 하나의 사례를 놓쳐도 4천 이하라는 예측을 5천 이상으로 바꾸어놓을 것이다! 그리고 실수한 하나의 사례가 이를 2,500으로 감소시켜 놓을 것이다.

그럼에도 이는 받아들일 만한 결론이다. 그 이유는 저자가 이것이 적은 표본으로부터 전체 인구에 대한 추정을 하는 것이며, 단지 개략적인 지침으로 간주될 수 있을 따름임을 인정하고 있기 때문이다. 이는 최악의 시나리오로도, 긍정적 태도를 취하는 근거로도 받아들일 수 없다. 하지만 이는 vCJD 공포가 도표에서 제시되고 있는 낮아지는 사례들의 수치에도 불구하고 끝나지 않았을 수 있음을 경고하고 있다.

이는 훌륭하면서도 신뢰할 수 있는 과학으로, 저자는 세상을 떠들썩하게 만들고 싶어 하지 않으면서, 가능한 최대한 엄밀하게 진리를 향해 나아가고자 하고 있다.

요약

- 과학적 텍스트의 특징은 증거를 나타내고 평가하는 방식에서 드러난다.
- 과학자들은 근거 없는 가정을 하거나 결론으로 도약하지 않으려 한다.
- 과학자들은 가설을 내세우고 가용한 증거를 통해 이를 검증한다.
- 과학적 방법과 비판적 사고는 겹치는 측면이 많다.

최종과제

비전문가를 위한 과학 잡지(예를 들어 『뉴사이언티스트』, 『내셔널지오그래픽』 등), 신문의 과학면 혹은 인터넷에서 짧은 기사를 찾아보아라.

이를 신중하게 분석하여 글이 도달하게 된 결론 혹은 그것이 지지하는 가설을 보여라.

이를 과학적 텍스트로 규정하게 하는 특징들을 몇 가지 나열해 보라.

만약 다른 학생 혹은 집단 내의 다른 사람들과 의견을 나눌 수 있다면, 당신이 찾은 기사를 교환하고 이에 대해 이야기를 나눠보라. 당신이 광우병 기사를 읽으면서 제기했던 문제들처럼 거기에서도 논의할 거리들을 생각해 보라.

24 조건

'조건'이란 익숙한 개념이다. 이는 충족이나 만족이 이루어지기도 하고, 사정에 따라 그렇지 못하기도 하는 요건과 같은 개념이다. 예를 들어 당신이 입학시험에서 70점 이상을 받아야 한다는 것이 어떤 대학에 입학하기 위한 조건일 수 있다. 만약 당신이 70점을 받았다면 조건을 충족시키는 것이고, 69점을 받았다면 충족시키지 못하는 것이다.

이는 간단하고 이해하기 쉽게 느껴질 것이다. 그러나 내가 방금 한 말은 사실상 여러 해석의 여지가 있다. 왜냐하면 그와 같은 조건을 해석하는 데는 세 가지 방법이 있고, 당신이 이를 어떻게 해석하느냐에 따라 결과가 전혀 다르게 나타날 수 있기 때문이다.

필요와 충분조건

조건은 그러한 조건이 필요한지 아니면 충분한지에 따라 두 개의 범주로 구분된다. 가령 70점을 득점한다는 것이 필요조건이 될 수 있는데, 이 경우 당신이 69점 또는 그보다 낮은 점수를 받게 될 경우 대학에 입학하지 못하게 된다. 그러나 만약 조건이 오직 필요조건이기만 하다면 70점을 받았다는 자체만으로는 입학이 보장되기에 충분치 않을 수 있다. 예컨대 시험에 이은 면접으로 70점 혹은 그 이상을 득점한 모든 학생들

가운데 최고로 우수한 학생들을 선발할 수도 있다. 이는 일반적인 관행이며, 정원을 제한함으로써 경쟁이 치열하게 이루어지는 대학에서는 특히 그러하다. 이러한 경우에는 70점이라는 점수는 필요하지만 충분한 조건은 아니다. 당신이 80점을 득점하고서도 합격하지 못할 경우 당신은 상당한 충격을 받을 것이다!

한편 70점을 받은 것이 충분조건이 될 수 있다. 만약 당신이 70점을 득점했다면 당신은 입학을 하게 되고 이야기는 여기서 끝난다. 이제 넘어야 할 다른 장애는 없다. 하지만 어떤 것이 충분조건이라고 해서 그것이 필요조건이기도 한 것은 아니다. 예를 들면 60점 혹은 그 이상을 득점한 학생이 면접을 치를 수 있는 제2의 기회를 얻어 그 방법으로 입학할 수도 있는 것이다. 이처럼 입학시험을 통해 자동적으로 자격을 취득하는 학생이 있는가 하면 면접을 통해 자격을 취득하는 사람들도 있다. 이 또한 점수로 자격을 취득하는 학생들의 수보다 정원이 많은 상황에서는 일반적인 관행이다.

물론 조건을 적용하는 제3의 방법이 있을 수도 있다. 이는 조건을 동시에 필요하고 충분하게 만드는 것이다. 이는 당신이 70점 또는 그 이상을 득점하면 입학할 수 있지만 69점 또는 그 이하로 득점을 하면 입학할 수 없음을 의미한다. 이는 입학 전형과 같은 상황에서는 일반적으로 활용되지 않는 방법이다. 이는 충분히 일리가 있는데, 그러한 방법을 사용할 경우 입학 사정관에게 융통성이 허용되지 않기 때문이다. 조건을 필요하고 충분한 것으로 만들 경우 학교는 원하는 인원보다 적은 수의 학생들을 뽑게 될 수 있으며, 거꾸로 정원 이상의 학생들을 합격시킬 수도 있게 된다. 이상을 요약하면 다음과 같다.

- 충분조건: 70점 또는 그 이상 득점한 학생을 모두 입학시킴.

• 필요조건: 오직 70점 또는 그 이상 득점한 학생만을 입학시킴.

• 필요충분조건: 70점을 득점한 모든 그리고 오직 그러한 학생만을 입학시킴.

수형도

이러한 종류의 자료를 나타내는 또 다른 방법은 '의사결정 나무'로 불리기도 하는 '수형도'다. 도표에서 당신은 70점이라는 득점이 입학에 충분한 조건이 된다는 정보를 읽어낼 수 있다. 왜냐하면 '예'라는 반응이 합격으로 곧장 이어지기 때문이다. 하지만 이는 필요조건은 아니다. 왜냐하면 '아니오'라는 반응 또한 합격으로 이어질 수 있기 때문이다. 이는 긍정적인 결과로 이어지는 길이 두 개만 있는 상당히 단순한 시나리오다. 여러 갈래의 길이 있는 더욱 복잡한 상황일 경우, 도표는 조건을 적절히 읽어내는 데 매우 유용하게 활용될 수 있다.

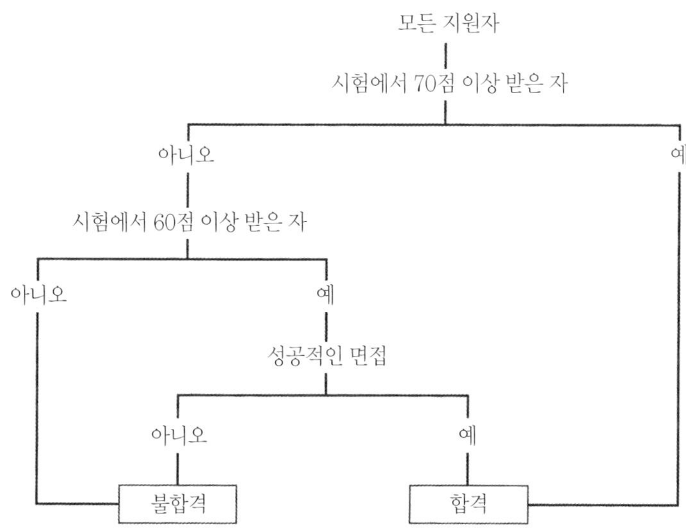

연습문제

도표를 이용하여 60점 혹은 그 이상을 받은 것이 필요조건과 충분조건의 견지에서 무엇을 의미하는지 설명하라.

최소한 60점을 득점하는 것은 필요조건이다. 왜냐하면 '아니오'의 가지가 곧장 불합격으로 연결되기 때문이다. 그러나 이것이 충분조건은 아니다. 왜냐하면 '예' 이후에 충족시켜야 할 또 다른 조건, 즉 또 다른 가지가 여전히 남아 있기 때문이다.

조건부 진술

조건부 진술, 다시 말해 조건을 규정하는 진술은 일반적으로 '만약' 혹은 '만약 ~하다면'이라는 단어를 포함한다. 예를 들면

A 만약 당신이 70점 혹은 그 이상을 득점하면 합격할 수 있다.

이 문장에서 70점 이상을 받는다는 것은 충분조건이다. 이것이 필요조건일 수도 있다. 하지만 문장은 이것이 필요조건인지의 여부를 알려주지 않는다. 필요조건을 표시하고자 할 경우 당신은 '아닌', '오직' 혹은 '그렇지 않으면'과 같은 다른 단어를 활용할 필요가 있다.

연습문제

다음은 여섯 개의 조건부 진술들이다. 각각의 설명에 대해 70점 혹은 그 이상의 득점이 필요조건인지 충분조건인지 아니면 필요충분조건인지를 말하라.

B 당신이 70점 혹은 그 이상의 득점을 했을 경우에만 입학할 수 있다.
C 만약 70점 혹은 그 이상의 득점을 하지 못할 경우 당신은 입학하지 못할 것이다.
D 당신이 70점 혹은 그 이상을 받았을 경우, 그리고 오직 그 경우에만 입학이 허가될 것이다.
E. 70점을 받을 경우 입학한다.
F 70점을 받지 못할 경우 당신은 입학할 수 없을 것이다.
G 당신이 70점을 받을 경우에는 입학이 되지만, 그렇지 못할 경우에는 언제든지 재시험을 치를 수 있다.

B와 C에서 합격점은 필요조건이다. 이들을 조심스레 살펴보면 이들이 동일한 이야기를 하고 있음을 알 수 있다. 하지만 이들 중 어떤 것도 어떤 다른 조건, 즉 면접 문제나 의료 문제, 나아가 대학이 위치하고 있는 지방 혹은 시에 살고 있는지와 같은 거주지 조건 등에 대해 말하고 있지 않다. B와 C가 설명하고 있는 것이라고는 70점이 최소한의 조건이라는 것뿐인데, 이는 또 다른 방식으로 그러한 조건이 입학 허가에 필요하다고 말하고 있는 것일 따름이다.

D는 필요충분조건을 제시하고 있다. 이는 다음의 두 진술을 생략(혹은 축약)하고 있다. "만약 70점을 받으면 입학이 허가될 것이다." 그리고 "만약 그렇지 못하면 입학을 할 수 없을 것이다." 이러한 언명은 쌍조건문(biconditional)이라 불리며, 여기서 'bi-'는 '둘'을 의미한다.

E에서의 조건은 충분하다. 이 또한 그러한 조건이 필요한지의 여부에 대해서는 설명하고 있지 않다. 이를 A와 비교해 보라. 그리고 E가 A를 표현하는 또 다른 방법임에 주목하라.

F는 분명 필요조건을 말하고 있다. 그러나 B와 C와는 달리 F는 70점을 득점하는 것이 충분조건 또한 아님을 강조한다. G는 반대 입장을 취

하고 있는 것처럼 보인다. 이는 시험에서 70점을 획득하는 것이 충분조건임을 말하고 있다. 그러나 70점을 득점하지 못할 경우 재시험을 치를 수 있음을 덧붙이고 있다. 하지만 당신이 나중에라도 70점 혹은 그 이상을 받아야 할 수 있다. 따라서 그러한 점수가 필요한지 혹은 단지 충분하기만 한지가 분명하지 않다.

조건문의 구조

조건문이란 그 일부가 참인지의 여부와 상관없이 전체적으로 참이나 거짓인 복합적인 언명이다. 다음의 진술을 검토해 보자. 이는 우리가 어떤 대학 안내서에서 읽었다는 이유로 참이라고 가정하는 진술이다.

H 미아가 60점을 득점한다면 (이때) 그녀는 면접을 치르게 될 것이다.

어떤 진술 내에 두 개 내지 그 이상의 짧은 문장이 포함되어 있을 경우 그러한 진술을 복문(複文)이라 부른다. 문법에서는 이들을 절(節)이라 부른다. 예를 들면 H에는 두 개의 절이 포함되어 있다. "미아는 60점을 득점했다"와 "그녀는 면접을 치르게 되었다"가 그것이다. 이들은 논리적으로, 그리고 문법적으로 '만약 ~하다면'이라는 연결사를 통해 결합되어 전체적으로 복합적인 조건 언명 H를 이룬다.

논리학자들은 실제 절을 문자(p, q, r 등)로 대체하는 방법을 통해 이와 같은 복합적 진술의 구조를 보여준다. 예를 들어 H는 다음과 같은 형식을 갖는다.

만약 p이면 q이다.

B와 C(이 장의 앞에 나오는)는 다음과 같은 형식을 갖는다.

만약 p가 아니면, 이때는 q도 아니다. (여기서 'p가 아니다'는 '지원자가 합격점을 득점하지 못한다'를, 그리고 'q가 아니다'는 '지원자가 입학하지 못한다'를 의미한다.)

기호나 식(式)이 껄끄럽게 느껴지더라도 걱정할 필요는 없다. 어떤 사람 — 예를 들어 수학자 — 은 일부 기초 논리가 유용하다고 생각한다. 왜냐하면 이는 대수학과 어느 정도 유사하기 때문이다. 다른 사람은 그렇게 생각하지 않는다. 만약 당신이 기초 논리를 유용하게 생각하는 사람이라면 당신은 식(p, p가 아닌, 만약 p라면 q 등과 같은)을 사용하여 당신의 생각을 분명히 하는 데 도움을 받으면 된다. 만약 당신이 그러한 사람이 아니라면 당신은 이를 식으로 표현하지 않고 단어로 정리해 볼 수 있다. 형식 문법에 대해 알아야 말을 유창하게 구사하는 것이 아니듯이, 비판적으로 사고하기 위해 형식 논리를 알 필요는 없다. 어떤 기술이건 당신은 당신에게 맞는 도구를 선택하면 된다.

가언

우리는 '가언'으로 불리는 조건적 진술을 흔히 보게 된다. 여기에서 가언이란 '조건부로 참'임을 뜻한다. 흔히 정치인들은 특히 신문기자들로부터 가언적인 질문을 받는다. 기자들은 정치인들이 앞으로 어떻게 행동할 것인지에 대한 답을 듣기 위해 그러한 질문을 한다. 예를 들면 다음과 같다.

"장관님, 만약 뇌물에 관한 이러한 주장이 사실로 드러나면 어떻게 하실 겁니까? 사퇴하실 겁니까?"

이에 대해 정치인은 일반적으로 다음과 같이 답한다.

"그러한 질문에 답하지 않겠습니다. 왜냐하면 이는 완전히 가언적인 질문이기 때문입니다. 주장은 사실이 아닙니다."

만약 기자들이 집요하다면 그들은 다음과 같은 장관의 약속을 받아낼 것이다.

"제가 뇌물을 받았다면 사표를 내겠습니다. (하지만 받지 않았습니다.)"

이는 장관이 사퇴하겠다는 진술이 아니다. 이는 단지 어떤 조건하에서 그렇게 할 것이라는 진술에 지나지 않는다. 때문에 이는 가언적 진술이다.

언명 H 역시 가언적이다. 이를 참으로 만드는 것은(만약 이것이 참이라면) 그것이 대학 안내서에 진술된 조건이었다는 것이다. 그러나 이러한 사실이 두 절 중의 어느 하나가 그 자체로 참이어야 함을 의미하는 것은 아니다. 설령 미아가 60점을 받지 못했고 또한 입학하지 못했다고 하더라도 H는 참이다.

H를 거짓으로 만들 수 있는 유일한 조합은 미아가 분명 60점을 득점했음에도 여전히 면접을 치르지 못한 경우다. 그 이유는 H가 "60점을 받는 것이 충분조건이다"라고 주장하고 있기 때문이다.

조건과 추리 오류

우리가 조건과 조건부(가언적) 진술을 어느 정도 상세히 검토한 이유는 이들을 혼동함으로써 가장 심각한 논의상의 약점이나 결점이 만들어지기 때문이다.

연습문제

다음 글을 살펴보고 무엇이 잘못되었는지를 자문해 보라. 당신이 잘못을 기술할 수 있는 방법이 여럿 있겠지만, 이를 필요 그리고 충분조건이라는 견지에서 기술해 보라.

(1) 프랑스 법에 따르면 당신은 차량에 구급상자, 즉 붕대, 가위, 반창고 등을 비치해야 한다. 만약 경찰이 검문을 했는데 당신이 구급상자를 내 보이지 못하면 응급 시에 대비한 장비를 갖추지 못했다는 이유로 기소될 수 있다. 경찰의 검문이 있었을 때 나는 법으로 정한 것 이상을 충족시킬 수 있는 훌륭한 구급상자를 가지고 있었다. 그 이유는 이를 상비하고 어떻게 사용하는지를 아는 것이 합당하다고 생각했기 때문이다. 나는 프랑스 법에 찬성한다. 이에 따라 설령 순찰차가 차량을 멈춰 세운다고 하더라도 나를 성가시게 하는 어떤 벌금도 물지 않을 것이다.

일상 대화라는 견지에서 보자면 여기서 잘못은 '어떤'이라는 단어를 다소 부주의하게 사용하고 있다는 정도가 전부다. 우연히 이런 이야기를 들은 사람은 화자가 그저 구급함을 비치하지 않음으로써 물게 되는 벌금에 대해 상세하게 말하고 있다고 생각할 것이다. 하지만 이를 하나의 논증으로 간주하고 비판적으로 고찰해 보라고 요구할 경우, 당신은 이것이 타당하지 못하다고 말해야 할 것이다. 그 이유는 구급함을 비치하라는 조건은 "나를 성가시게 하는 어떤 벌금"도 피할 수 있는 필요조건이지만 충분조건하고는 거리가 멀기 때문이다. 예를 들어 프랑스를 포함한 여러 나라의 운전자들은 소화기도 갖추어야 한다. 이렇게 보았을 때 소화기를 갖추는 것은 다른 많은 법률 조건과 더불어 벌금을 물지 않기 위한 또 다른 필요조건이다. 필요조건뿐만 아니라 충분조건까지도 충족시키고자 한다면 당신은 프랑스 교통법규 목록을 빠짐없이 살펴보아야 할 것이다!

너무 강하다

위의 주장의 잘못을 밝혀내는 또 다른, 그리고 더욱 일반적인 방법은 결론이 너무 강하다는 사실을 지적하는 것이다. 여기서 '강한' 주장이란 너무 많은 것을 이야기하거나, 아주 단호하거나 전면적인 방식으로 무엇인가를 이야기하는 것을 말한다.

'전혀', '모든', '오직', '항상', '절대' 등은 원래 강한 의미의 단어들이고, 당신이 이들을 논증의 결론에서 사용할 경우 이를 지지하는 마찬가지로 강한 이유들이 필요하게 될 것이다. 그렇게 하지 않으려면 당신은 조건들과 균형을 맞추는 일정한 방식으로 결론을 약화시키거나 부드럽게 만들어야 한다. 예를 들어 (1)의 화자가 구급상자를 가지고 다님으로써 벌금을 물게 될 가능성이 낮아질 것이라고 결론을 내렸다면, 논증의 결점은 사라지게 될 것이다. 11장에서의 시소에 대한 유비를 떠올려보라.

연습문제

다음 두 논증을 평가하고 비교해 보라. 둘 중의 하나에 결점이 있는가? 아니면 양쪽 모두에 결점이 있는가? 만약 결점이 있다면 구체적으로 어떤 것인가?

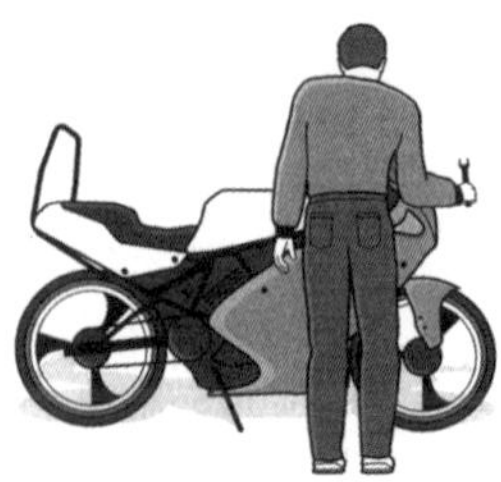

(2) 연료 공급 라인에 공기 폐색이 생긴 듯하다. 이는 엔진의 시동이 걸리지 않는 이유를 확실하게 설명한다. 따라서 만약 공기 폐색을 해결하여 연료가 흐르게 되면 문제는 해결될 것이고, 오토바이는 아무 문제 없이 달릴 수 있게 될 것이다.

(3) 연료 공급 라인이 막힐 경우 연료가 엔진에 도달하지 못하게 되며, 이는 오토바이의 시동이 왜 걸리지 않는지를 설명한다. 따라서 오늘 오토바이를 타고자 할 경우 연료가 흐를 수 있도록 조치를 취해야 할 것이다.

당신이 오토바이 엔진에 대해 아무것도 몰라도 된다. 당신에게 주어진 과제는 단지 추론상의 잘못을 찾아내는 것이다.

비록 다른 이유이긴 하지만 양쪽 논의는 모두 결점이 있다. (2)에서는 연료 시스템에 연료가 흐르게 하는 것이 충분조건으로 제시되고 있는데, 첫 번째는 '문제'를 해결하기 위한, 두 번째는 오토바이가 달리게 하기 위한 조건으로 제시되고 있다. 저자가 단순히 공기 폐색을 '문제'라고 생각한다면 이러한 조건만으로도 충분하다. 하지만 그러한 조치를 취하면 오토바이가 '완벽하게 달릴' 것이라는 훨씬 강한 주장을 하고자 할 경우, 이러한 조건만으로는 분명 충분하지 않다. 즉 오토바이가 공기 폐색 외에 다른 수많은 문제들을 가질 수 있는 것이다.

(2)의 논증을 보완하는 한 가지 방법(설령 이러한 방법으로 오토바이를 고칠 수는 없다고 하더라도)은 일정한 방식으로 결론을 한정하는 것이다. 예컨대 "만약 다른 결함이 있지 않는 한"이라는 구절을 문장의 말미에 추가하는 것은 그 방법이다.

(3)은 연료가 흐를 수 있도록 조치를 취하는 것이 오토바이가 달리게 하는 필요조건이라는 주장이다. 이러한 결론을 뒷받침하는 근거는 막힘

이 오토바이의 시동이 걸리지 않는 이유를 설명하는 데에 충분하다는 것이다. 또한 연료가 흐를 수 있도록 조치를 취할 경우 시스템이 트일 것이라는 암묵적인 가정이 이루어지고 있기도 하다. 하지만 그러한 조치가 시스템을 트이게 할지의 여부와 무관하게, 당신이 이를 반드시 행해야 한다고 말할 수 있는 것은 아니다. 실제로 전기 결함처럼 전혀 다른 것이 문제라면 오토바이가 달리게 하기 위해 연료 시스템을 가지고 시간을 낭비할 필요는 없다.

이와 같은 실수는 조건문이 커다란 역할을 하는 추론의 경우에서 매우 흔하게 살펴볼 수 있다. (2)와 (3)은 결론 자체가 조건적(혹은 가언적) 진술이다. (3)에서는 주요 전제 또한 조건적 진술이다.

요약

- 조건은 두 가지 종류로 나눌 수 있다. 필요와 충분이 그것이다.
- 일반적으로 조건적 혹은 가언적 진술은 "만약 p라면 q다"라는 형식을 취한다.
- 필요와 충분조건을 혼동할 경우 흔히 추론상의 오류를 범하게 된다.

최종과제

1. 한 지도 교사가 학생들에게 다음과 같이 말했다. "교재를 읽지 않을 경우 시험을 통과할 수 없을 것이야."

   (a) 이러한 주장을 필요와 충분조건이라는 견지에서 설명하라.

   (b) 만약 지도 교사의 예측이 옳다면 다음 중 어떤 것이 참이어야 하는가? 그리고 다른 것들이 참이면 안 될 이유는 무엇인가?

   A 책을 읽은 사람들은 모두 시험에 통과했다.

   B 책을 읽지 않은 사람들은 모두 시험을 통과하지 못했다.

   C 책을 읽은 학생들과 동일 수의 학생들이 시험에 통과했다.

D 오직 시험에 통과한 학생들만이 책을 읽었다.
E 시험에 통과하지 못한 학생들 중에서 책을 읽은 사람은 하나도 없다.

2. 시의회는 지역민들(시내 거주민을 의미한다)을 위해 편의를 제공해 줄 수 있는 스포츠 클럽과 공동체 센터에 보조금을 넉넉하게 지원한다. 의회는 200명 내외의 회원을 보유하고 있는 시 구역 내에 위치하고 있는 모든 레저 클럽에 대해 보조금을 빠짐없이 지원하기로 했다. 흔히 그렇듯이, 이에 해당하는 기관들이 가용한 모든 보조금을 가져가지 못할 경우 잔여 금액은 시 구역 외곽에 있는 일부 기관이 이용하게 된다. 단 그들은 적어도 300명의 회원을 보유하고 있어야 하고, 그곳까지 대중교통을 이용한 시내 왕복이 이루어질 수 있어야만 한다. 보조금 지원은 레저 시설 개선이 목적인데, 이를 지원하지 않았을 경우 의회는 다른 사업을 모색했을 것이다.

(a) 위의 글이 제공하는 정보를 보여주는 결정 수형도(decision-tree diagram)를 그려보라.
(b) 다음의 진술들이 각각 옳은지의 여부와 그 이유를 당신의 도식, 그리고/혹은 텍스트를 이용해 말해 보라.

A 정확히 회원수가 250명인 클럽의 경우, 시 경계 내에 있다는 조건은 보조금을 받을 수 있는 필요하고도 충분한 조건이다.
B 회원수가 300명인 클럽의 경우, 대중교통을 이용한 시내 왕복이 이루어질 수 있다는 조건이 보조금을 받을 수 있는 충분조건이다.
C 보조금을 받고자 할 경우 훌륭한 대중교통을 이용할 수 있다는 조건은 회원수가 299명 내외인 클럽의 입장에서는 필요조건이다.
D 회원수가 300명인 클럽의 경우 시 경계 내에 있다는 조건은 의회 보조금을 얻기 위한 필요조건은 아니지만 충분조건이다.

해답과 해설은 357-358쪽을 볼 것.

25 원칙

흔히 논증의 바탕을 이루는 한 가지 특별한 유형의 주장은 원칙이다. 원칙이란 만약 참이라면 어떤 상황에서도 참인, 예외없이 모든 곳에 적용되는 주장이다. 원칙은 선택적으로 적용할 수 있는 어떤 것이 아니다.

연습문제

다음의 대화를 이왕이면 파트너와 역할을 나누어 큰 소리로 읽어보라. 그리고 이어지는 연습문제를 풀어보라.

카라 새로 산 CD 좀 빌려줄래?

디어터 무엇 하려고?

카라 복사하려구. 곧장 돌려줄게.

디어터 불법이잖아.

카라 그래서? 아무도 모를텐데.

디어터 그렇지 않아. 그리고 알게 되면 너만 문제가 되는 것이 아니라 나도 문제가 된다구.

카라 디어터, 그걸 말이라고 하니? 경찰이 네가 CD를 빌려줬다는 혐의로 한밤중에 난데없이 네 방으로 들이닥칠 거라 생각하니? 제정신이니?

디어터 제정신이야. 나 CD 판매점에서 일하고 있는 것 잊었니? 불법복제물을 만들어서 잡혀 들어가면 난 직업을 잃는다구.

카라　하지만 말했잖아. 잡히지 않아. 아무도 모를 것이라구.

디어터　내가 알잖아.

카라　네가 자신을 고발한다고?

디어터　말도 안 되는 소리 하지 마. 카라야, 내 말은 내가 잘못했음을 스스로 안다는 것이야. 나는 속인 것에 대해 가책을 느끼게 될 것이야.

카라　속여? 누구를?

디어터　음반회사, 작곡가, 밴드, 소매상 등등.

카라　아이고 가엾어라! 너 그런 사람들이 너나 나 같은 사람 덕에 얼마나 많은 돈을 버는지 아니? 그들이 비싸게 팔지 않는다면 우리가 CD를 복사할 필요가 없겠지. 그들이 얼마나 탐욕스러운데. 그리고 만약 불법복제가 그들의 이익에 해가 된다면 아주 잘한 것이야! 어쨌건 그것은 가게에서 무엇인가를 훔친 것과는 달라.

디어터　그것도 일종의 도둑질이야. 그것은 돈을 내지 않고 무엇인가를 갖는 격이지. 이는 저작권자들을 속이는 것이기도 해. 만약 네가 그 사람들에게서 가져가는 것에 별다른 문제가 없다고 생각한다면, 너는 누군가가 네 것을 가져가는 것에 대해서도 불평할 수 없어. 네가 휴대폰을 도난당했을 때의 느낌을 떠올려봐. 그래도 괜찮다고 말할 거니?

카라　그건 다른 문제야. 너도 알잖아. 휴대폰을 새로 사려면 돈이 많이 들어. 그런데 CD를 복사할 경우 동전 한 푼 잃기 싫어하는 어떤 부자 놈이 단돈 1센트를 잃는 것과 마찬가지 격이지.

디어터　글쎄, 문제가 되고 안 되고의 기준은 얼마니? 1센트? 20센트? 1유로? 만약 작은 것을 취하는 것이 문제가 없다면 조금 더 취하는 것도 문제가 없을 거야. 그리고 조금 더, 조금 더… 결국 상점에 들어가서 네가 좋아하는 물건들을 주머니에 집어넣어도 좋다고 말하게 될 것이야. 만약 보는 사람이 없다면 말이야.

카라　그건 슬쩍하는 거야. 그리고 정말로 네가 작은 CD 한 장을 복사하는 것과 훔치는 것을 같다고 생각한다면, 넌 무엇인가를 혼동하는 거야.

디어터 내가 혼동하고 있다면 너도 마찬가지야.

기리 그만하자. 더 이상 말도 안 되는 소리 듣기 싫다. CD 잘 간직해라. 다른 사람에게 빌릴 테니.

카라와 디어터의 논의를 비교해 보라. 그들의 서로 다른 관점, 그리고 그들이 스스로의 입장을 지지하기 위해 제시하는 이유들을 어떤 방식으로 서술할 것인가? 이 논의에서 승자가 있다고 생각하는가? 만약 있다면 누구인가?

여기서 주요한 차이는 디어터의 논의가 원칙에 근거하고 있다는 것이다. 적어도 카라가 고집을 피움으로써 디어터의 입장은 원칙에 바탕을 둔 논의가 되고 있다. 처음에는 디어터가 단순히 '무단으로' 복제물을 만드는 것이 불법이며, 이로 인해 곤경에 처할 것이라는 이유로 CD를 빌려주길 주저하고 있다. 카라가 적발될 위험이 없다고 지적하자 디어터는 방향을 바꾸어 그렇게 하는 것이 원칙에 입각해서 보았을 때 잘못이라고 주장한다. 그는 CD 무단 복제가 부정이며, 실제로 다른 종류의 도둑질과 전혀 다를 바가 없다고 주장한다. 그 액수가 얼마인지, 누가 손해를 보는지는 아무런 문제가 되지 않는다. 훔치는 것은 어찌 되었건 훔치는 것이고, 대기업이 취하는 이익의 극히 일부를 취했건, 상점에서 물건을 훔쳤건, 혹은 보지 않을 때 누구의 휴대폰을 훔쳤건 모두 마찬가지인 것이다.

카라의 논의는 그러한 원칙에 호소하지 않고 있다. 그녀는 CD를 복사하는 것과 심각한 도둑질을 하는 것 사이에 커다란 차이가 있다고 확실하게 믿고 있다. 심지어 그녀는 손실을 입는 사람의 손실은 극히 미미함에 반해, 수입은 매우 크기 때문에 CD를 불법복제하는 것이 어느 정도 정당하다는 생각을 은연중에 드러내기도 한다. 그녀가 절도를 옳다고 생각하는 것은 아니다. 단지 그녀는 CD를 복사하는 것과 훔치는 것이 동일하지 않다고 생각할 따름이다.

누구를 승자라고 생각하느냐는 이것이 전적으로 원칙의 문제라는 디어터의 입장에 동의하는지의 여부에 좌우된다. 만약 원칙의 문제라면 카라는 디어터의 입장을 당해 낼 도리가 없다. 불법 CD 복제는 분명 일종의 도둑질이고, 아무리 금액이 무시할 정도로 작다고 해도 복제를 하는 것은 잘못이다. 이러한 특징 때문에 원칙은 다른 종류의 주장과 구분된다. 당신은 어떤 상황에는 적용되고 '다른' 상황에는 적용되지 않는다는 주장을 통해 원칙으로부터 빠져나갈 수 없다. 특히 그러한 상황이 당신에게 적용되는 경우에 예외를 인정할 수 없다. 때문에 만약 당신이 "이는 원칙의 문제"라고 말하는 디어터에 동의할 경우 당신은 디어터가 논쟁에서 승리를 거두었다고 말해야 할 것이다. 하지만 당신이 그러한 원칙이 CD 복사와 같은 '무해한' 행동에까지 확대 적용되어선 안 된다고 생각한다면 당신은 카라의 논의가 훨씬 균형감각이 있으며, 디어터의 논의는 너무 극단적이고 융통성이 없다고 말하게 될 것이다.

하지만 기억해야 할 점은 원칙으로부터의 논의는 융통성이 없다는 것이다. 만약 어떤 것이 실제로 원칙이라면 거기에는 예외가 없다. 당신은 '훔치는 것이 괜찮은 경우도 있다' 그리고 '훔치는 것이 언제 괜찮고, 언제 그렇지 않은지를 사람들이 각자 결정해야 한다'를 원칙으로 삼을 수 없다. 당신은 대형 음악 회사에 지불해야 할 몇 푼 되지 않는 돈을 지불하지 않은 것이 세상에서 가장 흉악한 범죄가 아니라는 카라에 동의할지도 모른다. 하지만 이를 원칙에 입각해서 옹호할 수는 없다. 실제로 당신이 속이는 것이 잘못임을 받아들인다면, 그리고 당신이 속이고 있다면, 당신은 당신 또한 잘못을 범하고 있음을 받아들여야 한다. 심지어 당신이 이를 사소한 위반이라 생각해도 마찬가지다.

그렇다면 카라는 어떻게 자신의 입장을 옹호할 수 있을 것인가? 그녀는 CD를 제조하고 판매하는 회사가 부당하게 높은 가격을 요구하며, 때문에 그들을 속이는 것이 어느 정도 정당화된다고 주장하고 있다. 사실상 이는 사람들이 힘이 센 거대 조직에 대항할 때 흔히 활용하는 논의 방식이다. 이는 부당한 가격을 책정하는 것 자체가 일종의 도둑질이며, 설령 도둑질이 아니라고 해도 최소한 지위를 남용하는 것임을 시사한다. 카라는 다음과 같이 주장하고 있다.

> "너 그런 사람들이 너나 나 같은 사람 덕에 얼마나 많은 돈을 버는지 아니? 그들이 비싸게 팔지 않는다면 우리가 CD를 복사할 필요가 없겠지. 그들이 얼마나 탐욕스러운데. 그리고 만약 불법복제가 그들의 이익을 훼손한다면 아주 잘한 것이야!"

악을 악으로 대한다고 해서 선이 되는 것은 아니다

이러한 논의의 문제점은 이것이 많은 사람들이 정당하게 생각하고 호소하는 또 다른 원칙을 침해한다는 것이다. 즉 "악을 악으로 대한다고 해서 선이 되는 것은 아니다"라는 원칙을 위배한다는 것이다. 기본적으로 이는 누군가가 당신을 속였다고 해서 당신이 동일한 방법으로 행동하는 것을 옳다고 할 수 없다는 원칙이다. 물론 우리는 어떠어떠해서 "자업자득이다", 혹은 "그런 일을 당해도 싸", "응분의 대가를 받았다"라고 말하는 것이 적절한 상황을 잘 알고 있다. 한 정치인이 자신의 정적(政敵)에 대한 악의적인 거짓말을 유포함으로써 권력을 장악하게 되었는데, 누군가가 그에게 동일한 행동을 함으로써 결국 몰락하게 되었다고 가정해 보자. 당신은 정적에게 야기한 수치와 모욕감을 '응당' 그 또한 느껴야 한다고 말할 것이며, 이는 정당하다. 하지만 그렇다고 해서 그에 대한 거짓말을 공개적으로 유포하는 것이 옳다고 할 수는 없다.

어떻게 봐도 악의적인 거짓말 유포는 잘못이다. 이는 해악을 야기한다. 이는 진실되지 못하다. 그리고 이는 (악의적인 것이기에) 해악을 가할 의도를 가지고 행한 것이 분명하다. 이것이 얼마만큼 '응분의 대가'인지와 상관없이 그렇게 하는 것은 나쁘다. 사실상 '응분의 대가'라고 말함으로써 당신은 이미 원래의 행동이 나쁘다고 판단한 것이다. 이렇게 보았을 때 당신은 동시에 두 가지를 말할 수 없다. 즉 이유가 무엇이건 어떤 사람이 할 때에는 그것이 나쁘지만, 또 다른 사람이 할 때에는 좋다고 말할 수는 없는 것이다. 이것이 "악을 악으로 대한다고 해서 선이 되는 것은 아니다"가 의미하는 바다.

이러한 원칙을 받아들일 경우, 당신은 대형 음악 회사가 가격을 부풀려서 책정했기 때문에 '응당 받아야 할 대가'를 치른다는 카라의 입장을 받아들일 수 없다. 물론 당신이 가격이 부당하다고 느끼는 사람들의 입장에 동감할 수는 있다. 하지만 설령 그렇다고 해도 당신이 속이는 것을 훌륭한 행동이라고 합당하게 주장할 수는 없다.

정도의 차이와 종류의 차이

하지만 카라의 또 다른 추론 중에서 우리가 고찰해 볼 필요가 있는 것이 있다. 음악 산업을 공격한 후 곧바로 그녀는 "어쨌건 그것은 가게에서 무엇인가를 훔친 것과는 달라"라고 말하고 있다. 이에 대해 디어터는 다음과 같이 답하고 있다. "그것도 일종의 도둑질이야. 그것은 돈을 내지 않고 무엇인가를 갖는 격이지. 이는 저작권자들을 속이는 것이기도 해."

연습문제

"그것도 도둑질인가?"라는 질문을 신중하게 고찰하거나 논의해 보라. 예를 들어 들치기 혹은 어떤 사람의 휴대폰을 훔치는 것과 카라가 의도했던 방식으로 저작권을 위반하는 것 사이에는 차이가 있는가?

디어터에 따르면 그 차이란 정도의 문제다. 반면 카라에 따르면 이는 종류의 차이다. 당신에게 이러한 표현들이 낯설게 느껴질 수 있다. 하지만 이하의 내용을 살펴보면 그 의미가 분명해지게 될 것이다.

정도의 차이란 측정이나 계산이 가능한 차이를 말한다. 온도의 높낮이, 세기의 정도, 혹은 지력이나 부의 정도는 그 예다. 이에 관한 목록은 얼마든지 만들어낼 수 있다. 만약 우리가 두 사람에게 얼마만큼 돈을 버는지를 묻고, 한 사람이 다른 사람에 비해 조금 더 번다는 사실을 알게 되었을 때, 우리는 이를 정도에 관한 차이라고 말하지, 종류에 관한 차이라고 말하지 않을 것이다. 만약 우리가 동일한 두 사람에게 하는 일이 무엇이냐고 물었는데 한 사람은 의사라고 말하고 다른 사람은 농부라고 말할 경우, 이는 종류의 차이다. 농부가 되는 것에는 정도의 차이가 없다. 농부이건 농부가 아니건 둘 중의 하나인 것이다.

다음은 또 다른 사례다. 캐나다의 수도는 오타와 강을 끼고 있는데, 강은 도시를 둘로 분할하기만 하는 것이 아니라 영어권 지역인 온타리오와 프랑스어권 지역인 퀘벡의 경계를 이루기도 한다. 당신이 어디에 사는가를 기준으로 판단해 보았을 때, 당신은 온타리아 지역민이든지 아니면 퀘벡 지역민인 것이다. 당신이 강에서 1마일 떨어진 곳에 살지 않고 3마일 떨어진 곳에 살고 있다고 해서 당신이 더 온타리오 인이 되는 것은 아니다. 달리 말해, 이는 종류의 차이지 정도의 차이가 아니다. 두 거주 지역은 강을 기준으로 나누어져 있고, 당신은 한쪽 아니면 다른 쪽에 살고 있다.

이러한 구분을 디어터의 논의에 적용해 볼 경우, 우리는 디어터가 CD를 복제하는 것과 가게에서 물건들을 훔치는 것의 차이는 단지 정도의 차이에 불과하다고 생각한다는 사실을 알 수 있다. 실제로 그는 양자 사이에 훔친 양의 차이 외에는 아무런 차이가 없다고 말하고 있다. 원칙이라는 측면에서 보자면 사소한 속임과 훔치는 것은 동일하다. 이러한 측면에서 본다면 양자는 모두 정직하지 못한 것이다.

이와 대조적으로 카라는 양자의 차이가 종류의 차이라고 생각한다. 그녀는 양자가 어떻게 다른지를 보여주는 어떤 정의(定義)를 제시하고 있지는 못하다. 하지만 그녀는 양자가 분명 종류에서 차이가 있다고 가정하고 있다. 그녀는 CD를 복사하는 것과 자신의 휴대폰을 도난당한 것을 비교하면서 "그건 다른 문제야. 너도 알잖아. 새로 사려면 돈이 많이 들어"라고 말한다. 또한 그녀는 이를 들치기와 비교하면서 "그리고 네가 정말로 작은 CD 한 장을 복사하는 것과 훔치는 것을 같다고 생각한다면, 넌 무엇인가를 혼동하는 거야"라고 말하고 있다.

경계선 긋기

디어터는 수사학적 질문으로 카라에 대응하고 있다. "그렇다면 그 기준은 얼마니? 1센트? 20센트? 1유로? 만약 작은 것을 취하는 것이 문제가 없다면 조금 더 취하는 것 또한 문제가 없을 거야. 그리고 조금 더, 조금 더… 그러다가 결국 상점에 들어가서 네가 좋아하는 물건들을 주머니에 집어넣어도 좋다고 말하게 될 것이야. 만약 아무도 보는 사람이 없다면 말이야."

달리 말하자면 디어터는 상반되는 입장 간에 아무런 원칙상의 차이가 없다고 생각한다. 왜냐하면 경계선을 긋고 "바로 여기가 별다른 문제가 되지 않는 부정이 마무리되고 제대로 된 진짜 도둑질이 시작되는 지점이다"라고 말할 수 있는 지점이 존재하지 않기 때문이다.

누가 옳은가? 엄격한 의미에서 보사면 디어터의 논의가 더 나은 것처럼 보인다. 만약 카라가 말할 수 있는 바가 음악 회사로부터 취하고자 하는 소액에 비해 휴대폰을 도난당할 경우 그 금액이 훨씬 크고, 자신보다 음악 회사의 타격이 훨씬 적다는 것이 전부라면, 이때 양자의 차이는 종류의 차이가 아니라 정도의 차이인 듯이 보인다. 이에 따라 원칙이 적용된다. 하지만 이러한 구분이 항상 그리 간단한 것만은 아니다.

방금 살펴보았던 부의 정도에 관한 사례를 검토해 보도록 하자. 한 사람의 수입과 다른 사람의 수입의 차이는 단지 정도의 차이에 불과하지만, 그 어떤 사람도 이에 따라 부자와 빈자 간에 차이가 없다고 말하지 않을 것이다. 단지 정확히 어디에서 하나가 끝나고 다른 것이 시작되는지를 말할 수 없다고 해서 부자와 빈자의 차이가 종류의 차이가 아니라고 말할 수는 없다. 이와 유사하게 종이 클립을 직장에서 집으로 가져간 피고용인과 조직적으로 회사 돈 백만 달러를 갈취한 사람은 분명 다른 종류의 사람이다. 설령 우리의 원칙주의자 친구 디어터가 양쪽 모두 자신들의 것이 아닌 무엇인가를 가져가는 것이라고 말할지라도, 그리고 이에 따라 양쪽 모두가 도둑이라 할지라도, 합리적인 사람이라면 그 누구도 양자가 동일한 부류에 속하는 사람이라고 말하지는 않을 것이다.

이렇게 보았을 때 카라도 나름 일리가 있다. 간혹 정도의 차이가 종류의 차이가 되기에 충분할 정도로 클 수가 있다. 마치 부자와 빈자를 구분할 수 있듯이 우리는 사소한 범죄와 심각한 범죄를 구분할 수 있으며, 이는 분명 사실이다. 디어터는 양자가 정도의 차이라고 말하고 있다는 면에서 분명 옳다. 하지만 우리가 차이를 말할 수 없다고 주장하는 것은 그르다.

미끄러운 경사길

실제로 디어터의 논의에는 상당히 잘 알려진 결점이 포함되어 있다. 그 결점은 소위 '미끄러운 경사길' 추론이라 부르는 것으로, 우리는 이를 21장에서 처음 접한 바 있다. 미끄러운 경사길 논증이 가정하고 있는 것은 만약 당신이 어떤 결론을 받아들인다면 당신이 이와 약간 차이가 있는 또 다른 결론을, 또다시 또 다른 결론을 계속 받아들여야 한다는 것이다. 하지만 이 경우 당신은 종국에 가서 완전히 터무니없는 어떤 결론을 받아들여야 한다. 예를 들어 당신이 "내 찻잔에 한 알갱이의 설탕을 넣어도 설탕을 전혀 넣지 않는 것보다 현저하게 더 단맛이 나게 할 수 없다"고 말할 경우 나는 당신의 말에 동의할 것이다. 나는 차에 두 알갱이의 설탕을 넣는다고 하더라도 한 알갱이의 설탕을 탄 것에 비해 더 단맛을 낼 수 없다는 주장에 대해서도 동의하지 않을 수 없다. 심지어 나는 방금 전보다 뚜렷하게 단맛이 나는 단일 지점은 없을 것이라는 주장에 대해서마저도 동의할 것이다. 이 경우 이에 대한 '논리적' 결론이 "내가 아무리 설탕을 많이 넣는다고 하더라도, 차가 현저하게 더 단맛을 내는 일은 절대 없을 것이다"라고 생각할 수도 있다. 하지만 이는 분명 참이 아니다. 이는 명백하게 참인 일련의 전제들로부터 거짓인 결론을 이끌어 낸 것이다! 이는 논증이 건전하지 못하다는 사실을 보여준다.

디어터는 다음과 같이 주장함으로써 유사한 오류를 범하고 있다. "아주 작은 범법 행위가 별로 유해하지 않다는 전제를 받아들일 경우 당신은 이보다 약간 더 심각한 범법 행위 또한 그다지 유해하지 않다는 사실을 받아들여야 하며, 이런 식으로 계속 가다가 결국 어떤 범법 행위건, 그것이 아무리 심각한 것이라 하더라도 유해하지 않다는 결론을 받아들이지 않을 수 없게 되는 데에까지 이르게 될 것이다." 이 경우 우리는 종이 클립 절도가 엄청난 사기와 크게 차이가 나지 않는다는 생각을 받아들여야 하게 되는 것이다!

원칙 대 실용성

디어터의 추론을 비판하는 더욱 일반적인 방법은 그가 원칙을 너무 멀리까지 밀어붙이고 있다고 말하는 것이다. 엄격히 말해 그의 입장에서는 이러한 태도를 취하는 것이 옳다고 말할 수 있을지 모른다. 하지만 그는 원칙을 지나치리만큼 엄격하게 적용하고 있다. 그는 더욱 적절한 것으로 간수될 수 있는 더 나아간 논증들을 활용할 수 있었고, 그랬을 경우 덜 '말도 안 되는'(카라가 합당하게 대응할 만한 논의가 바닥났을 때 그에게 말했던 것처럼) 태도를 견지했을 것이다.

예를 들어 그는 저작권 침해가 대부분의 사람들에게 직접적으로 물건을 훔치는 것처럼 심각하게 느껴지지 않는다고 하더라도, 그것이 위법이라고 정당하게 주장할 수도 있었을 것이다. 만약 저작권이 존중받지 못한다면 최고의 가수들과 작곡가들이 음반 제작을 할 필요성을 느끼지 못하게 될 것이고, 이 때문에 음악과 관련한 제품들의 전반적인 질적 저하가 초래될 것이다. 이러한 상황에서 음반 회사들은 소송 비용이나 저작권 침해를 막기 위한 조사에 드는 비용을 충당하기 위해 제품 가격을 높이는 방식으로 대응할 것이다. 이 경우 저작권을 침해한 사람들 때문에 모든 사람들이 곤경에 처하게 될 것이라는 논의, 혹은 반대로 사람들이 법을 준수할 경우 장기적인 안목에서 모든 사람들이 이득을 얻게 될 것이라는 논의를 이어갈 수 있을 것이다. 이는 대중교통 무임 승차에 반대하는 논의와 유사하다. 결국 대가를 치르는 것은 법을 준수하는 승객들이지 결코 운송 회사(무임 승차자들이 속이고 있다고 생각하는)가 아니다.

이상에서 지적된 것들은 실용적인 이유들이다. 이는 '실질적인' 혹은 '현실을 감안한다'는 의미다. 이와 같은 이유들을 사용하는 논의들은 원리로부터의 논의와 대비된다. 우리가 검토한 두 사례는 다음과 같이 요약해 볼 수 있다.

> 저작권을 보호하는 법률이 존중되어야 하는 이유는 그렇게 하는 것이 모든 사람들에게 최대의 이익이 되기 때문이다. (실용적 논의)

> 저작권을 보호하는 법률이 침해되어서는 안 되는 이유는 그것이 일종의 도둑질이고 도둑질은 어떤 경우에도 나쁘기 때문이다. (원칙으로부터의 논의)

요약

- 원칙, 특히 사회가 일반적으로 받아들이는 원칙들이 활용될 경우 논증은 강력해진다. 하지만 원칙을 너무 멀리까지 확장할 경우 논증이 약해지는 결과가 나타날 수 있다.

최종과제

원칙이 주요 전제에 포함된 논증을 찾거나 스스로 만들어보라. 이에 대해 제기될 수 있는 일부 반론들을 생각해 보라.

26 논증에 대한 미시적 검토

이 장에서 우리는 한편의 논쟁적인 텍스트를 검토해 볼 것이다. 이는 4년마다 추악한 얼굴을 드러내는 논의로, 1세기 이상 계속되고 있다. 아래의 논문은 자넷 센더(Janet Sender)가 2004년 5월에 발표한 것이다.

올림픽은 누구의 소유인가?

모든 사람들이 올림픽을 놓고 흥분하여 달리고 뛰어오르기 시작하는 시간이 돌아왔다. 내가 뜻하는 바는 육상 경기장에서 달리고 뛰어오른다는 것이 아니다. 이는 스포츠의 열기가 아니라 정치에 관한 것이다. 이는 다음 올림픽에 관한 흥분이 아니라 다음 다음 올림픽에 관한 흥분이다. IOC가 지금부터 8년 후 세계에서 가장 크고 화려한 스포츠 쇼를 어느 도시에서 개최할지를 결정하는 시간이 온 것이다.

그런데 왜 이렇게 야단법석인가? 간단히 한마디로 답하자면 돈 때문이다. 물론 국가적 자부심 또한 이와 관련이 있을 것이다. 그러나 돈이야말로 추동력이다. 하지만 돈도, 국가적 자부심도 논쟁에서 일익을 담당해서는 안 된다. 올림픽 경기를 창안했고, 그 명칭도 그 나라에서 왔다는 아주 훌륭한 이유로 올림픽 대회는 당연히 한 국가, 즉 그리스에서 개최되는 것이 좋다. 이는 정치적 또는 경제적 문제가 아니다. 대회를 치를 수 있는 분별 있고 정당한 장소가 한 곳 있는데, 이는 그리스의 수도인 아테네다. 이번에도, 다음에도, 그리고 항상 그러하다.

물론 어떤 경쟁국은 올림픽을 주최함으로써 얻게 되는 모든 혜택, 특히 올림픽이 창출할 막대한 수익이 계속 한 나라에만 돌아가야 하는가에 의문을 품을 것이다. 이와는 달리, 올림픽 주최가 위험이 따르는 사업임이 지적되기도 한다. 이는 성공적으로 대회를 치르고자 할 경우 대량 투자가 요구된다는 것이다. 그리스와 같은 규모의 나라가 4년마다 그와 같은 경비를 부담할 수 있다고 기대할 수는 없다. 더욱 부강한 나라들이 대회를 통해 얻은 수익뿐만 아니라 부담 또한 분담하는 것이 올림픽을 치르는 가장 공평하고 적절한 방안이다. 이는 부유한 국가의 입장에서도 가장 안전한 선택이다.

그러나 자기 본위적이고 모순된 이러한 논의는 당신이 대기업으로부터 들을 것이라 생각하는 바로 그러한 논의다. 물론 시설과 인프라 제공에 필요한 건설 프로그램으로 많은 돈을 버는 사람들은 현행 제도가 가장 무난하다고 말할 것이다. 이러한 입장은 북미나 서구의 지지를 많이 받고 있는데, 지금까지 이들은 대회를 주최하는 역할을 했을 경우 생각할 수 있는 공정한 몫 이상을 벌어들였다. 따라서 현재의 상태를 유지하는 것에 대한 경제적인 옹호는 처음부터 잘못된 것이다.

적절히 이해할 경우 올림픽 경기는 범세계적 우호와 평화에 헌신하는 국제적 운동이다. 올림픽은 어떤 국가의 소유도 아니다. 대회에 참가하는 국가들은 각국의 경제 사정에 따라 올림픽 개최 비용을 부담해야 한다. 예컨대 최빈국은 가장 비용을 적게 부담하지만 가장 혜택을 많이 받을 수 있도록 조치가 취해져야 할 것이다. 오직 이와 같은 접근만이 올림픽의 참된 이상을 구현할 수 있다. 하지만 이는 대회가 동일한 장소에서 계속 개최될 때에만 가능하다.

마지막으로 중요한 점을 지적한다면 올림픽 경기가 오랜 발원지로 되돌아가서 개최되어야 할 현실적이지만 불가피한 이유가 있다. 이는 끊이지 않는 테러의 위협이다. 나이가 지긋한 사람들은 모두 1972년 제20회 뮌헨 올림픽 대회를 망쳐버린 비극적 사건을 기억한다. 오늘날 올림픽은 1972년의 경우를 무색케 할 잔혹한 일들을 벌일 확실한 표적이다. 특히 옳든 그르든 올림픽이 미국의 세계 지배의 상징으로 보이는 한 그럴 것이다. 대회가 4년마다 서로 다른 나라의 수도가 아닌 역사적 장소에서 개최될 경우 대회 개최에 대한 문제는 탈정치화될 것이고, 이에 따라 테러 공격의 위험이 크게 감소하게 될 것이다.

연습문제

위의 논의의 종합적인 결론은 무엇인가?

결론은 두 번째 구절의 마지막에 나오는 문장 전체이다. "대회를 치를 수 있는 분별 있고 정당한 장소가 한 곳 있는데, 이는 그리스의 수도인 아테네다. 이번에도, 다음에도, 그리고 항상 그러하다."

만약 당신이 텍스트로부터 단어 하나하나를 그대로 옮기는 대신 말을 바꾸어 답하기로 결정했다면(혹은 그렇게 요구를 받았다면), 이때 당신은 결론의 취지를 충분히 담아서 답해야 한다는 점을 명심할 필요가 있다. 글은 한 가지 내용만 포함되어 있는 단순한 주장이 아니다. 여기에는 다수의 요소들이 포함되어 있다. 대회가 아테네에서 개최되어야 한다고 말하는 것만으로는 충분치 않다. 실제 결론은 대화를 치를 수 있는 분별 있고 정당한 장소가 오직 한 곳 있다는 것, 그리고 아테네가 영구적으로 대회가 개최되어야 할 장소라는 것이다.

결론의 일부가 아닌 전체를 파악해야 할 필요성은 지지 논의를 평가해 보려 할 때 분명해진다. 만약 이유들이 왜 아테네에서 영구적으로 대회가 개최되는 것이 분별 있기도 한지에 대해 말하지 않고, 오직 아테네 영구 개최가 정당하다는 주장만을 지지했다면 그 논의는 건전하지 못할 것이다. 왜냐하면 이는 불완전하기 때문이다. 마찬가지로 논증이 한 장소에서 영구적으로 개최되는 것이 매번 다른 장소에서 개최되는 것보다 정당하고 분별 있다는 것을 입증하지 못할 경우 다시 한 번 그러한 추리는 적절치 못한 것이 될 것이다.

"아테네가 다음 올림픽 개최지가 되어야 한다"는 충분히 정확하거나 많은 내용을 담은 답변이 될 수 없다. "그리스의 수도가 올림픽 경기의 영원한 개최지가 되어야 한다. 어떤 다른 해결책도 정당화될 수 없고 의미를 갖지 못한다"는 주장은 괜찮을 것이다.

연습문제

(a) 첫 번째 단락의 기능은 무엇인가?

(b) 첫 번째 단락의 문체 혹은 논조를 서술해 보라. 저자는 어떤 방법으로 그러한 문체를 느끼게 하고 있는가? 저자의 언어 사용 방법에 관한 하나 혹은 두 개의 사례를 제시하라.

(c) 첫 번째 단락의 문체와 논조가 독자에게 어떤 효과를 발휘하고 있는가? 이것이 독자에게 어떤 영향을 미칠 것인가?

(a) 첫 번째 단락은 도입에 해당한다. 이는 결론이나 어떤 지지 이유를 제시하지 않고 전체로서의 논의가 이루어지는 맥락을 제시하고 있다.

(b) 당신은 첫째 단락에서의 저자의 글쓰기 방식을 예컨대 익살스러운, 빈정대는, 냉소적인, 교만한, 경멸적인 등의 여러 방법으로 서술할 수 있을 것이다. 이는 "육상 경기장(이 아닌 곳)에서 … 달리고 뛰어오르기 시작하는"과 같은 구절을 통해 느껴지는 것이다. 이는 그녀가 언급하고 있는 사람들의 흥분이 어린애의 것처럼 보이게 한다. 또한 '광기'라는 말은 오늘날의 올림픽 대회가 과도하게 미화되고 있음을 시사한다.

(c) 저자는 독자들이 올림픽 대회 개최를 놓고 벌어지는 모든 '소동'이 불필요하고 우스꽝스럽다는 느낌을 갖게 하도록 노력하고 있는 듯하다.

이것이 성공할 경우 독자들은 이후에 전개될 숙고된 논의에 귀를 기울이려는 태도를 갖게 된다. 달리 말하자면 이는 직접적인 추론이기보다는 설득을 위한 방편이다.

당신이 논증을 평가할 때 중요한 것은 설득을 위한 글쓰기의 특징에 유의해야 하며, '설득을 위한 글'과 '추리'를 적절히 구분할 수 있어야 한다는 것이다. 추리란 어떤 주장을 근거로 다른 주장을 이끌어내는 것을 의미하며, 이는 서로 다른 여러 방식으로 표현될 수 있다. 반면 문체는 특정한 글 속에서 주장이 표현되고 있는 방식을 의미하며, 이는 정서적 호소, 빈정대는 필치, 미사여구 등으로 이루어진다. 첫 번째 단락에서 우리는 이를 여럿 살펴볼 수 있다. 따라서 이는 단순한 서론 이상인 셈이다.

연습문제

저자는 그리스를 영구적인 경기 개최지로 선택해야 한다는 주장을 뒷받침하기 위해 다양한 이유들을 제시하고 있다. 이들 중에서 (a) 실용적인 이유와 (b) 원칙의 근거에서 정당화할 수 있는 이유를 드러내 보여라.

(a) 저자가 제시하는 한 가지 실용적인 이유는 경기 개최지가 한 곳으로 영구히 정해질 경우 올림픽이 탈정치화됨으로써 거의 확실하게 테러 위협을 감소시킬 수 있다는 것이다. 분명 이는 선수들이나 관객들, 그리고 테러 공격의 위협 때문에 사람들이 대회 참여를 주저하게 될 경우 수익에 영향을 받게 되는 조직원들에게까지도 실질적인 이익을 줄 것이다. 텍스트에 '현실적'이라는 단어가 포함된 것은 이것이 실용적인 이유임을 보여주고 있다.

(b) 반면 그리스가 올림픽의 유래지이고, 그 이름이 그로부터 유래되었다는 논의는 실질적인 이익과 그다지 관계가 없다. 저자는 이러한 역사적 이유 때문에 올림픽이 그리스에 귀속되고, 바로 그 이유만으로 올

림픽이 그곳에서 개최되어야 한다는 이야기를 들려주고 있다. 이러한 추리를 뒷받침하고 있는 일반 원칙은 어떤 것을 창안하거나 시작한 사람이 그에 대한 도덕적인 그리고/혹은 법적인 소유권을 갖는다는 것이다. 이러한 원칙은 단지 여기서와 같은 특별한 맥락뿐만 아니라 저자나 예술가, 탐험가 등 어떤 것을 발견했다거나 만들었다는 주장이 가능한 어떤 사람이나 집단에게도 적용된다.

연습문제

두 번째 문단에서 저자는 금전이나 국가적 자존심은 논의와 아무런 상관이 없다고 명시적으로 가정하고 있다. 그녀가 은연중에(혹은 말하지 않으면서) 가정하고 있는 것은 무엇인가? 그리고 이는 정당화될 수 있는가?

저자는 역사적 이유들이 논의에서 일익을 담당해야 한다고 분명 가정하고 있다. 이러한 가정 없이는 결론이 쉽게 도출되지 않는다. 이를 달리 말하자면 여기에는 보이지 않는 전제가 있다는 것이다. 만약 저자가 이러한 전제를 드러내고자 했다면 아마도 "이 문제는 역사적인 것이다" 정도로 나타냈을 것이다. 단순히 정치적인 또는 경제적인 문제가 아니라고 말한다고 해서 그것이 역사적인 문제라고 할 수는 없다.

연습문제

세 번째 문단의 기능은 무엇인가?

이는 반대 논증이다. 당신은 스스로 반대 논증을 제시하고 이에 대응하는 전략 — 즉 논의를 제시하고 이를 논박하는 — 이 일반적인 논증 전략이라는 20장에서의 내용을 기억할 수 있을 것이다. 이는 분명 저자가 여기에서 시도하고 있는 바다.

연습문제

'모순적'이라는 비판(네 번째 단락)은 반대 논증에 대한 공정한 평가인가?

당신은 저자가 의도하는 바를 파악할 수 있을 것이다. 그녀가 반대 논증을 정리한 것을 살펴보면 이를 지지하는 사람들은 오직 한 나라만이 이익을 차지해서는 안 되고, 오직 한 나라만이 모든 비용을 감당해서도 안 된다는 주장을 동시에 하고 있다. 하지만 우리는 반대 논증을 다르게 파악할 수 있다. 즉, 반대 논증은 단순히 두 가지 가능한 결과를 염두에 누고 있을 따름이고, 우리는 이를 둘 중의 어떤 한 가지 결과가 나타나도 불공정하다고 주장하는 것으로 해석할 수 있는 것이다. 이렇게 보자면 모순이라는 비판은 그다지 설득력이 없다.

연습문제

네 번째 단락은 반대 논증에 대한 대응이다(다시 말해 반대-반대 논증이다). 당신은 이를 어떻게 평가하는가?

이는 아주 약한 대응이다. 이는 21장에서 소개한 인신 공격으로 알려진 전형적인 오류의 한 사례다. 인신 공격이란 논증 자체를 공격하기보다는 믿음을 견지하거나 주장하는 사람을 공격하는 것을 말한다. 경제적인 문제를 거론하면서 현 제도를 옹호하는 논증은 분명 대기업의 경우에 비견될 수 있고, 그러한 논증이 특히 북미에서 지지를 받고 있는 것이 전적으로 사실이라 할 수 있다. 그러나 이로 인해 논증이 나빠지는 것은 아니다. 그리고 저자가 결론 내리고 있는 것처럼 이 때문에 논증에 결점이 생기는 것은 분명 아니다. 결점은 저자가 무너뜨리려 했으나 실패한 반대 논증보다는 저자의 논의 속에 포함되어 있음이 훨씬 분명하다.

연습문제

다섯 번째 문단에서 저자는 다음과 같이 말하고 있다. "올림픽은 어떤 국가에도 귀속되지 않는다." 이 주장이 구절의 다른 어떤 주장과 모순되는가? 만약 모순된다면 이는 논증의 설득력을 어느 정도 약화시키는가?

이는 언뜻 보기에 이상한 질문이다. 그 이유는 이 질문에 대해서는 매우 분명하게 답변이 제시되고 있는 것처럼 보이기 때문이다. 두 번째 문단에서 저자는 매우 분명하게 "올림픽 대회는 당연히 한 국가, 즉 그리스에 귀속된다"고 말하고 있다. 이는 올림픽 게임이 어떤 나라에도 귀속되지 않는다고 주장하는 이후의 진술과 뚜렷하게 모순되는 것처럼 보인다. 만약 이것이 분명한 모순이라고 한다면 이는 심각한 추론상의 결점인 것처럼 보이기도 한다. 대회가 어떤 단일 국가에 귀속되지 않는다고 한다면 여러 나라가 돌아가면서 대회를 개최하는 현재의 시스템은 분명 옳은 것이고, 저자가 제안하듯이 대회 개최권을 그리스에 영구히 주는 것은 저자 자신의 전제에 공공연하게 도전하는 격이 되는 것처럼 보인다.

그렇다면 이것이 언뜻 보이는 바와 같이 명백한 모순일까? 반드시 그런 것은 아니다. 당신은 '~에 속하는(belong)'과 '소유(property)'라는 단어가 무엇을 의미하는지를 분명하게 함으로써 논증을 옹호할 수 있을 것이다. '소유'는 소유권 혹은 점유 등을 시사한다. 만약 올림픽이 전적으로 한 나라의 소유라고 한다면 그 나라는 아마도 그들 자신의 이익을 위해 올림픽을 마음대로 좌지우지할 수 있는 권리를 가질 것이다. 즉 대회가 열리는 시기와 장소의 선택, 규칙의 제정, 모든 이익의 획득 등을 마음대로 할 수 있을 것이다. 그러나 저자가 그처럼 극단적인 이야기를 하고 있는 것은 아니다. 'belong'은 소유의 뜻만을 가지고 있지 않다. 특히 'belong to'를 써서 '~의 것'을 나타내지 않고 'belong in'을 써서 '~

에 있는 것이 마땅하며 좋다'를 의미하는 경우에는 그러하다.

이것이 시시콜콜하게 보일 수 있다. 그러나 정확한 분석은 흔히 시시콜콜한 것에 좌우된다. 즉 여기에서의 단어, 저기에서의 구절에 좌우되는 것이다. 올림픽 게임이 그리스에서 치러지는 것이 마땅하고 좋지만, 그렇다고 그리스의 소유물은 아니라고 주장한다면 전혀 문제가 없다고 말할 수 있을 것이다. 다시 말해 올림픽은 경쟁하는 모든 국가의 소유이지만 역사적으로 보았을 때, 그것이 치러질 마땅하고 좋은 장소는 그리스다. 심지어 '그리스'가 고대 올림픽이 개최되었던 세계 속의 어떤 지역을 뜻하는 것이지, 그리스라고 불리는 현대 국가가 아니라는 지적이 이루어질 수도 있다. 그리고 올림픽이 어떤 곳에서 비롯되었다고 말할 때 의미하는 바는 바로 이것이라고 말할 수 있다. 이와 같이 해석이 이루어질 경우 거기에는 아무런 모순이 없다.

물론 논의에 동의하지 않는 사람은 이것이 쓸데없는 비판이라고 합당하게 대응할 수 있다. 즉 '~하는 것이 적합하고 좋은(belonging in)', '~에게 속하는(belonging to)', '~의 소유물(property of)' 등은 모두 올림픽이 한 나라만 개최해야 하는지 아니면 돌아가면서 개최해야 하는지를 결정할 때 동일한 것을 의미할 수 있는 것이다. 저자는 두 마리 토끼를 한꺼번에 잡을 수 없다. 만약 올림픽이 그리스에 속하지 않는다고 하면 그리스에서 치러지는 것이 마땅하지도 좋지도 않다. 그리고 이것이 말하고자 하는 바의 전부일 수 있다.

관용의 원칙

이들 가운데 어느 것이 정확한 해석인가는 결국 당신이 결정해야 할 일이다. 하지만 이와 같은 경우에 훌륭한 비판적 사고자가 따라야 할 지침이 있다. 즉 하나의 해석이 어떤 논의를 심각하게 훼손하는 데에 반해 다른 것은 그렇지 않은 경우, 비판적 사고자가 염두에 둘 지침이 있다는 것이다. 이러한 지침은 관용의 원칙이라 부르기도 한다. 이렇게 부르는 이유는 이러한 원칙이 저자의 입장을 가장 유리하게 해석해 주고자 하기 때문이다. 이는 의심의 여지가 있을 때 저자에게 그 의심의 혜택을 준다는 것을 말한다. 여기에서 자비의 원칙을 적용하는 방법은 다음과 같이 묻는 것이다. 만약 저자가 이들 두 설명이 서로 모순된다고 생각했다면 과연 이러한 두 가지 진술을 동시에 제시했을까? 거의 분명히 아니라고 답할 것이다. 그녀가 그렇게 해야 할 이유가 무엇인가? 그녀는 올림픽 게임이 그리스의 소유물이라는 의미로 그리스에 속한다고 말할 이유가 없다. 그녀의 논의는 올림픽 경기가 전통적인 장소에서 치러지는 것이 마땅하고 좋다는 주장을 담는 것만으로도 충분하다. 또한 올림픽 경기가 전 세계에 속한다거나 지금처럼 올림픽위원회가 관리해야 한다는 것을 그녀가 부정할 필요가 없다. 만약 당신이 논증을 비판하고자 했다면 당신은 가장 나쁜 해석을 고집하려 했던 격이고, 이는 일종의 속단이라 할 것이다. 관용의 원칙의 요체는 '친절하라'는 것이 아니라 '공정하라'는 것이다. 일단 가장 좋은 방식으로 해석을 한다. 그렇게 하고 나서 여전히 이에 대해 부정적인 비판을 제기하거나 반론을 제시할 경우 훨씬 설득력이 커질 것이다.

저자를 옹호하는 또 다른 방법은 저자가 이 맥락에서 모순을 범하고 있다고 문제 삼는 것은 '하찮은' 비판이라고 말하는 것이다. 이는 누군가가 실제로 말하고자 하는 바가 전혀 아니었던 것을 가지고 문제를 삼거나 실언한 것을 가지고 그를 비난하는 경우와 다를 바 없을 것이다. 이러한 측면에서 그러한 비판은 21장에서 살펴보았던 '허수아비' 논증과 어느 정도 유사하다.

연습문제

정확하게 논증의 결론이 무엇인가를 생각해 보라. 논증이 결론을 적절히게 지지한다고 말할 수 있는가?

지지하지 못한다. 논증의 결론은 '대회를 치를 수 있는 분별 있고 정당한 장소가 오직 한 곳 있는데, 그 장소는 그리스의 수도인 아테네이며, 이는 이번에도, 그리고 항상 그러하다'이다. 여기에는 '오직', '항상'과 같은 매우 강한 단어가 사용되고 있는데, 이러한 단어들은 자신들을 뒷받침할 수 있는 자신들과 마찬가지로 강한 전제가 필요하다. 저자의 약점은 모든 가능한 대안들을 배제하지 않았다는 것, 혹은 모든 가능한 반론을 살펴보지 않았다는 것이다. 저자는 아테네가 영구적 개최지가 되는 것을 어느 정도 정당화할 수 있었으며, 이것이 합당하다고 결론 내릴 수 있었다. 이에 대해 그녀는 어느 정도 근거를 제시했다. 하지만 그녀가 이것이 유일하게 받아들일 만한 결론임을 거의 확실할 정도로 보여준 것은 아니다.

당신은 이처럼 "이유와 결론 간에 균형이 맞지 않는다는 사실이 결점 있는 추리라고 생각하는 근거"라고 말할 수 있을 것이다. 당신은 이를 심각한 약점이라고 말할 수 있다. 어떻게 말하든 "논증은 목적을 달성하는데 다소 미흡하다"가 논증에 대한 적절한 평가다.

연습문제

"그리스 전역의 경쟁자들 간에 경합이 이루어졌던 것이 고대 올림픽 경기였다면, 현대 올림픽 경기는 전 세계의 경쟁자들 간에 경합이 이루어진다." 이것이 사실이라면 이러한 의견은 논증에 어떤 영향을 미칠 것인가?

이는 상당히 부정적인 영향을 미칠 것이다. 역사적인 논의는 저자의 입장을 뒷받침하는 중요한 부분이다. 그녀는 올림픽이 그리스에서 항상 개최되어야 한다는 결론을 지지하기 위해 올림픽 경기가 그리스에서 최초로 개최되었다는 사실을 활용하고 있다. 만약 누군가가 과거에는 모든 선수들이 오는 지역에서 올림픽이 개최되었지만, 이제는 더 이상 그렇지 않다고 비판을 제기한다면, 이는 상황이 크게 변했다는 주장을 뒷받침해 주는 근거가 될 것이다.

하지만 또다시 비판은 결정적인 것이 아니다. 여전히 이에 대한 대응 논변이 있을 수 있다. 예를 들어 오늘날은 비행기로 오갈 수 있게 됨으로써 세상이 훨씬 좁아졌다. 아마도 시드니에서 아테네까지 비행기로 가는 것이 고대에 스파르타에서 아테네까지 걸어서 가는 경우보다 시간이 적게 걸릴 것이다. 이렇게 보았을 때 선수들이 오는 장소는 사실상 "한 장소에서 영구히 개최되어야 한다"는 주장을 뒷받침하기 위한 적절한 논거가 아니다.

비판적 질문

지금까지 당신이 답했던 질문들과 유사한 질문들은 어떤 논증의 핵심적인 특징이 무엇인지를 확인하는 데 많은 도움을 줄 수 있다. 바로 이와 같은 이유로 사고 능력 시험에는 이러한 질문들이 포함된다. 질문은 상당히 답하기 힘들었고, 결코 용이하지 않은 비판적 사고가 요구되었다. 그러나 이들이 어느 정도 즐거움을 주기도 한다. 왜냐하면 이들이 당신의 분석과 평가에 도움을 주기 때문이다. 당신이 실제 상황에서 논의를 접하게 되었을 때 — TV에서, 책에서 또는 그냥 대화에서 — 당신은 그에 대해서 어떻게 답해야 하는지를 알아야 하는 것은 물론, 어떤 질문을 제기해야 하는지도 알아야 한다.

위에서 살펴본 여러 질문들은 기억해 둘 만하다. 왜냐하면 이 질문들 또는 이와 매우 흡사한 질문들은 단지 이상에서의 논의뿐만 아니라 대부분의 논의에 적절히 활용할 수 있기 때문이다. 당신은 거의 항상 다음과 같이 질문해 볼 필요가 있다. 무엇이 주요 결론인가? 보이지 않는 전제(가정)가 있는가? 모순이 있는가? 결론을 지지하기에 이유가 충분히 강력한가? 저자가 설득을 위한 언어, 정서 또는 대중적 호소를 어떻게 사용하고 있는가? 이 외에 다른 질문들도 제기해 보라.

최종과제

최근의 신문이나 인터넷에서 논증을 찾아서 이를 복사하라. 이 상에서 제기된 질문의 일부 혹은 모두를 사용하여 당신이 선택한 텍스트에 대한 당신 자신의 질문 목록을 작성해 보라.

이어서 스스로 그러한 질문에 답해 보라. 만약 다른 학생들과 함께 공부하고 있다면 텍스트와 질문을 서로 교환하여 답변에 대해 함께 이야기를 나누어보라.

27 종합

앞 장에서 당신은 하나의 글을 살펴보았고, 이에 대한 몇 가지 구체적인 질문에 답했다. 그러한 질문들은 당신의 분석과 평가 기술을 시험한 것이나.

이 장에서는 더욱 발전된 수준의 비판적 사고를 하는 데 필요한 한 단계 더 나아간 기술을 소개한다. 이는 서로 다른 출처로부터 얻은 정보, 증거 그리고 의견을 종합하여 어떤 논증이나 결론을 지지하는 기술이다. 이러한 기술을 종합이라 부른다. 높은 수준의 사고 기술 시험은 당신 스스로 계획하고 수립한, 당신이 확장해서 쓴 글을 가지고 이러한 기술에 대한 평가를 한다.

종합은 우선 특정 과제에 적합한 자료를 선택하고 정리할 것을 요구한다. 다음 연습문제의 과제는 297-299쪽의 자넷 센더의 논문(문서 1)에서 비롯된 올림픽 대회에 관한 논쟁의 범위를 확장하는 것이다. 그녀가 제시했던 질문은 "올림픽은 누구의 소유인가?" 그리고 "올림픽 경기는 어디에서 개최되어야 하는가?"와 같이 상당히 범위가 좁은 것들이었다. 그녀의 결론은 경기가 아테네에서 영구적으로 개최되어야 한다는 것이었고, 그녀의 추론은 주로 역사적이고 정치적인 것이었다. 그 약점 가운데 한 가지는 그녀가 사실적 정보, 사례 또는 증거를 통해 자신의 주장을 뒷받침하는 경우가 적었다는 점이었다.

여기에서 소개하는 세 개의 새로운 문서는 대체로 지식을 제공하는 것들이다. 이들의 모든 부분들이 논쟁과 직접적으로 관련되는 것은 아니다. 그 안에는 어디서 대회가 개최되어야 하는가라는 특정 문제에 대한 논의에 필요한 것 이상의 정보가 포함되어 있다. 나머지 문서들 또한 비록 논쟁에 도움을 줄 수 있지만 직접적으로 논쟁과 관련되는 것은 아니다.

이제 새로운 문서들을 읽어보라. 그리고 필요하다면 자넷 센더의 논의를 다시 한 번 읽어보라. 세세한 것들을 일일이 파악하고자 하기보다는 자료의 개략적인 내용을 파악하기 위해 신속하게 읽어보라. 텍스트에서 논쟁에 가장 도움이 될 수 있는 부분들을 찾아내라. 다음으로 연습문제를 풀어보아라.

문서 2

올림픽 경기의 역사 — 고대와 현대

서론

현대 올림픽 경기는 국가가 아니라 도시가 개최한다.

최초의 현대 올림픽 경기는 아테네(그리스)에서 개최되었다.

2000년 올림픽 개최지는 시드니(호주)였고, 2004년에는 아테네에서 개최되었다.

개최 도시와 올림피아드로 알려진 역법(曆法)

고대 올림픽 경기는 항상 동일한 장소인 올림피아 — 엘리스(Elis)로 알려진 서부 그리스에 있는 성지 — 에서 개최되었다. 경기는 그리스의 제우스 신을 찬양하는 축제였으며, 종교적인 행사였다. 고대에는 제우스 신전의 수호자들인 엘리안(Elian)들이 경기를 주최했다. 그들은 중립을 지키고자 노력했고 — 이는 수백년 동안 성공했다 — , 그 방법은 현대 스위스와 유사한 방식으로 다른 그리스의 도시국가들과 비동맹 관계를 유지하는 것이었다. 그러나 기원전 5세기에 그들은 스파르타와 동맹을 맺고 이웃 국가들과 전쟁을 벌였다. 엘리안들은 신전을 수호하는 역할을 스파르타에게 빼앗겼고, 그 다음에는 다른 그리스 도시 국가에, 최종적으로 정복자인 로마에게 빼앗겼다. 기원전 80년 로마의 장군 술라(Sulla)는 올림픽 경기를 로마로 옮겨서 개최했고, 소년들을 위한 하나의 경주만이 올림피아에서 개최되었다. 그러나 술라가 사망하자 다음 올림픽 경기는 BC 76년 올림피아에서 다시 개최되었다.

고대 올림픽 경기와 현대 올림픽 경기는 4년마다 개최되었고 또한 개최되고 있다. 이러한 4년의 주기는 올림피아드(Olympiad)라고 알려져 있다. 고대 그리스인들에게 이(올림피아드)는 시간을 나타내는 방법으로, 그들의 역법이었다. 그러나 이러한 역법을 모든 그리스 도시국가에서 사용한 것은 아니었으며, 역법과 일어난 일들의 연대를 추정하는 문제 때문에 고대의 역사를 연구하는 데 어려움이 많다. 고대에는 정확한 날짜 기입 방법이 없었고, 모든 문명이 서로 다른 역법을 사용했다. 바빌로니아, 헤브라이, 그리스, 로마 등 많은 나라들은 각자의 역법이 있었다. 그들 모두에게서 살펴볼 수 있는 하나의 공통점은 그들이 로마에게 정복당했다는 것이다. 율리우스 카이사르는 기원전 46년에 율리우스 역법을 창시했다. 우리들의 현재 달력은 율리우스 역법을 수정한 것으로, 그레고리 역법으로 알려져 있는데, 이는 1582년 가톨릭 교회에서 그레고리우스 13세가 제정하여 시행한 것이다. 이러한 사실은 기원전 776년, 고대 그리스 올림피아드에서 개최된 제1회 올림피아드 원년의 날짜를 따져보려 할 때 문제가 된다. 이를 간단히 설명하자면, 당신의 올해 생일은 고대 그리스에서는 동일한 날짜가 아니었으리라는 것이다.

고대 그리스에서와 마찬가지로 현대 올림픽 경기는 4년마다 올림피아드가 시작되는 날 개최된다. 최초의 현대 올림피아드는 피에르 드 쿠베르탱이 올림픽 경기를 부활시킨 1896년에 시작되었고, 대회는 아테네에서 개최되었다. 이에 따라 이 대회는 '최초의 현대 올림피아드 대회'라고 불린다. 더욱 구체적으로 말하자면 대회는 '최초의 현대 올림피아드' 원년에 개최되었다.

현대 올림픽 운동 초기에는 누가 올림픽을 주최해야 하는가에 대한 논쟁이 있었다. 그리스 정부는 경기가 아테네에서 영구적으로 개최되기를 원했음에 반해, 현대 올림픽 경기의 창시자인 프랑스인 쿠베르탱은 대회가 스포츠를 좋아하는 세계의 주요 도시에서 돌아가면서 개최되길 원했다. 그리하여 2회 올림픽 경기는 프랑스 파리에서, 3회 올림픽 경기는 미국 미주리 주 세인트루이스에서 개최되었다. 그리스는 올림픽 경기 탄생 10주년인 1906년에 있을 올림픽 경기의 주최를 추진하고 계획했다. 이 대회는 4년마다의 행사가 아니었음에도 불구하고 공식적인 것으로 간주되었다. 역사적 관점에서 볼 때 1906년의 올림픽 경기는 올림픽 역사에 포함되어야 한다. 대회는 열렸고, 이러한 사실이 무시되어서는 안 된다. 하지만 이 대회를 4회 올림픽 경기라고 말하지는 않는다. 왜냐하면 4회 올림픽 경기는 영국 런던에서 개최되었기 때문이다. 이에 대해 당혹스러운가? 걱정할 것 없다. 그 당시의 모든 사람들 또한 이를 당혹스러워했다. 이후 그리스 정부는 너무 과중한 경비 때문에 20세기 들어서는 올림픽 축제를 개최하지 않았다. 현대 올림픽 경기는 세계 여러 곳의 도시가 계속 돌아가면서 주최하고 있다. 그리스 정부는 1996년이 현대 올림픽 경기의 100주년이 되는 해라는 이유로 대회를 주최하고자 했으나 대회는 애틀란타(미국)에서 개최되었다. 2004년이 되어서야 대회가 아테네에서 개최되었다.

고대 그리스인들은 기원전 776년부터 AD 261년까지 천 년 동안 중단 없이 올림픽 대회를 열었다. 정말 놀랍지 않은가! 261년 이후는 기록이 없어졌기 때문에 경기가 어떻게 되었는지에 대해 알려진 바가 없다. 실제로 경기는 갑작스레 중단되었다. 아마도 지금의 서부 러시아 해안에 본거지를 두고 있는 헤룰리(Heruli)라는 야만족의 침략이 있었기 때문일 것이다. 그들은 500여 척의 함대로 침입하여 비잔티움과 그리스를 초토화시켰고, 이는 로마 군대가 그들을 퇴각시키기 전까지 계속되었다. 엘리아인들은 올림픽 성지 주변에 탑을 배치해 놓은 방어벽을 쌓았다. 그러나 축제가 거행되었다는 증거는 없다.

올림피아에서 무엇인가가 거행되었고, 올림피아는 그리스인의 신인 제우스를 모시는 종교적 장소로 남아 있었음에 분명하다. 우리가 이와 같이 판단하는 이유는 391년 기독교로 알려진 새로운 종교를 수용한 테오도시우스 1세 로마 황제가 전 로마제국 내에서의 이교도 종교 축제를 모두 금지했기 때문이다. 올림피아에서 개최된 경기는 AD 393년이 마지막이었다고 여겨지고 있다. 395년에는 고대 세계의 7대 불가사의 가운데 하나인 제우스 신의 거대한 동상이 동로마제국의 수도 콘스탄티노플로 옮겨졌다. 이 동상이 그곳에서 AD 462년 화재 때 파괴되었다는 것은 잘 알려진 사실이다. 그럼에도 올림픽 경기는 그 후 AD 425년까지 벌어졌는데, 이는 증거를 통해 뒷받침되고 있다. AD 426년 테오도시우스 1세의 손자인 테오도시우스 2세는 이교도의 신전을 모두 파괴하라는 칙령을 발표했다. 올림피아에 있는 제우스 신전은 전소되었다. 로마 자체도 알라릭(Allaric)족과 서고트(Visigoths)족에게 AD 410년에 이미 약탈당한 바 있다. '암흑시대'가 시작되었다. 여기서 언급되고 있는 모든 연대는 수학을 이용해 사건들이 벌어진 연도를 정하려 했던 역사가들이 계산해 낸 것임을 유념하라.

1896년 프랑스의 피에르 드 쿠베르탱이 고대 올림픽 경기를 부활시키고자 했고, 최초의 행사가 그리스의 아테네에서 개최되었는데, 이는 거의 1,500년이라는 세월이 흐른 후의 일이었다. 올림픽이 다시 시작되고 첫 50년 동안 현대 올림픽 경기는 세 차례 취소되었다. 1916년에는 제1차 세계대전 때문에 취소되었고, 1940년과 1944년의 경기 또한 제2차 세계대전 때문에 취소되었다. 1980년 미국은 모스크바 올림픽 경기의 보이콧을 주도했고, 1984년에는 소련이 이에 대한 보복으로 로스앤젤레스 올림픽을 보이콧했다. 전쟁, 정치, 부패 — 이는 고대 올림픽에서와 다를 바 없이 현대에 와서도 올림픽에 영향력을 행사하는 힘이다. 이는 경기 주최지뿐만 아니라 일정에도 영향을 준다. 올림피아드는 기간이기 때문에 취소할 수 없는 것이지만 올림피아드 경기는 취소할 수 있다. 다음 표는 로마 숫자 대신 아라비아 숫자를 사용하여(예컨대 XXI회 대신 21회를 사용) 고대 및 현대 올림픽 경기를 주최한 도시를 보여주고 있다.

현대 올림픽 대회 주최 도시

1896	1회 올림픽	아테네, 그리스
1900	2회 올림픽	파리, 프랑스
1904	3회 올림픽	세인트루이스, 미주리, 미국
1906	3회 올림픽	아테네, 그리스(중간대회로 불리기도 한다)
1908	4회 올림픽	런던, 영국
1912	5회 올림픽	스톡홀름, 스웨덴
1916	6회 올림픽	제1차 세계대전으로 취소(베를린에서 개최될 예정이었음)
1920	7회 올림픽	앤트워프, 벨기에
1924	8회 올림픽	파리, 프랑스
1928	9회 올림픽	암스테르담, 네덜란드
1932	10회 올림픽	로스앤젤레스, 캘리포니아, 미국
1936	11회 올림픽	베를린, 독일
1940	12회 올림픽	제2차 세계대전으로 취소(도쿄에서 개최될 예정이었다가 헬싱키로 바뀌었다가 다시 취소됨)
1944	13회 올림픽	제2차 세계대전으로 취소(런던으로 계획되었으나 전쟁이 계속됨)
1948	14회 올림픽	런던, 영국
1952	15회 올림픽	헬싱키, 핀란드
1956	16회 올림픽	멜버른, 호주와 스톡홀름, 스웨덴(말을 호주로 들여오는 것을 금지했고, 그리하여 마술 경기는 스톡홀름에서 열렸다)
1960	17회 올림픽	로마, 이탈리아
1964	18회 올림픽	도쿄, 일본
1968	19회 올림픽	멕시코시티, 멕시코
1972	20회 올림픽	뮌헨, 독일

1976	21회 올림픽	몬트리올, 캐나다
1980	22회 올림픽	모스크바, 소련
1984	23회 올림픽	로스앤젤레스, 캘리포니아, 미국
1988	24회 올림픽	서울, 대한민국
1992	25회 올림픽	바르셀로나, 스페인
1996	26회 올림픽	애틀랜타, 조지아, 미국
2000	27회 올림픽	시드니, 호주
2004	28회 올림픽	아테네, 그리스
2008	29회 올림픽	베이징, 중국
2012	30회 올림픽	영국, 런던

문서 3

질문 안녕하세요. 사이트가 매우 유익했어요. 혹시 올림픽을 주최하는 도시가 어떻게 정해지는지 말씀해 주실 수 있나요? 감사합니다. (사라, 뉴욕)

답변 올림픽을 주최하는 도시(국가가 아닌)들은 국제올림픽위원회(IOC)가 정합니다. 경기를 주최하길 원하는 도시들이라면 모두 따라야 할 공식적인 절차가 있습니다. 이 과정을 '입찰'이라 부르죠. 도시는 경기를 주최하기 위해 입찰을 합니다. 일반적으로 한 도시는 입찰을 준비하기 위해 위원회 혹은 특별위원회를 구성합니다. 입찰은 스포츠 시설, 호텔과 식당, 교통망 그리고 올림픽 경기처럼 큰 행사를 치르기 위해 요구되는 다른 많은 측면들에 대한 상세한 내용을 제공하는 책자와 같은 것이죠. 입찰은 "1만여 명의 선수가 어디에서 머물 것인가?", "현재 어떤 스포츠 시설이 갖추어져 있는가, 그리고 어떤 시설을 건설해야 하는가?", "어떤 대중교통이 있고 모든 경기를 보려는 많은 인원을 감당할 수 있는가?", "경기 비용을 누가 감당할 것인가?" 등과 같은 질문에 답해야 합니다. 이 밖에도 수많은 다른 질문들에 대해서도 답해야 하죠. 다음으로

'입찰 책자'를 제출하고 IOC가 검토를 합니다. 그 다음으로 모든 IOC 위원들이 입찰을 신청한 도시들을 방문합니다. 이것이 관례죠. 올림픽 경기가 개최되기 6년 전에 입찰이 이루어지고, 이때 IOC는 회의를 개최하여 주최 도시를 가리기 위한 투표를 합니다.
하지만 이 입찰 과정에서 한 가지 문제가 발생했습니다. 바로 부패 문제죠. 실제로 최근 일부 IOC 위원들이 입찰한 도시들로부터 표를 얻기 위해 제공한 뇌물을 받은 사실이 밝혀졌습니다. 2002년 동계 올림픽 대회를 주최한 솔트레이크시티는 뇌물을 주고 표를 얻었죠. IOC 위원은 늘 정직함과 훌륭한 인품으로 아주 좋은 평판을 얻어왔는데, 이러한 평판이 뇌물 스캔들로 인해 실추되었습니다. IOC는 위원들을 조사하고 그들 가운데 일부를 퇴출시켰습니다. 다른 몇 명은 경고를 받았고요. 그러고 나서 IOC는 입찰 절차를 변경했습니다. 앞으로는 IOC 위원들 중 일부(위원들의 수는 대략 100여 명 정도입니다)만 각 도시를 방문하게 될 것이고, 돌아와서 다른 위원들에게 보고를 하게 될 것입니다.

질문 동계 올림픽도 하계 올림픽과 다를 바 없나요?

답변 다른 시기와 장소에서 개최되죠. 그 장소는 분명 눈이 있는 곳이어야 할 것입니다. 고대에는 동계 올림픽이 열리지 않았죠. 그리스인들이 스키 타는 법을 개발하지 않았으니까요. 다른 측면에서는 다를 바가 없다고 답변을 드릴 수 있습니다. 동계 올림픽 개최지를 선택할 때에도 동일한 규정과 절차가 적용됩니다.

질문 올림픽의 동그라미가 의미하는 바는 무엇이며 어디에서 유래되었죠? (여러 학교의 여러 학생들의 질문)

답변 오륜은 피에르 드 쿠베르탱이 1913년경 고안한 것입니다. 일반적으로 알려져 있는 것과는 달리, 오륜은 고대 그리스에는 존재하지 않았던 것입니다. 이러한 허구적 이야기는 1960년대에 한 대중 잡지가 고대 올림픽 경기에 대한 잘못된 정보를 제공함으로써 만들어졌습니다. 저자들은 제대로 알지 못하고 오륜이 3천 년 된 것이라고 (잘못된) 결론을 내렸습니다. 그리스의 델피에 있는 고대 스타디움 내부에는 다섯 개의 올림픽 고리가 새겨진(실제로는 새겨진 것이 아니라 양각된) 돌이 있었습니다. 이 돌은 1936년 레니 리펜슈탈의 『올림피아』라는 영화에 사용하기 위해 독일 석공이 제작한 것이었습니다. 그런데 많은 저술가들이 자신들이 쓴 고대 올림픽에 관한 장(章)에 이러한 정보를 포함시켰고, 이로 인해 잘못된 정보가 계속 이어지게 되었습니다. 하지만 이는 잘못이죠! 이는 모든 역사가들이 자신들이 말하는 바에 대해 알고 있는 것은 아님을 적절히 보여주고 있습니다. 사실 피에르 드 쿠베르탱이 고안한 오륜은 1913년 최초로 사용할 당시만 하더라도 처음 개최된 다섯 번의 올림픽 대회(1896, 1900, 1904, 1908, 1912)를 나타내고 있었습니다. 이후 이들은 다섯 대륙을 나타내게 되었습니다. 윗줄의 세 개의 고리는 파란색, 검은색 그리고 붉은색이고, 아랫줄의 두 개의 고리는 노란색과 초록색입니다. 이들을 모두 연결하면 색깔의 순서는 파란색, 노란색, 검은색, 초록색 그리고 붉은색이 됩니다.

문서 4: 올림픽 헌장 — 제11조

올림픽 대회는 IOC의 독점적 자산으로, IOC는 올림픽 대회의 조직, 활용, 방송, 복제 등과 관련된 현존하는 또는 개발 중인 모든 양식의 제반 권리를 비롯하여, 올림픽 대회와 관련된 제반 자료 및 권리를 소유한다.

올림픽의 개최를 통해 얻은 수익은 모두 올림픽 운동과 스포츠 발전에 사용될 것이다.

과제

이들 자료로부터 적절한 것을 선택하여 정리하기에 앞서, 당신이 어떤 목적을 위해 이를 행하는지를 분명히 할 필요가 있다. 다시 말해 맨 먼저 당신이 어떤 과제나 문제 때문에 문서들을 살펴보게 되었는지를 확실하게 해야 하는 것이다. 여기에서 당신에게 주어진 과제는 다음과 같다.

> 당신이 대회의 평판이 나빠지면서 원래 이상(理想)에서 다른 길로 벗어나고 있는 데에 관심이 있는 운동선수, 사업가, 스포츠 팬 등의 청중들에게 올림픽 대회의 미래에 대해 연설을 해달라는 요구를 받았다. 토론에서 먼저 연설하는 사람은 자넷 센더이다. 당신이 할 일은 그녀의 제안을 지지하거나 반대하는 것이다.

연습문제

센더의 논문을 포함한 모든 문서들을 다시 한 번 상세히 검토하고, 당신이 내세우고자 하는 논의에 적절하다고 생각되는 논점들을 기록하거나 밑줄을 그어 두어라. 이 단계에서는 이러한 논점들을 분류하거나 체계화할 필요가 없다. 단지 당신이 제시할 수 있는 개략적인 논점들과 대응해야 할 필요가 있다고 생각하는 것들에 대한 목록들을 수집해 놓기만 하면 된다.

선택

텍스트에는 매우 중요한 부분들이 있는 반면, 전혀 필요치 않은 부분들도 있다. 예를 들어 당신이 다른 나라, 특히 제3세계의 이익에 비해 서구와 미국의 이익에 훨씬 크게 도움이 되었다는 저자의 논의를 이어받고자 할 경우, 주최 도시의 목록은 분명 유용한 증거로 활용될 수 있을 것이다. 설령 앞의 발표자에 반대하기로 마음먹었다고 하더라도, 당신은 서구가 올림픽이라는 케이크에서 가장 좋은 몫을 차지했다는 비판에 대비할 필요가 있다. 이렇게 보았을 때 목록에 드러나 있는 자료는 당신의 결론을 강화할지 그렇지 않을지와 무관하게 중요하다.

당신이 선택한 논점들의 목록들은 일반적으로 사실과 견해가 뒤섞인 것들이며, 이들을 혼동하지 않는 것이 중요하다. 일반적으로 말해, 견해와 판단과는 달리 사실은 중립적이다. 눈 속의 발자국은 거기에 어떤 의미가 부여될 때까지 혹은 부여되지 않을 경우 단지 발의 윤곽 그 이상도 그 이하도 아니다. 만약 살인에 관한 판결에서 이러한 발자국이 피고인 소유의 장화의 것과 동일하다는 사실이 밝혀질 경우 그 발자국은 증거가 된다. 이와 유사하게 올림픽 대회가 1996년 애틀랜타에서 개최되었다는 사실은 그것이 불과 12년 전에 로스앤젤레스에서 개최되었고, 이들이 모두 미국의 도시라는 사실과 연결되지 않는 이상 중립적이다.

기억해야 할 또 다른 사실은 동일한 증거가 '양날이 있는 검'일 수 있다는 점이다. 즉 이는 그것이 어떻게 제시되고 해석되느냐에 따라 어떤 논의에서 둘 중의 한쪽을 뒷받침할 수 있는 것이다. 문서 2의 두 번째 구절에 나오는 대회 초기 기록들에 대한 정보를 예로 들어보자.

> 고대 올림픽 경기는 항상 동일한 장소인 올림피아 — 엘리스(Elis)로 알려진 서부 그리스에 있는 성지 — 에서 개최되었다. 경기는 그리스의 제우스 신을 찬양하는 축제였으며, 종교적인 행사였다. 고대에는 제우스 신전의 수호자들인 엘리안(Elian)들이 경기를 주최했다.

이러한 내용은 역사적, 지역적인 이유로 올림픽이 그리스에서 열리는 것이 마땅하며 좋다는 주장을 지지하는 논거로 용이하게 제시될 수 있다. 바로 이것이 자넷 센더가 사실을 이용한 방법이다. 하지만 내용에서 일부 정보들은 고대의 올림픽 경기가 현대의 올림픽 경기와 유사하지 않으며, 그들 간의 유일한 관련성이란 그들이 동일한 이름을 공유한다는 정도라고 주장하는 데에도 마찬가지로 이용될 수 있다. 이렇게 보자면 오늘날 우리가 올림픽이라고 부르는 행사는 그것이 프랑스나 미국 또는 중국의 고안물이 아니듯이 그리스의 고안물 또한 아닐 수 있다.

이 단계에서 당신은 설령 한쪽에 비해 다른 쪽에 공감을 한다고 하더라도 가능한 한 최대로 마음을 열기 위해 노력할 필요가 있다. 비판적 사고란 논의에서 '승리를 거두는' 것이 유일한 목적으로 환원되어서는 절대 안 된다. 비판적으로 사고하는 것의 주요 목적은 점수를 따는 것이 아니라 훌륭한 판단을 내리는 것이다. 당신이 올바른 접근을 하고자 한다면 사실을 직시하고 "이러한 정보가 가장 강하게 지지하는 결론은 무엇인가?"라고 자문해 보는 것이다. 당신은 결코 "이러한 정보가 어떻게 나의 기존 견해를 뒷받침할 수 있도록 조작될 수 있는가?"에 초점을 맞추어서는 안 된다.

당신이 문서에서 선택한 논점들은 아래에 나열한 내용들과 유사할 수 있다(물론 당신이 선택한 정확한 방법은 당신과 당신의 지도교수에게 달려 있다). 만약 시험을 치르면서 메모를 한다면 당신은 이해를 위해 필요한 정도만 남기고 이를 더욱 축약할 수 있을 것이다. 그럼에도 읽고 메모하는 단계를 서둘러 해치워 버려서는 안 된다. 읽고 생각하고 계획하면서 보낸 시간은 당신이 완성된 글을 쓸 때의 시간을 단축시켜 줄 것이다.

문서 1 — 논증

• 결론: 그리스가 영구적인 개최지가 되어야 한다.

• 이유: 역사적 권리 / 돈에 좌우되는 현 시스템 / 대회의 탈정치화를 이룰 것이다 / 테러의 위험성을 줄일 것이다.

• 평가: 부분적으로 모순됨.

문서 2 — 역사적

• 최초의 올림픽 경기가 올림피아에서 개최됨-종교적 축제-엘리안(중립적이었지만 이후 스파르타와 동맹을 맺고 이웃 국가들과 적대 관계를 유지함). 기원전 80년에 로마로 장소를 옮겨서 개최되었다가 원래의 장소에서 개최됨.

• 4년마다 개최되며 이는 그들의 역법이었다.

• 천 년 동안 유지됨! 그 후 경기가 재개될 때까지 1,500년이 흐름.

• 기록, 특히 연대를 신뢰할 수 없음 / 서로 다른 역법.

• 현대 올림픽-쿠베르탱-프랑스인. 처음에는 의견의 대립과 혼란이 있었음.

• 전쟁, 정치, 그리고 부패의 영향을 받는 대회.

자료 도표

대부분의 대회가 유럽이나 미국에서 치러졌음을 보여준다.

문서 3 — 인터넷 토론 사이트

• 복잡한 입찰 시스템.

• 그 후 IOC가 결정.

• 부패에 노출됨. 예를 들어 솔트레이크시티 동계 올림픽.

• 오륜은 다섯 대륙을 의미함 / 현대에 고안됨.

문서 4 — 공식 발언

• 올림픽은 전적으로 IOC의 소유이며, 모든 수입도 마찬가지다.

당신은 이들 논점을 간과했을 수도 있고, 다른 것들을 포함시켰을 수도 있다. 하지만 당신의 목록이 이와 유사했으면 하는 바람이다. 위의 기록 중 상당수는 적절히 뽑은 것들이고, 논쟁에서 한쪽 혹은 다른 쪽이 사용할 수 있는 것들임에 분명하다.

이 논점들이 여러 구절들(그중에서 일부는 꽤 긴 것들인데)을 어떻게 몇 개의 짧은 글들로 응축시켜 표현하고 있는지에 주목하라. 이후 당신이 구체적인 세목을 찾아내기 위해 문서를 다시 뒤적여봐야 할 수도 있다. 하지만 대체로 보았을 때, 이제 당신은 메모를 이용하여 '발표문'을 준비하고 작성할 수 있는 단계에 이르렀다.

추론

한참 앞의 장에서 당신은 다양한 형태의 정보로부터 추론을 하는(결론을 이끌어내는) 기술을 공부한 바 있다. 일단 문서에서 적절한 논점을 선택했다면 다음 과제는 이들로부터 개별적으로, 그리고 집합적으로 무엇을 추론해 낼 수 있는지를 결정하는 것이다. 또한 어떤 것을 추론할 수 없는지에 대해서도 결정해야 한다. 이는 당신이 결론으로 성급히 도약하지 않기 위함이다.

주최 도시의 목록을 문서 2에서 취해 보도록 하자. 원자료라는 측면에서 보자면, 이는 단지 오늘날의 하계 올림픽 개최지를 알려주고 있을 따름이다. 하지만 자료는 상당히 인상적인 사실들을 다수 뒷받침하고 있다. 예를 들어 오늘날의 대회는 아프리카에서 개최된 적이 한 번도 없다.

대회는 아시아에서 두 번 개최되었고, 남미에서 한 번 개최되었을 따름이다. 당신은 대회가 유럽에서 얼마나 빈번하게 개최되었는지를 세어볼 수 있을 것이다.

이와 같은 사실들은 단순히 자료를 추려놓은 데에 지나지 않는다. 만약 누군가가 주최 도시의 불공평한 배분의 문제를 강조하고자 했다면, 그들은 자료를 다른 방식, 즉 백분율이나 파이 도표로 제시했을 수도 있다. 하지만 여기에서 공공연하게 강조되고 있는 특정한 논점은 없다. 추론은 독자의 몫으로 남겨져 있고, 바로 그것이 당신이 해야 할 일이다.

'자료로부터 직접적이고 사실적인 결론을 도출하는 것'과 '자료에 바탕을 두고 더 나아간 추론을 하고 가치 판단을 하는 것'은 별개이며, 특히 후자의 작업은 신중을 요한다. 올림픽 대회의 국가 간의 화합 정신이 개최 도시를 선택하는 데에 반영되지 않았다고 말하는 것은 충분히 안전한 주장이다. 반면 IOC에 정실과 부패가 있었다고 말하는 것은 안전한 결론이 될 수 없을 것이다. 그렇게 말하기 위해서는 완전히 다른 종류의 증거가 필요할 것이다. 그러한 방향으로 당신이 최대로 추론할 수 있는 것은 "특정 지역에서 대회가 개최되지 않았다는 명백한 사실로 인해 정실(情實)과 관련한 의혹이 제기될 수 있으며, 이러한 의혹을 뒷받침할 수 있는 근거가 있는지와 무관하게, 이는 올림픽 운동의 명예에 별다른 도움이 되지 않는다"는 정도다.

종합

이제 우리는 과제의 최종적이면서 가장 힘든 부분, 즉 다양한 정보, 추론 그리고 견해를 함께 모아 한쪽 혹은 다른 쪽을 옹호하는 설득력 있는 논증을 제시하는 부분에 도달했다. 이는 '종합'이라 부르는 부분이다.

> **연습문제**
>
> 당신이 문서에서 가장 적절한 항목이라고 생각하는 바를 보여주고 있는, 당신이 작성한 논점을 검토해 보라. (위에서 제시된 목록들과 당신의 것을 비교하고 난 후 일부를 추가하거나 삭제할 수 있지만, 만약 당신의 것에 만족한다면 그것을 사용하라.)
>
> 특히 그들 간의 연관성, 혹은 이들을 한데 묶을 자연스러운 방법을 찾아보라. 이를 위해 선택할 수 있는 여러 방법들이 있다. 예컨대 눈에 띄게 하거나, 번호를 매기거나, 연결선을 긋거나 하는 방법들이 사용될 수 있다.

당신이 직접 작업을 하길 원하기 때문에 여기에서는 이루어질 수 있는 연결 유형의 단 한 사례만을 제시하겠다. 이는 앞서 우리가 문서 2에서의 자료로부터 이끌어낸 바에 따르고 있다.

자료 목록

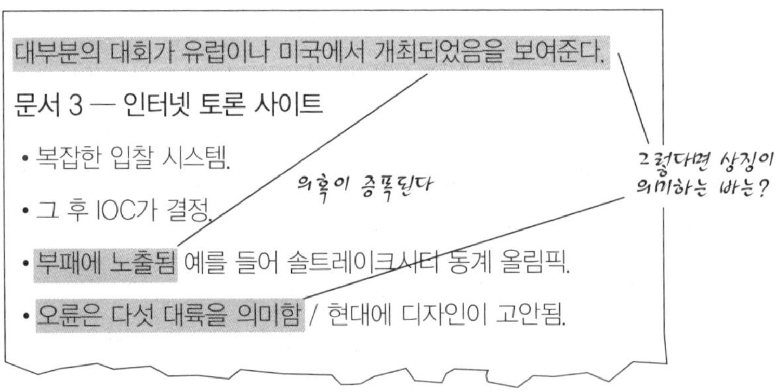

작업을 한 학생은 선택 과정에서 문제를 다루는 데 적절한 것으로 판단되는 세 가지 논점을 추려냈다. '학생'은 이들 논점에 색을 칠했고, 이들 간에 있을 수 있는 관련성을 간략하게 메모했다. (1) 자료는 있을 수 있는 부패에 대한 의혹을 증폭시킨다. (2) 설령 부패하지 않았다고 하더라도 다섯 대륙을 포괄하는 운동이면서 세 개의 대륙이 대회를 개최하는 영예를 누리지 못한 데에는 무엇인가 문제가 있다. 이러한 주제들을 발전시킬 경우 학생은 관련 내용으로 최종석으로 쓰는 논문의 상당 부분을 채울 수 있을 것이다.

결정 시기: 딜레마 해결하기

가치 있는 논증들은 모두 양면성을 가진다. 물론 오직 한 측면만을 갖는 논증 혹은 아무런 대응이 이루어질 수 없는 논증이 있을 수 있겠지만 이는 별다른 가치가 없다. 이미 잘 알려진 사실인 어떤 것에 대한 논증은 이에 해당할 것이다. 이는 그다지 흥미롭지 못하다.

반면 흥미로운 논증들은 우리를 딜레마에 빠지게 한다. 딜레마란 선택하기가 곤란한 경우를 말한다. 선택이 곤란한 이유는 양쪽의 논증들이 모두 일리가 있거나 어떤 선택을 하건 원하지 않은 결과가 초래되기 때문이다. 이러한 이유로 우리는 딜레마의 뿔에 대해 이야기하는 것을 흔히 듣게 된다. 당신이 하나의 뿔을 피한다고 해도 또 다른 뿔이 당신을 기다리고 있는 것이다!

올림픽 운동과 관련해 우리에게 주어진 선택지 — 지금부터 당신도 논쟁에 개입하게 된다 — 는 서로 다른 개최지에서 대회를 개최하는 현행 시스템을 유지하면서 이로 인해 야기되는 모든 문제들과 비판을 감수하는 편이 나을지, 아니면 한 곳을 영구적인 개최지로 정하고, 행사를 주최하길 원하는 일부 회원 국가들의 분노를 감수하는 편이 나을지에 관한 것이다. 여기서 딜레마는 IOC가 어떻게 결정을 하건 모든 사람들을 만족시키지 못하리라는 것이다. 이러한 딜레마는 제3의 해결책이 없다는 사실 때문에 더욱 심각해진다. 이는 선택지가 둘로 제한된 경우다(19장을 볼 것). 즉 당신에게는 어딘가로 개최 장소를 정하거나, 그렇게 하지 않는 두 가지 선택지밖에 없는 것이다.

어떤 딜레마를 접하게 되었을 때 당신은 결정을 내리거나 이를 회피하면서 두 뿔을 붙잡아야 한다. 그러한 결정에 이르고, 그것이 옳은 결정이라고 스스로 혹은 타인들이 만족을 느끼는 것이 '딜레마 해결' 이 의미하는 바다.

이윽고 당신은 텍스트를 읽고 알게 된 바에 바탕을 두고 어떤 쪽을 지지하는지에 대한 결정을 내려야 한다. 당신은 두 가지 선택지 중에서 어떤 것이 나은지에 대한 이유를 제시함으로써 자신의 결정을 정당화해야 할 것이다.

요약

- 모든 기술 활용하기: 방금 서술한 바와 같은 유형의 종합은 정보를 한꺼번에 모으는 것만을 포함하는 것이 아니라 당신의 기술을 한꺼번에 모으는 것을 의미하기도 한다. 여기서 기술이란 지금까지 당신이 배우고 연습한 것을 말한다.
- 이하의 과제에서 당신은 분석, 평가, 추론, 정당화, 설명 그리고 심층 논증 등 이 모든 기술을 활용하고 있는 자신을 발견하게 될 것이다.

최종과제

대회의 위신이 추락하고 있으며 원래의 이상(理想)에서 다른 길로 빗나가고 있는 데에 관심이 있는 운동선수, 사업가, 스포츠 팬 등의 청중들을 대상으로 한 연설문을 써보아라.

토론에서 바로 전에 이야기한 사람은 자넷 센더다. 당신의 임무는 그녀의 제안에 찬성하거나 반대하는 것이다.

제시된 네 개의 문서에 바탕을 두고 논증을 준비해 보라. 이들을 참조하는 것이 중요하다. 이는 당신이 관련 주제에 대해 얼마만큼 폭넓은 지식을 가지고 있는가를 평가하고자 하는 요구가 아니다.

28 비판적 채점

마지막 장은 다른 장과 약간 다르다. 이번에 당신에게 주어지는 임무는 교수자가 당신에게 점수를 주는 과제를 하는 것이 아니다. 바로 당신이 교수자 혹은 시험관의 작업을 대신 하게 될 것이다.

당신은 이 주제가 익숙하게 느껴질 것이다. 불과 얼마 전, 지난 장 말미에서 이에 관한 과제를 해보았기 때문이다. 아래에는 세 학생의 논문이 제시되고 있다. 이들은 수준이나 접근 방식에서 차이가 있으며, 당신이 해야 할 일은 A부터 E로 그들을 평가하는 것이다.

그런데 이를 위해서는 어떤 평가 기준이 있어야 할 것이다. 이에 따라 이하에서는 A, C, 그리고 E의 세 등급에 대한 소위 설명어(descriptor)를 제시했다. 이들은 사고 기술 시험지를 채점할 때 시험관이 일반적으로 사용하는 설명어다. 이러한 연습 — 일일 시험관이 되어 보는 재미와는 별도로 — 을 해봄으로써 당신은 시험을 치렀을 때 스스로 받을 점수를 어느 정도 예상해 볼 수 있게 될 것이다.

A등급 후보자들은

- 문서에서 모든(혹은 거의 모든) 관련 정보를 추려냈다.
- 가용한 증거로부터 건전하고 정당한 추론을 해냈다.
- 사실과 의견을 정확하게 구분해 냈다.

• 가용한 증거와 논증을 비판적이고 명민하게 평가했다.
• 명료하면서도 조직적으로 생각들을 한데 묶었다(종합했다).
• 적절한 추론에 의해 뒷받침되고 있는 건전한 결론에 도달했다.

C등급 후보자들은
• 적절한 정보를 적당히 선택했다.
• 문서로부터 추론을 했고, 이 중 대부분이 건전하거나 정당화할 수 있는 것들이다.
• 정보의 일부가 사실이고 일부가 의견임을 파악했다.
• 증거와 논증을 어느 정도 평가했다.
• 몇몇 생각과 정보를 한데 묶었다(종합했다).
• 몇몇 뒷받침해 주는 추리를 이용해 받아들일 만한 결론을 이끌어냈다.

E등급 후보자들은
• 문서를 어느 정도 참조하고 있다.
• 정보로부터 수용할 만한 추리가 어느 정도 이루어졌다.
• 문서의 일부 자료에 대해 평가하거나 논의를 했다.
• 논란이 되고 있는 문제에 대한 결론에 도달하거나 의견을 제시했다.

A등급 기준의 세 가지 혹은 그 이상을 충족시켰으나 모두를 충족시키지 못했을 경우 B를 받는다.

C등급 기준의 세 가지 혹은 그 이상을 충족시켰으나 모두를 충족시키지 못했을 경우 D를 받는다.

E등급 기준의 세 가지 혹은 그 이상 충족시키지 못했을 경우 F를 받는다.

연습문제

위의 설명어를 기준으로 세 논문을 채점해 보라. 등급을 매기고 그렇게 평가한 이유를 설명하라. 논문의 구체적인 부분들에 대해서도 의견을 제시할 수 있다.

글의 유려함에 대해서는 어떤 이야기도 해서는 안 된다. 학생의 취지가 이해할 만하다면 그것만으로 충분하다. 이는 추론 시험이지 글 쓰는 기술 시험이 아니다.

논문 1: 마리아

나는 올림픽 경기의 출발점인 아테네에서 올림픽이 계속 개최되어야 한다는 자넷에 동의한다. 이는 올림픽 조직이 부패의 온상이 되지 않는다는 것을 뜻하기 때문에 좋은 일이다. 예컨대 영향력을 행사할 선택 절차가 아예 없었다면 2002년(12월 3일) 솔트레이크시티에서 개최된 동계 올림픽의 경우처럼 국제올림픽위원회 위원이 매수되는 일은 없었을 것이다(문서 3). 물론 동계 올림픽은 최근 분기되어 나온 행사로, 동계 스포츠를 위한 것이며, 고대의 올림피아에서 개최되었던 대회에서는 스케이트나 스키가 없었다. 하지만 그 취지는 동일하다.

자넷 센더는 올림픽이 당연히 그리스에 귀속된다고 말한다. 바로 그곳이 올림픽이 시작된 곳이기 때문이다. 하지만 그녀는 올림픽이 어떤 나라의 소유물도 될 수 없다고 말하기도 하는데, 이는 서로 모순되는 것처럼 보인다. 한편 올림픽 헌장 제11조(문서 4)에는 올림픽이 위원회에 전속된다고 적혀 있다. 내 생각에 이는 "올림픽이 그리스의 소유물이다"라는 말이라기보다는 "올림픽 경기는 늘 한 장소에서 개최되는 것이 좋다"라는 말인 것처럼 보인다. 그리고 아테네야말로 그러한 장소여야 한다는 것이다.

장기적인 경쟁과 입찰 절차가 없어질 경우 올림픽은 지금보다 정치적 이권으로부터 자유로워지게 될 것이며, 이로 인해 참가 선수와 관중의 위험 부담이 줄어들 수 있게 될 것이다(문서 3). 나는 이렇게 될 경우 행사를 테러 집단의 표적으로 만드는, 미국의 지배라는 느낌이 줄어드는 결과가 나타날 것이라는 데에 동의한다. 전(前) 올림피아드 — 이는 행사와 행사 사이의 4년을 칭하는 명칭이다(문서 2) — 기간 동안 행사를 주최하기 위한 커다란 경쟁이 없었다면 국제적인 정치적 대립이 일어나지 않았을 것이며, 경쟁 국가 간의 관계는 더욱 우호적이었을 것이다.

전반적으로 올림픽 경기는 후원, 광고, 로고가 새겨진 스포츠 의류 등으로 매우 상업화되었다. 그뿐만 아니라 경기를 주최하는 장소는 무역과 관광이 확대됨으로써 막대한 경제적 이익을 얻게 된다. 올림픽 헌장 제11조는 올림픽 대회를 통해 벌어들이는 모든 수익은 스포츠와 올림픽 운동을 위해 사용되어야 한다고 밝히고 있다. 그러나 올림픽을 통해 정작 돈을 버는 것은 개인이나 도시다. 그리고 이는 원래의 올림픽 정신에 부합되는 것으로 보이지 않는다.

물론 아테네가 올림픽을 주최하는 데 쓰이는 모든 경비를 지불해야 한다고 생각하는 것은 공평하지 못하며, 모든 참가국이 공평하고 적절하게 기부를 하는 편이 옳을 것이다. 문서 2에서 제시된 역사를 살펴보면 올림픽은 제우스 신을 경배하기 위한 종교 행사에서 출발했다. 이러한 측면은 현재 완전히 사라졌고, 오늘날에는 범세계적 평화와 우호 정신이 더욱 크게 강조되고 있다. 하지만 도시나 국가들은 입찰 과정에서 이를 상호 고양하기 위해 노력하지 않으며, 경기장에서까지 계속되는 경쟁에 매달린다.

논문 2: 거드런

올림픽 경기는 제우스 신을 기리기 위한 종교적 행사로, 기원전 776년 그리스의 올림피아에서 시작되었다. 그리스의 한 도시에서 다른 도시로 옮겨져서 개최되기도 했지만, 이는 AC 261년까지 계속되었다. 그 후 프랑스인 피에르 드 쿠베르탱의 노력으로 1896년 아테네에서 재개될 때까지 오랜 공백이 있었는데, 오늘날 대회를 준비하는 방법은 이때

와는 많은 차이가 있다.

대회는 국가가 아닌 도시가 개최를 하는데, 이를 주최하길 원하는 도시들은 여러 해 전에 입찰을 해야 한다. 입찰서에는 도시가 모든 선수들의 숙소를 준비하는 방법, 운동 시설과 그 외 필요한 제반 사항들을 마련하는 방법 등에 대한 정보가 포함되어야 한다. 이러한 사실은 올림픽위원회가 개최 도시를 선택하는 과정에서 수많은 경쟁과 은밀한 거래가 이루어질 수 있음을 의미한다. 만약 올림픽이 처음 시작했을 때처럼 한 장소에서 개최된다고 하면 사전에 경쟁이 이루어지지는 않을 것이다.

1972년 뮌헨에서 올림픽 대회가 개최되었는데, 이때 테러 공격이 있었다. 2002년에는 솔트레이크시티에서 동계 올림픽이 개최되었는데, 개최 결정 과정에서 올림픽위원회 위원들이 뇌물을 받는 타락한 모습을 보였다. 만약 올림픽 경기가 한 곳에서만 개최된다고 한다면 공격을 받을 위험은 없을 것이다. 그 이유는 대회를 개최하기 위해 경쟁하는 국가들끼리 입찰 절차를 거치면서 서로 적대 관계가 되지 않을 것이기 때문이다. 또한 한 곳에서만 대회가 치러질 경우 위원회를 매수하려는 노력이 무용하게 된다.

규정에는 대회가 개최되는 동안 벌어들이는 모든 수입이 위원회에 귀속된다고 쓰여 있다. 그러나 아테네가 모든 선수들이 체류하는 데 드는 경비, 그리고 모든 경기 시설을 최고 수준으로 유지하는 데 드는 경비를 매번 부담해야 하는 것이 공평하지 못하다는 사실은 말할 것도 없으며, 모든 경쟁 국가들이 아테네에 경비를 지불하는 것이 공평하다 할 것이다. 경비는 대회에 참가하여 시합을 벌이는 선수들의 수에 따라 계산해 볼 수 있다. 아테네가 대회를 관람하고자 하는 사람들로부터, 그리고 관광 사업을 통해 많은 돈을 벌어들일 수 있다는 점도 감안해야 할 것이다. 그러나 이런 것에 상관없이 어쨌건 많은 여행객들이 아테네로 여행을 간다.

올림픽 경기는 그리스 역사상 오래전부터 치러졌고, 모든 면에서 중립적인 입장을 취하는 것으로 파악되어 왔다. 바로 이러한 이유로 나는 자넷 센더의 의견이 옳다고 생각한다. 그녀는 설득력 있는 지적을 했고, 그녀의 논의에는 약점이 없다.

논문 3: 제임스

자넷 센더는 그리스의 아테네에서 올림픽 대회가 영구히 개최되어야 한다는 입장을 옹호하면서 다음과 같은 논증을 제시했다.

1. 올림픽 대회는 그리스에서 탄생했으며, 그 이름은 이러한 사실 때문에 붙여졌다.
2. 대회를 개최하는 데에 필요한 재정 지원금은 부의 정도에 따라 경쟁국 간에 할당을 해야 한다. 이것이 세계의 우호와 평화라는 올림픽 이념에 맞는 것이기 때문이다. 이와 같은 재정 시스템을 제대로 작동시키고자 할 경우 영구적인 대회 개최지가 필요하다.
3. 그리스(대회의 역사적 기원지)를 영구적인 대회 장소로 정하여 대회 개최지 문제를 탈정치화할 경우 테러 집단으로부터의 공격 위험이 크게 줄어든다.

센더는 대회가 어떤 국가의 소유도 아니라고 주장했다. 만약 그렇다면 어떻게 다른 세계 여러 나라들의 주최권을 박탈해야 된다는 제안을 정당화할 수 있을까?

문서 2의 자료는 이전에 알지 못했던 사람들에게 고대의 올림픽 경기가 그리스의 올림피아에서 시작되었음을 알려준다. 대회가 처음 개최되었을 때 국가로서의 그리스는 주최국이 아니었다. 대회를 주최한 것은 올림피아라는 도시국가였다. 대회에 관한 역사적 사실에 충실하고자 했다면 센더는 올림피아라는 고대의 개최지에서 이전의 경기 개최의 영광이 재현되어야 한다고 우리를 설득하려 했어야 한다. — 어찌되었건 결국 새천년에 가까울 즈음해서 아테네가 올림픽 개최지로 선정되었다. 그런데 아테네가 그리스에 있다는 사실은 올림픽이 그 발생지인 고대의 발원지에서 열려야 한다는 주장과는 아무런 상관이 없다. 그렇게 생각하는 것은 완전히 오해에 기인하며, 그렇게 말하느니 차라리 아테네가 지구의 반대편에 있다고 말하는 편이 오히려 더 정확하다고 말해야 할 것이다.

만약 센더가 1세기 조금 전에 올림픽 대회가 새로이 탄생한 장소로 되돌아가 개최되어야 한다고 주장하려 했다면 아테네가 영구적인 대회 개최지가 되어야 한다는 주장을 옹호할 수 있었을지도 모른다. 하지만 이 경우 대회 개최권은 그리스 외의 세계만이 갖지 못하게 되는 것이 아니라 아테네를 제외한 그리스 내의 다른 모든 곳 또한 대회를 개최하지 못하게 된다는 것을 기억하라. 이는 대회가 그 누구의 소유도 아니라는 의견을 취할 경우 그녀가 받아들여야 할 이상한 견해다.

문서 3은 경기 개최지로 선택된 장소가 특정 도시이지 국가가 아님을 재차 확인시켜 주고 있다. 본질적으로 IOC는 각각의 도시가 속해 있는 국가와는 상관없이, 그 도시가 얼마나 훌륭한 개최지가 될 수 있는지를 보고 투표를 한다.

문서 4는 센더의 글에서 발견되는 또 다른 중대한 결함을 보여준다. 그녀는 올림픽이 "어떤 국가의 소유물도 아니다"라고 명시적으로 밝히고 있다. 하지만 대회는 올림픽 헌장 제11조에 나와 있듯이 IOC의 전유물이다. 대회가 어떤 특정 국가의 소유물은 아니지만 어떤 사람들의 소유물도 분명 아니다. 이는 모든 것에 대한 배타적인 권리를 지닌 올림픽 운영 조직이 통제하고 운영한다. 센더가 올림픽 경기에 대한 어떠한 종류의 소유권에 대해서도 반대하는 논의를 전개하고자 했다면 이 문제를 언급하는 것이 좋을 뻔했다. 다음으로 경기가 아테네에서 영구적으로 개최되어야 한다는 센더의 다른 두 가지 이유들에 대해서는 어떻게 생각해야 할 것인가? 경쟁 국가들 간에 올림픽 대회 경비를 분담시키고자 할 경우 영구 개최지가 필요하다고 하는 주장은 별다른 설득력이 없다. 첫째, 각국에서 경기를 돌아가면서 개최하는 현 체계는 센더가 이루고자 하는 바로 그것, 즉 경비의 분담을 이미 실행에 옮기고 있다. 오직 대회를 그리스에서 영구적으로 개최하게 되는 경우에만 모든 부담을 한 국가/도시가 책임져야 하는 문제가 발생한다. 실제로 빈곤국들은 현 체계에서 더욱 유리한 처우를 받는다. 나는 4년마다 개최되는 대회의 자금 조달과 관련해 자신들이 맡은 바 역할을 해야 하는 시스템이 도입될 경우 부유국이나 빈곤국 양쪽 모두 불만의 소리를 낼 것이라고 확실하게 예측할 수 있다. 둘째, 센더는 경비를 공평하게 분담하게 하려면 대회가 한 장소에서 영구적으로 개최되어야 한다는 자신의 주장을 뒷받침하는 어떤 내용도 제시하지 않고 있다. 나는 "주최 도시가 속한 국가의 개발 비용, 그리고 경제 사정 등에 따라 청구 비용 자체가 4년마다 달라질 수 있기 때문에 정확하게 청구 비용을 나누는 것이 불가능하다"고 센더가 생각했으리라고 추측해 볼 따름이다. 하지만 가정은 논증을 받아들이는 만족할 만한 근거가 될 수 없다. 특히 이 경우처럼 추측되는 바가 설득력이 없을 때에는 더욱 그러하다.

마지막으로 센더는 오늘날 널리 사용되고 있는 '테러리즘'이라는 유행어에 호소하고 있다. 대회가 영구적으로 그리스에서 개최될 경우 대회와 관련된 모든 문제들을 탈정치화할 수 있을 것이며, 그렇게 함으로써 어떤 주최 국가에 대한 테러 집단의 공격 위험을 감소시킬 수 있는 것은 분명하다. 하지만 대회를 한 장소에서 계속 개최한다고 해서 대회가 상징하는 바가 바뀌는 것은 아니다. 경쟁하는 선수가 바뀌지 않았고 관객 또한 달라지지 않았는데 한 장소에서 개최된다고 테러의 위협이 줄어들게 될까? 만약 어떤 테러 집단이 올림픽 경기 자체를 문제 삼는다면 어디에서 경기가 벌어지는지는 별로 중요하지 않을 것이다. 예컨대 테러 집단이 특정 국가를 문제 삼을 경우 그들이 특정한 경기 일자에 관중이 가득 찬 축구 경기장을 폭파하는 것을 어떻게 막을 수 있을 것인가?

요약하면 센더가 제시하는 세 가지 논의 가운데 두 개는 전혀 뒷받침이 이루어지고 있지 않기 때문에 받아들일 수 없다. 센더가 제시하는 논점 중 가장 설득력이 있는 것은 첫 번째, 즉 대회가 역사적 기원지로 되돌아가 개최되어야 한다는 입장이다. 하지만 이는 그 자체가 아테네에서 대회가 계속 개최되어야 하는 이유라고 생각되지 않는다. 오히려 이는 "만약 대회가 어떤 장소에서 영구히 개최되어야 한다면 어디에서 개최되어야 하는가?"라는 질문에 대한 답변인 것처럼 보인다. 굳이 이러한 질문을 제기할 별다른 이유가 없다면 나는 자넷 센더의 의견에 동의할 수 없고, 이에 따라 나는 현 체제를 적극 지지한다.

최종과제: 해답과 해설

1. 논증이란 무엇인가?

1. 적절한 결론은 "다음 빙하기가 수천 년 이내에 시작될 것이다"일 것이다.

2. 이에 대해서는 다수의 답이 가능하다. 다음은 그 제안들이다.

(a) 모든 학생들은 대학에서 동등한 교육을 받는다.

(b) 한 사람이 탄 차는 네 사람이 탄 차와 다를 바 없는 공해와 정체를 야기한다.

(c) 스포츠에서 최고의 수준에 도달하기 위해서는 이에 전념해야 하고, 각고의 노력이 요구된다.

3. 4. 각자가 해볼 것.

2. 논증인지의 여부 파악하기

1. 오직 B만을 합당한 논증으로 생각할 수 있다. 우리는 B를 다음과 같이 재배열해서 '그러므로' 시험을 해볼 수 있을 것이다.

> 대부분의 사람들에게 안전하고 효과적인 진통제인 아스피린은 애완용 고양이에게는 치명적이다. 페니실린은 모르모트에게는 독이다. 이러한 사례만으로도 종들 간에 약품과 관련한 차이가 있음을 알 수 있다. 그러므로 대중들은 동물실험을 통해 입증된 약품의 안전성을 믿어서는 안 된다.

A와 C를 대상으로 '그러므로' 시험을 해볼 경우에는 말이 안 된다.

2. 완전한 논증이 아니다. 저자는 분명 MTR이 KCR을 따라야 하고, 광둥어나 영어뿐만 아니라 베이징어로도 승객에 대한 방송을 해야 한다고 생각하고 있다. 하지만 이는 언급되고 있는 결론이 아니다.

3. 논증에 대응하기

각자가 생각해 볼 것.

4. 논증 분석하기

1. 세 가지 이유들이 결론을 이끌어내기 위해 제시되고 있다.

R1 생수병에서 발견된 화학물질이 건강에 해롭다는 경고가 있었다.
R2 이는 터무니없이 비싸다.
R3 수돗물의 질이 개선되고 있다.
따라서
C 사람들이 병에 든 생수를 마시기 위해 기꺼이 돈을 쓰려 해서는 안 된다.

각각의 이유들은 다른 이유들에 의존하지 않고 논증을 강화한다.

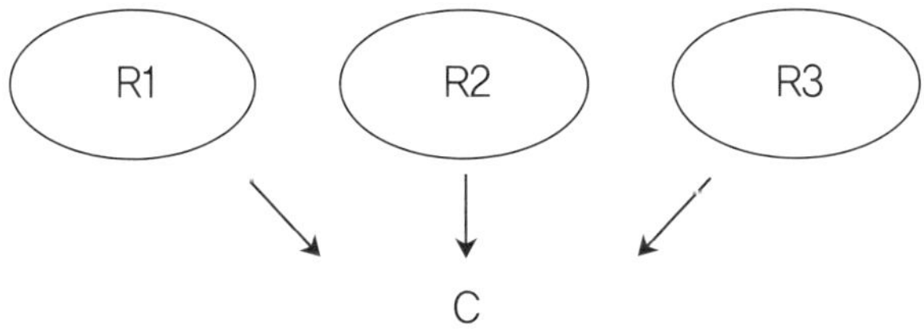

2. 두 이유들이 조합을 이루어 결론을 지지하고 있다.

R1 최고 수준의 운동 경기에서는 약물 복용이 금메달을 따느냐 아무것도 따지 못하느냐의 차이를 낳을 수 있다.

R2 최고에 오른 선수들에 대한 보상이 너무 크기 때문에 선수들은 위험 부담을 감수할 만하다고 생각할 수 있다.

따라서

C 유혹에 넘어갈 선수들은 항상 있기 마련이다.

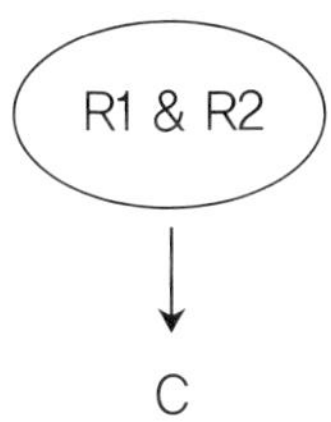

R1과 R2 양자가 모두 참이기 때문에 결론이 도출된다. 만약 약물을 복용해도 별다른 차이가 없다면, 혹은 위험 부담을 감수할 만하다고 생각할 만큼 보상이 크지 않다면 지금과 같은 유혹이 있지 않았을 것이다.

3. 세 가지 이유가 있고, 이들은 모두 크게 상호 의존적이다.

R1 어떤 스포츠도 상대 선수에게 부상을 입히는 것이 주요 목적이 되어서는

안 된다.

R2 어떤 스포츠도 경쟁하는 선수들 간에 육체적 해악을 가하는 것을 관중이 즐기게 해서는 안 된다.

R3 권투 선수들은 수많은 열광하는 관중들 앞에서 승리를 거두기 위해 상대방을 인사불성이 될 정도로 두드려 패야 한다.

따라서

C 권투는 제일 먼저 불법화해야 할 운동 중의 하나다.

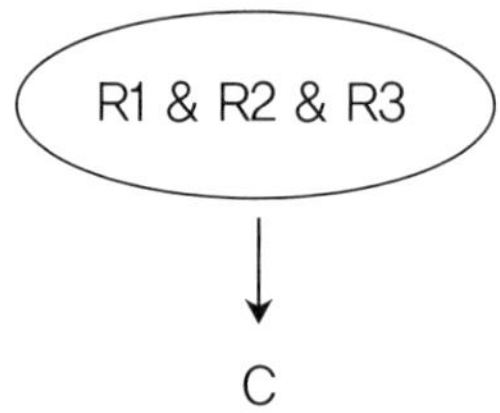

이 논증은 R3을 두 개의 별개의 전제들로 쪼개고, 각각을 R1과 R2와 짝을 이루게 할 경우 더욱 철저하게 해체될 수 있음에 주목하라.

R3 권투 선수들은 경기에서 승리를 거두기 위해 상대방을 인사불성이 될 정도로 두드려 패야 한다.

R4 그들은 열광하는 수많은 관중들 앞에서 상대를 두드려 팬다.

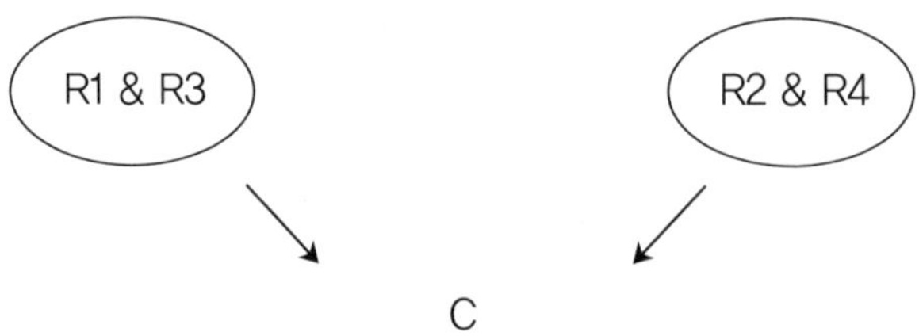

5. 더 복잡한 논증

1.

맥락

최근 유람선 운영 회사는 기름과 다른 유해 폐기물을 바다에 투척했다는 이유로 1,800만 달러의 벌금 처분을 받았다. 이는 상당히 커다란 액수인 것처럼 보이지만…

R1 같은 해에 선박은 3억 4천만 달러를 벌어들였다.

R2 회사는 벌금을 낼 만큼의 여유가 있었다.

R3 회사는 쓰레기를 투척함으로써 이를 보관했다가 합법적으로 처리하는 데에 드는 적지 않은 비용을 절감했다.

(따라서)

IC: R4 쓰레기 저장고에 담긴 쓰레기를 대양에 버리는 것은 감수할 만한 위험이었을 것이다.

R5 지난 10년 동안 오직 소수의 회사들만이 벌금을 물었다.

R6 기소에 성공하지 못하는 경우가 매년 있었다.

(따라서)

IC: R7 쓰레기 투척이 커다란 위험도 아니었다.

R8 세계의 대양은 공공연한 하수구가 될 위험이 있다.

따라서

C 우리는 당국에 더욱 커나란 권한을 부여해야 하며, 권한을 행사할 것을 요구해야 한다.

R8과 더불어 두 개의 중간 결론은 당국이 더욱 커다란 권한을 가져야 하고, 또한 이를 행사해야 하는 이유들로 제시되었다.

2.

맥락

과학자들이 얼음 속(남극에 있는)에 보존되어 있는 3백만 년 된 잎사귀를 발견했다.

R1 잎사귀는 거의 손상되지 않았으며, 보존 상태가 매우 좋았다. 이러한 사실로 미루어 보았을 때 잎사귀가 바람이나 바다를 통해 남극으로 이송되었을 리가 없다.

(따라서)

IC: R2 잎사귀는 한때 그곳에서 자라던 나무의 것일 수밖에 없다.

R3 잎사귀는 따뜻하거나 온난한 지역에서만 자라는 너도밤나무 종의 것이다.

R4 너도밤나무는 기후 변화에 적응할 만큼 신속하게 진화하지 않는다.

따라서

C 남극은 한때 지금보다 훨씬 따뜻했을 것이다.

6. 주장

1.

(a) 문장 1: 이유, 사실적; 문장 2: 결론, 권고

(b) 문장 1: 이유, 사실적; 문장 2: 결론, 예측

(c) 문장 1: 이유, 사실적; 문장 2: 이유, 사실적; 문장 3: 결론, 권고

2. 우편 투표는 총선 투표율을 높이기 위해 고안되었다. 하지만 전통적인 투표함 투표와 비교해 보았을 때 우편 투표를 할 경우 부정 투표가 이루어질 가능성이 높다. 그리고 투표 참여율이 낮은 경우에 비해 부정 투표가 이루어지는 경우가 투표 절차에 좋지 않은 영향을 미치는 것이

거의 확실하다.

3. 각자 해볼 것

7. 결론

1. 정답은 C다. C가 사실상 두 문장, 즉 하나는 부과금의 폐지를 권고하는 문장, 나머지 하나는 대안이 되는 해결책을 권고하는 문장이 연결되어 있는 것임에 주목하라. 이들 중 어떠한 것도 다른 것의 이유가 아니다. 이들은 대등한 주장, 혹은 같은 동전의 양면과 같다. 그리고 이들은 두 문장 모두 제시되고 있는 다른 주장들로부터 이끌어져 나오고 있다.

틀린 선택지 중에서 A는 도입에 해당한다. B는 이유(전제)들 중의 하나다. D는 전혀 언급되지 않고 있다. 무심코 읽다 보면 이는 (전제인) 마지막 문장인 것처럼 보인다. 하지만 여기에는 매우 다른 주장이 되게 하는 '동등하게'라는 중요한 단어가 빠져 있다.

2. A가 정답이다. 논증은 '그러나' 다음의 중간 이후에서 시작된다. 논증은 먼저 결론을 말하고, 이어서 결론을 지지하는 이유를 제시하고 있다. 여기에는 요금의 차등화가 제도를 작동하게 하는 유일한 방법이라는 중간 결론이 포함되고 있다.

틀린 선택지 중에서 B는 중간 결론이며, 이에 따라 전제다. C와 D는 개괄적인 정보로, 무엇에 대한 논증인지를 보여주는 단서를 제공하고 있다. E는 중간 결론을 지지하는 이유들 중의 하나다.

3. 정답은 A다. 결론을 담고 있는 실제 문장은 "이는 터무니없다"다.

하지만 당신에게 결론을 밝히라고 요구할 경우 당신은 "이는"이 무엇을 말하는지 확실히 말해야 한다. A가 적절하게 포함하고 있듯이 "이는"이 지시하는 것은 "우리는 육식동물임에 분명하다"라는 글이 나아갈 바를 보여주는 주장이다.

틀린 선택지 중에서 B는 제대로 해석한다면 전제일 것이다. 글이 주장하는 바는 이러한 음식들이 우리의 가까운 조상들의 자연스러운 음식들이었다는 것이다. C와 D는 전제다. E는 도입 문장에 시사되고 있다.

8. 결론 이끌어내기: 추론

1. D가 정답이다. 나무는 어떤 이유 때문인지는 몰라도 더 높은 곳에 심었을 때 키가 작아지는 경향이 있다.

틀린 답 중 A는 산 경사면의 모든 나무들을 일반화하고 있다. 도표는 오직 특정한 경사면에서 자라는 전나무에 국한된 자료다. B는 고도에 따라 성장이 정확하게 예측될 수 있다고 주장하는 반면, 도표는 단지 대략적인 상관관계를 보여주고 있을 따름이다. (정확한 예측이 가능하기 위해서는 x표가 일직선상에 위치해야 한다.) C와 E는 무엇이 성장률의 차이를 야기했는지에 관한 추론을 하고 있다(C는 토양의 질을, E는 대기 온도를 각각 거론하고 있다). 그래프는 이들 중 어느 것이 원인(혹은 올바른 설명)인지에 대해 말해 주는 바가 없다. 고도와 성장 간에는 상호 관련성이 있을 따름이다.

2. 정답은 E다. 글은 과거에 적어도 한 번은 소규모의 군대가 대규모의 군대를 무찔렀음을 우리에게 말해 주고 있다. 때문에 E가 옳다.

틀린 선택지인 A는 소규모 군대가 대규모 군대를 무찌르는 경우가 흔하다는 증거가 있을 때만 이끌어낼 수 있을 것이다. 우리에게는 그러한 뜻을 담은 정보가 없으며, 만약 소규모 군대가 대규모 군대를 무찌르는 경우가 흔한 것이 사실이라면 이는 매우 흥미로운 일일 것이다. B, C 그리고 D는 모두 마케도니아 군대가 승리를 거둔 이유, 즉 그들이 승리한 원인에 관한 주장을 하고 있다. 이들 중에서 다른 것들이 아닌 어떤 특정한 선택지를 지지하는 것은 없으며, 따라서 이들 중 어떤 것도 참인 설명이 아니다.

3. "모든 사진은 무엇인가 이야기를 들려준다"는 말이 있다. 그럴 수 있다. 하지만 사진으로부터 어떤 이야기를 읽어낼 것인가에 대해서는 매우 신중할 필요가 있다. 우리가 카메라에서 더욱 가까이 서 있는 사람이 차를 훔치려 했다고 결론 내릴 수 있는가? 혹은 그녀가 하는 행동이 완벽하게 결백하다고 결론 내릴 수 있는가? 다른 사람의 위치와 행위가 우리에게 무엇을 이야기해 주는가? 실제로 사진 속의 두 사람이 서로 관련이 있다고 가정할 수 있는가? 그들이 두건 달린 외투를 입고 있다는 사실로부터 무엇인가 유용한 결론을 내릴 수 있을까? 마지막으로 담장 위에 놓인 도구함은 만약 있다면 어떤 의미가 있는가?

만약 이 질문들의 모두 혹은 일부를 고찰해 보았고, 유죄와 무죄에 관한 경솔한 결론으로 도약하지 않았다면, 당신은 올바른 비판적 접근을 한 것이다. 만약 당신이 무죄 혹은 유죄라고 가정을 했다면 당신은 너무 많은 것들을 추론한 것이다.

9. 가정

1. 각자가 해볼 것.

2. A와 B는 모두 숨은 가정들이다. C는 아니다. 라이사가 소설을 좋아한다는 것이 암시되고 있지만 이를 그 책(기록물)을 좋아하지 않을 것이라는 결론을 지지한다고 가정할 필요는 없다.

3. A는 숨은 가정이다.

4. C는 숨은 전제다.

10. 건전한가, 불건전한가?

1.

(a)는 타당하지 않다. 그리고 이에 따라 불건전하다. 레몬은 우연히도 감귤류의 과일이다. 하지만 짜릿한 신맛이 나는 것들 중 다수는 감귤류가 아니다. 절인 양파는 그 예다. 따라서 짜릿한 신맛이 난다는 사실이 어떤 것을 감귤류 과일이라고 말하는 충분히 훌륭한 이유는 아니다.

반면 (b)는 타당하면서 건전하다. 그 전제들은 참이며 결론이 이들로부터 도출된다. 만약 감귤류 과일들이 특별한 맛이 난다면, 감귤류 과일인 레몬은 그러한 맛이 날 것임에 분명하다.

2. 이는 타당한 논증이다. 이는 다음과 같이 단순화함으로써 타당한 논증임을 보여줄 수 있다. "만약 이것이 다이아몬드라면 유리에 흠집을 낼 수 있을 것이다. 이는 유리에 흠집을 내지 못한다. 따라서 이것은 다이아몬드가 아니다." 전제의 경우 첫 번째 것은 참이다. 다이아몬드는 분명 유리에 흠집을 낸다. 두 번째 것은 사람들이 그렇다고 말을 하는 것을 우리가 들었다. 따라서 우리는 논증이 건전하다고 말할 수 있다

3. 이 논증 또한 타당하다. "만약 대통령이 실제로 유죄라면 감옥에 있을 것이다"가 참인데 그가 감옥에 있지 않다면, 그는 유죄가 아니다. 이 논증이 설득력이 없어 보이는 이유는 전제로부터 결론이 도출되지 않기 때문이 아니라 첫 번째 전제가 의심의 여지가 있기 때문이다. 실로 많은 대통령들이 부패의 죄를 범했음에도 감옥에 가지 않았다. 이것이 "만약 전제들이 참이라면 결론이 도출되어야 한다"는 논리적 사실을 바꾸어놓지 않는다. 그럼에도 이러한 사실은 논증의 전반적인 건전성을 의심스럽게 한다.

4. 토론해 볼 것.

11. 결점 발견하기

1.

(a) B다. 결점은 상호 관계를 원인으로 잘못 본 것이다.

(b) A와 B는 모두 논증이 잘못되었음을 보여준다. 논증은 노동자들의 불행이 돈을 더욱 많이 벌어들이는 것의 원인이라고 가정하고 있는데, A와 B는 만약 참이라면 거꾸로 돈을 더욱 많이 벌어들이는 것이 불행의 원인임을 거의 확실하게 보여줄 것이다. C는 논증이 잘못되었음을 보여주지 않는다. 거꾸로 C는 종업원들의 행복이 회사에 재정적 부담을 줄 수 있지, 도움을 주지 않을 것이라고 주장함으로써 논증을 지지하고 있다.

2. B다. 논증은 운동을 하지 않는 것이 저자의 장수와 건강의 원인이었음을 시사하고 있다. B는 저자의 장수와 건강이 부모로부터 물려받은 유전적인 요인에 기인했을 가능성을 제기하고 있다.

12. 논증 문제 삼기

1. C가 정답이다. 논증은 남자 선수들이 여자 선수들에 비해 힘이 세고 그들이 더 많은 힘을 소모한다는 사실만을 고려하고 있다. 논증은 여자 선수들이 남자 선수들 못지않게 관객을 끌어들이는지의 여부를 고려하지 않고 있다. 이는 거의 말할 것도 없이 고려의 대상이 되어야 한다(그 이유는 관객들이 돈을 내고 관람을 하기 때문이다). C는 여자 선수들이 남자 선수들에 비해 관객을 많이 끌어들인다고 주장하고 있고, 이에 따라 논증을 약화시킨다. 다른 선택지들 중에서 어떤 것도 핵심이 되는 문제인 남자 선수들이 더 많은 상금을 받아야 하는지를 다루고 있지 않다.

2. B가 정답이다. 논증은 과잉 자격 지원자를 채용하지 않는 것이 아무런 정당성이 없고, 그들을 채용할 경우 회사에 이익이 될 것이라고 주장한다. B는 과잉 자격 피고용인이 가능하다면 언제든지 직장을 떠날 가능성이 있음을 지적하고 있다. B는 논증에서 언급되고 있는 두 주장 모두에 의문을 제기한다. 즉, B는 과잉 자격 지원자가 회사에 이익이 되지 않음을 보여준다. 그리고 이러한 사실은 회사가 그러한 사람들을 채용하지 않는 훌륭한 이유가 된다.

틀린 선택지인 A는 지원자가 해야 할 일이 무엇인지를 고려하고 있지, 고용주가 하고 있는 바를 고려하고 있지 않다. C는 논증을 지지한다. D는 논점을 파악하고 있지 못하다. 논증은 수입에 관한 이야기를 하고 있는 것이 아니라 선택 과정의 공정성을 논하고 있다.

3. 결론은 엄격한 처벌이 효과적인 억제책이 될 수 없다는 것이다. 추리에 따르면 엄격한 처벌은 공개 처형이 이루어지는 동안 활동했던 소매

치기를 저지하지 못했다. 촌평은 소위 '비정상적인 사실'을 다른 방식으로 설명하고 있다. 즉 소매치기들은 그저 처형이 이루어지고 있는 현장에서 훔칠 때 잡히리라고 생각하지 않았다는 것이다. 하지만 이러한 사실이 다른 정상적인 상황에서 엄격한 처벌이 억제책으로 효과적이지 않다는 것을 의미하지는 않는다. 따라서 촌평은 논증을 약화시킨다고 말할 수 있을 수도 있고, 논증을 강화시키지도 약화시키지도 않는 다른 문제를 제기하고 있다고도 말할 수 있을 것이다.

13. 신빙성 더하기

1. B가 정답이다.

2. A가 정답이다. 논증에 따르면 우리는 총선을 통해 바람직한 지도자를 뽑을 수 없을 것이다. 그 이유는 투표에서 승리를 거두려면 치열하게 경쟁을 해야 하고, 무자비해야 하기 때문이다. 진술은 투표자들이 올바른 품격을 갖춘 사람에 대해 투표할 기회마저도 갖지 못할 것이라는 주장을 덧붙이고 있다. 이는 만약 참이라면 논증을 어느 정도 강화한다.

14. 설명

1.
(a) 각자 해볼 것.
(b) 각자 해볼 것.
(c) 없다. 네 가지 모두 결론으로 이끌어낼 수 있는 설명이지만, 그리고 이들 중 일부는 그럴듯하지만, 확실하게 원인이라고 말할 수 있는 것은

없다. 따라서 이들 중에서 정보만으로 추리해 낼 수 있는 것은 없다. 설령 우리가 가장 그럴듯한 설명을 선택한다고 하더라도(여기서는 첫 번째 것), 우리는 그것이 확인해 보아야 할 별개의 실험이 필요치 않은 사실이라고 확신할 수 없다. 전체 농도는 액체보다는 용기 때문에 차이가 나는 것일 수 있으며, 내부의 공기의 양 때문에 차이가 나는 것일 수도 있다.

(d) 이들 중 어떤 것도 R캔은 가라앉고 D캔은 뜨는 것에 대한 설명일 수가 없다.

2. A는 빙산 주변의 바다가 액체 상태로 남아 있는 이유에 대한 설명이다. 만약 당신이 해수가 민물에 비해 더 낮은 빙점을 가지고 있다는 사실을 몰랐다면 당신은 해수 또한 얼거나 빙산이 녹을 것이라고 생각했을 것이다. B 또한 얼음이 수표면을 형성하고 있다는 사실을 설명하고 있다. C는 논증이다. 그 결론은 과학에서 부피와 무게의 구분을 유지해야 한다는 것이다. 이는 사람을 현혹시킬 수 있는 질문이다. 왜냐하면 어떤 의미에서 보면 논증이 두 단어 사이의 구분을 유지해야 하는 이유가 무엇인가를 설명하고 있다고 생각할 수 있기 때문이다. 하지만 이유들은 당신이 이러한 구분을 유지해야 한다는 결론을 지지하기도 하는데, 이러한 사실로 인해 이는 논증이 된다.

15. 증거 살펴보기

1. 쇼트 부인이 이야기를 조작했거나 잘못 보았다고 주장할 별다른 뚜렷한 이유가 없다. 사는 곳을 감안해 보았을 때, 그녀가 그 집을 찾아온 사람을 보았을 가능성은 매우 크다. 그녀는 창문을 통해 그를 봤을 수 있고, 복도에서 지나치면서 혹은 계단에서 그를 봤을 수 있다. 물론 우리는

그린 씨와 그녀의 관계에 대해 전혀 아는 바가 없다. 만약 그녀가 그린 씨의 이웃일 뿐만 아니라 가까운 친구이기도 하다면 그녀가 그가 말해 주길 바라는 대로 증언을 했을지도 모른다. 비록 이는 가능성에 시나시 않지만 말이다. 쇼트 부인이 제시하는 증거의 더욱 커다란 문제는 그것이 모호하다는 것이다. "그녀가 화이트에 대한 묘사에 부합하는 한 남성을 보았다"는 유사한 나이와 신장의 누군가를 보았다는 이상의 의미가 될 수 없다. 쇼트 부인은 도착 시간이나 출발 시간을 제시하지 않았는데, 때문에 설령 그녀가 진실을 말하고 있다고 하더라도 우리는 그녀가 '그 토요일'에 본 남성이 실제로 그녀의 이웃을 방문한 것으로 추정되는 사람인지를 알 수가 없다. 당신이 이러한 증거를 크게 신뢰하기에 앞서 그녀가 답해야 할 많은 문제들이 남아 있다. 증거는 일정 정도의 확증을 제공하지만, 그것이 견고한 것은 아니다.

2. 피고인과의 관계로 보았을 때 식당 주인은 신뢰할 만한 증인이 아니다. 물론 이러한 사실이 식당 주인이 거짓말이나 실수를 했음을 의미하는 것은 아니며, 단지 화이트와의 친밀한 관계로 미루어 보았을 때 그가 중립적이거나 전혀 관련이 없는 사람이 아님을 의미할 따름이다. 만약 두 사람이 전혀 관계가 없다면, 그의 증언은 강력한 증거가 되었을 것이며, 특히 다른 직원이나 다른 식탁에 앉아 있는 손님들이 뒷받침해 주었다면 더욱 증거가 확고해졌을 것이다. 하지만 이 증인은 화이트의 알리바이를 확실하게 입증해 줄 처지가 아니다.

3. 이와 대조적으로 롱은 화이트를 모른다(혹은 우리가 그렇게 들었다). 하지만 그는 그의 사진, 차량을 보았고, 화이트가 맞은편에 사는 이웃에게 범죄를 저질렀다는 이유로 기소되었음을 알고 있다. 이는 그가

제시하는 증거의 신뢰도를 크게 약화시킨다. 왜냐하면 롱이 제시하는 정보가 모두 신문에서 수집한 것일 수도 있기 때문이다. 일부 사람들이 이러한 상황에서 유감스럽게도 그러듯이, 롱 씨가 그저 사람들의 관심을 끌고자 한 것인지도 모른다. 이런 경우가 아니라면 그가 흰색 차량을 봤을 수 있고, 그 차량이 사진의 것과 동일하다는 결론으로 도약을 했을 수도 있다. 또한 그가 봤다고 말하는 차량은 그의 집 밖에 있었는데, (이는 쇼트 부인이 언급하지 않은 세부적인 문제다) 그는 차가 정확히 어디에 주차되어 있었는지에 대해 말하지 않고 있다. 또한 롱은 주차 위반 소환장에 대해서도 모르고 있다. 물론 이러한 문제들은 주요 주장이 거짓임을 입증하기에 부족한 사소한 차이들이다. 그럼에도 이들은 조금이지만 분명 불확실성을 크게 한다.

4. 첫 번째 질문에 대한 답에서 이미 언급한 바와 같이, 그린 씨와 쇼트 부인 간의 관계에 관해 추가적으로 제기해 봐야 할 의문들이 있다. 다른 사람이 화이트 혹은 그의 차량을 식당에서 보았는지를 확인해 볼 필요도 있다. 하지만 우리가 추적해 보아야 할 가장 확실한 단서는 주차 위반 소환장이다. 왜냐하면 만약 쇼트 부인이 옳다면 소환장에는 차량이 언제, 어디에 있었는지에 대한 확고한 증거가 찍혀 있을 것이기 때문이다. 만약 소환장 발행 장소가 그린의 집 부근이었다면 화이트가 이러한 사실을 설명하기가 매우 어려울 것이다. 특히 이러한 사실은 그가 거짓말을 했음을 보여주기도 할 것이기 때문이다.

16. 증거에 관한 추가적인 이야기

1. 에밀리오의 진술이 가장 신뢰할 수 없다. 우선 에밀리오는 관광객이

제시한 이야기를 부정할 분명한 이유가 있었다. 그 이유는 관광객의 이야기를 받아들일 경우 카페가 관광객의 부상과 문이 부서진 것에 대해 책임을 지게 될 것이기 때문이다. 하지만 그렇다고 이것이 에밀리오가 정확한 설명을 제시하지 않고 있음을 말하는 것은 아니다. 오직 그의 주장이 생각해 볼 여지가 있다고 말하고 있을 따름이다. 에밀리오가 제시하고 있는 증거가 사실상 문제가 되는 것은 그것이 간접적, 혹은 소문이라는 것이다. 목격자이었을 종업원은 심문이 이루어질 때 주변에 있지 않았고(이는 그 자체가 어느 정도 의심을 불러일으킨다), 사고가 있을 당시 2층에 있었던 에밀리오는 그저 그(종업원)가 말하고 행했을 바를 보고하고 있다. "그들은 문을 발로 차고…" 등의 말은 종업원의 말이 아니라 에밀리오의 말이다. 우리가 알지 못하는 것은 종업원이 진실을 말했는지의 여부만이 아니다. 우리는 종업원이 말한 바를 에밀리오가 정확하게 옮겼는지에 대해서도 알지 못한다. 이는 소문을 증거로 채택할 경우 있을 수 있는 문제점이다.

2. 각자 해볼 것.

17. 사례 연구: 누가 진실을 말하고 있는가?

각자 해볼 것.

18. 사례 연구: 충돌 코스

각자 해볼 것.

19. 긴 논증 소개

1. 만약 따분해하는 불우한 젊은이들이 도난당한 차량에 대한 경찰의

추적이 금지되었음을 안다면 그들이 차량 절도를 그처럼 흥분되는 것이라고 생각하지 않을 것이며, 결국 경찰의 추적을 금지한다고 해서 차량 도난이 증가하지는 않을 것이다.

2. 각자 해볼 것.

20. 분석 기술의 적용

주요 결론은 첫 번째 문장이다. 스포츠 관리 기관은 약물을 금지시켜야 하고, 이의 사용을 결코 묵인해서는 안 된다.

이렇게 말하는 주된 이유는

R1 (첫 번째 문단) 경기력 향상 약물은 건강에 해롭다

R2 (두 번째 문단) 스포츠 관리 기관은 운동선수들이 스스로에게 해를 입히지 않도록 관리할 의무가 있다.

R3 (세 번째 문단) 만약 약물이 추방된다면 우리는 진정한 승리자가 누구인지 알게 될 것이다.

R4 (여섯 번째 문단) 최고의 선수들이 약물 복용을 할 경우 다른 젊은 선수들 또한 따라 하려 할 것이다.

예견된, 그리고 답변이 이루어진 반대 논증도 있다. 약물 복용이 특별한 식이 요법, 장비 등과 다를 바가 없으며, 이들을 사용하는 것 또한 부정행위임에 거의 확실하다는 논증이 그것이다. 이에 대한 저자의 대응은 다음과 같다. 이는 다섯 번째 이유로 제시되었다고 할 수 있을 것이다.

R5 (다섯 번째 문단) 약물 복용은 다른 방식으로 경기 능력을 개선하는 것과는 다르다. 그 이유는 약물은 금지되어 있고, 다른 관행들은 그렇지 않기 때문이다.

제시된 이유들이 주요한, 혹은 '직접적인' 이유들임에 주목하라. 글에는 이러한 주요한 이유들 중 하나를 지지함으로써 논증에 기여하는 다른 주장들이 있다. 예를 들어 두 번째 문단은 실제로 보조적인 논증이고 R2가 이의 결론이다.

운동선수들은 자신들의 건강에 그다지 신경을 쓰지 않는다.

보상은 매우 크다(이는 그러한 보상이 유혹이 될 수 있음을 함축한다). 그리고 약물 복용을 방관하거나 허용하는 것은 무책임한 일이 될 것이다.

(따라서)

IC: R2 관리 기관은 운동선수들이 스스로에게 해를 입히는 것을 방치해서는 안 될 의무가 있다.

이와 유사하게 세 번째 문단은 R3을 지지하는 다양한 이유들을 제시하고 있다.

스포츠의 목적은 최고의 선수를 찾아내는 것이다.

그러한 선수를 찾아낼 수 있는 유일한 방법은 '경쟁의 장을 공편하게' 만드는 것이다.

만약 일부 운동선수들이 부정을 저지른다면 누가 최고인지 말할 수 없다.

(따라서)

IC: R3 약물이 추방될 경우 우리는 누가 진정으로 최고인지 알게 될 것이다.

논증에 대한 당신의 분석이 여기서 제시되고 있는 것과 세부적인 측면에서 다소 다를 수 있다. 하지만 어떤 방식으로 분석을 했건 최소한 당신은 주요 결론과 모든 혹은 대부분의 주요한 이유들을 찾아냈어야 한다. 또한 반대 논증과 답변이 있었다는 것 또한 파악했어야 한다. 만약 당신이 논증을 정확하게 해석했는지 확신하지 못한다면, 이를 위의 분석과 더불어 지금 다시 한 번 읽어보고 도움을 받아라. 우리는 다음 장에서 이를 다른 각도에서 다시 한 번 고찰해 볼 것이다.

21. 비판적 평가

1. 각자 해볼 것.

2. 논증은 순환적임에 명백하다. 논증은 "공룡이 갑작스러운 대재앙으로 인해 멸종했다"는 주장을 "그들이 거의 순식간에 사라졌다"는 중간 결론을 도출하기 위해 사용하고 있다. 하지만 이어서 논증은 이로부터 공룡 멸종의 원인이 점차적인 과정이었다기보다는 급작스러운 사건이었음에 분명하다는 첫 번째 주장으로 되돌아가 논의를 이어간다. 이를 '선결 문제 요구'의 오류로 볼 수도 있을 것이다.

22. 더 나아간 논증

각자 해볼 것.

23. 과학 응용

각자 해볼 것.

24. 조건

1.

(a) 시험에 합격하기 위해 책을 읽는 것은 필요조건이긴 하지만 충분조건은 아니다.

(b) B가 정답이다. 왜냐하면 책을 읽는 것이 단지 필요조건이었기 때문이다. A는 책을 읽는 것이 필요조건일 따름인데, 이를 충분조건으로 생각하고 있다. C를 확실하게 추론해 내고자 한다면 책을 읽는 것이 합격을 보장해 주어야 하는데, 책을 읽는 것이 합격을 보장해 주는 것은 아니다. 실제로 책을 읽는 사람들을 포함해 모든 사람들이 합격하지 못할 수 있으며, 그리하여 지도 교사의 예측이 틀리지 않았을 수 있다. D는 예측을 바꾸어 시험 통과를 책을 읽은 것의 조건으로 만들었다. 이는 예측으로부터 도출되지 않는다. E는 참일 필요가 없다. 그 이유는 책을 읽는 것이 시험에 통과하기 위한 충분조건이 아니었기 때문이다.

2.

(a)

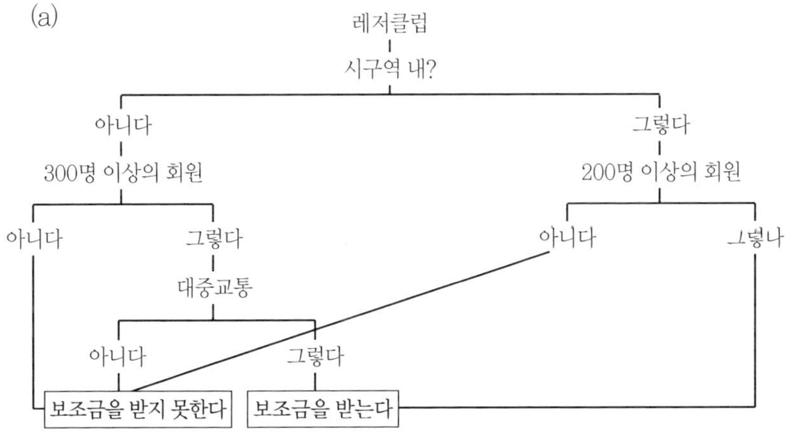

(b) A는 옳다. "시구역 내?"라는 질문에 "그렇다"라고 답하고, "200명 이상의 회원이 확보되었는가?"라는 질문에 대해 "그렇다"라고 답할 경우 곧장 보조금을 받는 것으로 연결된다. 하지만 "시구역 내?"라는 질문에 "아니다"라고 답하고, "300명 이상의 회원이 확보되었는가?"라는 질문에 대해 "아니다"라고 답할 경우 보조금을 받지 못하는 것으로 연결된다. B도 옳다. 설령 시구역을 벗어난다고 하더라도 "300명 이상의 회원이 확보되었는가?"라는 질문에 대해 "그렇다"라는 답변을, "대중교통"에 대해 "그렇다"라는 답변을 제시할 경우 보조금을 받는 것으로 연결된다. C는 틀렸다. 대중교통을 이용한 시내 왕복이 이루어질 수 있다는 조건은 시구역 내에 있는 200명 이상의 회원을 확보하고 있는 클럽에게는 필요한 조건이 아니다. D도 틀렸다. 첫 번째 부분은 참이다. 즉 300명의 회원을 보유하고 있는 클럽이 시내에 위치해야 한다는 것은 필요조건이 아니다. 하지만 이는 충분조건도 아니다. 그 이유는 그러한 클럽이 대중교통을 이용하여 시내 왕복을 하기가 여의치 않을 수 있기 때문이다.

25. 원칙

각자 해볼 것.

26. 논증에 대한 미시적 검토

각자 해볼 것.

27. 종합

각자 해볼 것.

28. 비판적 채점

논문 1 — 마리아

시험관은 C로 평가했다.

자료의 선택은 좋았으나 A나 B를 받을 만큼 빈틈없이 글을 쓰지 못했다. 일부 추론들은 건전했지만 모든 추론들이 건전했던 것은 아니다. 예를 들어 입찰 신청을 중단할 경우 대회 참가자들의 위험이 줄어들 것이라는 그녀의 주장은 강력한 지지를 받지 못하고 있다. 마리아의 주장은 대부분 단순히 자기 자신의 견해, 혹은 센더 양의 견해에 지나지 않는다. 그럼에도 자신의 입장을 개진할 때, 그리고 문서에서 가져온 사실들을 제시할 때 그녀는 대체로 이들을 명료하게 정리했다.

마리아의 글은 증거에 대한 평가가 어느 정도 이루어지고 있는데, 그녀가 두 번째 문단에서 가능한 모순에 대해 이야기를 하고 있을 때가 그 예다. 그녀는 서로 다른 출처에서 가져온 정보를 한데 묶어 이를 자신의 견해를 지지하는 데 활용하고 있다. 그녀는 자신의 총체적인 결론 — 자넷 센더에 동의한다는 — 을 확실하게 밝히고 있고, 이를 지지하는 근거를 제시하고 있다.

마리아의 논문은 C등급 설명어를 모두 충족했다고 말할 수 있다. 하지만 그녀에게 세 번째 혹은 그 이상의 등급을 부여하는 것은 합당하지 않다.

논문 2 — 거드런

시험관은 E로 평가했다.

거드런은 분명 문서들을 참고하고 있긴 하지만 그 모든 것이 논의에 적절한 것은 아니다. 논문은 대부분 그저 텍스트로부터 가져온 역사적인 정보 혹은 그 외의 다른 정보를 하나하나 열거하는 것으로 채워져 있다.

이들 정보로부터 어떤 결론을 도출하는 경우는 사실상 없다(오직 세 번째 문단만이 예외다). 거드런의 평가는 설득력이 아주 부족하다. 사실상 그의 평가는 지지되지 않는 코멘트를 말미에 덧붙인 것에 지나지 않는다. 결론 또한 있지만 이 역시 저자에게 동의한다는 거드런의 진술에 지나지 않는다.

E등급 설명어 중에서 적어도 세 개를 충족시켰지만, C등급의 설명어는 전혀 충족시키지 못했다.

논문 3 — 제임스

제임스는 B를 받았지만 A에 아주 가까웠다.

다른 두 논문과 대조적으로 이 논문은 말 그대로 비판적이다. 논문은 센더의 추론상의 여러 약점과 모순을 짚어가면서 그녀의 논증에 대한 매우 철저한 분석과 평가를 하고 있다. 제시된 텍스트로부터 건전한 추론이 이루어지고 있는데, 엄격히 말해 그리스 외부의 다른 도시들이 대회가 개최된 역사적 장소가 아니듯이 아테네 또한 마찬가지라는 추론은 그 예다. 말미의 결론은 적절하게 지지가 이루어지고 있다. 그리고 대체로 논문은 하나 이상의 문서로부터 체계적인 방식으로 정보를 한데 묶고(종합하고) 있다.

시험관이 제임스에 대해 지적하고 싶은 점은 그가 정보를 다소 지나칠 정도로 임의로 선택하고 있다는 것이다. 제임스는 모든 증거를 살펴보면서 찬반 양론의 균형을 맞추려 하기보다는, 자신의 논의에 적합한 것을 활용하고 자넷 센더에 반대하는 데에 주안점을 두고 있는 경향이 있다. 예를 들어 제임스는 서로 다른 대륙 간에 너무나도 뚜렷하게 드러나는 주최 도시 선택의 불균형 문제를 다루고 있지 않다. 또한 그는 실질적이건 추정적이건 부패의 문제에 대해서도 언급하지 않고 있다. 이것이 그의 결론을 수정해야 한다는 말은 아니다. 단지 그가 이와 같은 있을 수 있는 반론들을 의식하고 이들에 대한 답변을 어느 정도 제시했어야 한다는 것일 따름이다.

이는 아주 잘 쓴 논문이다. 설령 당신이 A를 줬다고 하더라도 이를 지나치게 후한 평가라고 할 수 없을 것이다. 하지만 A등급 수준에서 최고의 성적을 확실하게 받고자 한다면, 질문, 그리고 이와 더불어 제시되고 있는 문서들을 아주 신중하게 읽어볼 필요가 있으며, 이들을 전체적으로 빈틈없이 다루어야 한다는 사실을 명심할 필요가 있다.

옮긴이 **김 성 한**

고려대학교 불문학과를 졸업하고 같은 학교 철학과에서 박사 학위를 받았으며, 현재 숙명여자대학교 의사소통센터에 재직하고 있다. 주요 저서로는 『생명윤리』, 『어느 철학자의 농활과 나누는 삶 이야기』 등이 있으며, 논문으로는 「도덕에 대한 발달사적인 접근과 메타 윤리」, 「오늘날의 진화론적 논의에서 도덕이 생래적이라는 의미」, 역서로는 『동물해방』, 『프로메테우스의 불』, 『동물에서 유래된 인간』, 『섹슈얼리티의 진화』 등이 있다.

사고의 기술

1판 1쇄 인쇄 2014년 9월 10일
1판 1쇄 발행 2014년 9월 15일

지은이 존 버터워스 · 제오프 트웨이츠
옮긴이 김 성 한
발행인 전 춘 호
발행처 철학과현실사

등록번호 제1-583호
등록일자 1987년 12월 15일
서울특별시 종로구 동숭동 1-45
전화번호 579-5908
팩시밀리 572-2830

ISBN 978-89-7775-779-0 03170
값 18,000원